땅에서 누리는 천국

예찬사

땅에서 누리는 천국

최영산 지음

감사의 글

필자는 몇 해 전부터 성경의 처음 부분인 창세기의 말씀 안으로 깊이 잠기고 싶은 소원이 불일 듯 일어났다. 당시에는 교회사역과 함께 성경 메시지를 작성하여 국내외로 전송을 해 주는 그 일에 나름대로 마음을 쏟을 때였다. 사실 그때 까지만 해도 창세기의 앞부분에 기록되어 있는 만물 창조, 창조 날짜, 에덴동산 사건, 족보이야기, 대홍수시건 등에는 별 관심이 가지 않았다. 그 기사들을 읽고 있노라면 참으로 막연하여 마치 은하계의 이야기를 듣는 것처럼 느껴졌기 때문이다. 그러던 어느 때부터인가 창세기 1장 1절에서 시작하여 원어성경을 중심으로 자세히 살펴보게 되었는데, 막연하기만 하던 창세기의 본문들이 가슴에 울림을 주는 말씀으로 다가옴을 느꼈다. 그 때 이후로 지금까지 창세기의 말씀을 통하여, 특히 창세기 초반부의 증거들을 통하여 이전에 갖지 못했던 은혜의 시간들을 보내고 있다.

물론 그 이전에도 창세기 초반부의 본문들을 자주 접하기는 했다. 그러나 주로 하나님이 자연계의 만물을 창조하셨다는 것, 첫 사람 아담이 하나님의 말씀을 거역했다는 것, 또 아담의 자식 가인에게서 더 큰 악이 나왔다는 것 등을 대략적으로 파악하는 정도에서 그쳤던 것 같다. 그래서인지 만물 창조의 기사에서 창조의 장엄함은 느끼면서도 이렇다 할 감동을 받지는 못했다. 지금 뒤돌아 볼 때, 필시 그 이유는 창세기 초반부에 기록된 사건들과 교훈들을 이미 역사 안에 묻힌 까마득한 태곳적 일들로만 여겼기 때문이었으리라. 즉 현시대를 살아가는 신자들과 직접 관계가 없는 고시대의 역사적 사건들로만 여겼기 때문이었던 것 같다. 그 후 창세기 1장에서 시작하여 본문들을 깊이 살피는 가운데 창세기 안에는 이제껏 알지 못했던 놀라운 내용들로 채워져 있음을 알 수 있었다.

우선 창세기 초반부의 본문들 안에는 조직신학의 주요 항목인 신론, 인간론, 죄론, 기독론, 구원론, 교회론, 종말론 등이 모두 들어 있음을 알 수 있었고, 창조주 하나님의 놀라운 생명창조의 설계와 주밀하신 계획, 그리고 택한 백성에게 베푸시는 사랑이 짙게 배여 있음을 느낄 수 있었다. 또 하나님이 자신의 씨들을 구속하신 후에, 그들을 완전한 아들들로 장성하도록 하여 그 아들들로 더불어 지고한 안식의 복에 들어가시고자 하는 주밀한 계획이 담겨져 있음과 더 중요한 한 가지, 지금까지 '신약 성경 안에 다 들어 있으리라'고 여겼던 복음의 진수가 창세기 초반부의 기록 안에 원액처럼 녹아 있음을 보게 된 것이다. 따라서 '내가 입을 열어 비유로 말하며 창세로부터 감추어진 비밀한 것을 말하리라'고 성경이 밝히 증거하는 그 이유를 실감할 수가 있었다(시 78:2, 롬 16:25-26, 마 13:35 참조). 본 서의 성경 해설은 아래의 주요 사항에 마음을 두고 진행하였다.

1. 성경의 본문 해설에 앞서 필자 자신의 삶에 충실하고자 하였다.

하나님으로부터 인정을 받지 못하는 사람의 노력에서 나온 글이란 물거품처럼 헛된 것이며, 독자들의 반응이 좋다 할지라도 인간의 바벨탑 밖에 되지 않기 때문이다.

2. 시간이 촉박할지라도 하나님이 진리에 의해 감동을 주실 때까지 기다리는 시간을 가졌다. 단순 인간의 생각에서 나오는 것들은 공허한 이론으로 끝나고, 자칫 재앙을 초래할 수도 있기 때문이다.

3. 원문 성경의 바른 번역의 기초 위에서 진행하되, 성경의 각 본문이 안고 있는 주제를 따라 하나님이 주시는 진정한 메시지를 찾는 데다 마음과 시간의 비중을 두었다. 따라서 성경을 구성하는 여러 사건들의 역사성과 문자 자체를 통하여 전해지는 의미는 물론, 본문 안에 담긴 예표와 비유를 통하여 공급되는 의미들도 놓치지 않으려고 노력하였다.

4. 성경에 흐르는 주요 맥을 따라서 성경 전체를 통전적으로 살폈고, '만물과 구원과 인간사는 하나님의 절대주권 아래에 있다'는 성경적 대명제를 항상 앞에 놓고 하나님의 인도하심을 사모하며 진행하였다.

5. 하나님이 성경 안에 담아 놓으신 소망을 주는 예언들에 주목하면서, 소망적인 안목으로 성경의 본문들을 살피며 해설을 진행하였다.

위에 열거한 사항들을 마음에 두고 성경 해설을 진행하는 동안, 창세기에 기록된 모든 사건과 가르침들은 지나간 역사와 함께 종결된 것이 전혀 아님을 알 수 있었다. 이는 진정 믿는 자들의 삶의 현장에 직접 부딪쳐 오는 사건들이요, 오늘날의 신자들이 각자의 삶에 적용시켜야 할 산 진리의 교훈들임을 알 수 있었다. 또한 '하나님 아버지는 참으로 자애로우시고, 인내 속에 아들이 되어야 할 자들을 기다리시며, 이미 아들이 된 자들을 무척 아끼시고, 또 그 아들들과 함께 사역하시기를 기뻐하시며 항상 선과 의, 거룩과 사랑이라는 그분의 성품의 토대 위에서 생명사역을 하신다.'는 그 점을 깊이 알 수 있었다. 그리고 사람이 좋은 자식을 두어 기쁨을 얻으려 함과 같이, 하나님께서도 그와 같은 심정으로 생명사역을 하고 계심이 마음에 뜨겁게 부딪쳐 오는 것을 느꼈다.

지금도 진리의 말씀 확장을 위하여 여러 모로 협력을 아끼지 아니하는 주님의 사역자들에게 감사드리고, 오래 전부터 좋은 마음으로 호응해 주시고 기도해 주신 여러 성도들께 진심 어린 감사를 드린다. 또한 이 책이 나오기까지 정성을 쏟아 주신 출판사의 여러 관계자 분들께 감사드린다.

글의 완성도에 미흡함이 보일지라도 주님의 사랑으로 감싸 주시고, 오직 본 해설서의 중심 내용에 관심을 갖고 읽으시기를 소원한다. 우리 모두 그리스도의 장성한 분량에 이른 하나님의 아들들이 되어서 그에 따르는 신령한 복을 풍족히 누릴 수 있기를 하나님 아버지께 기도드린다.

그리스도의 작은 사역자 최영산

프롤로그

성경은 사람에게 영원한 진리를 전해주는 경전이다. 동시에 그 내용을 받아 들여 믿는 사람으로 하여금 죄로부터의 구속과 진정한 복을 소유하도록 돕는 특별한 경전이다. 성경은 마치 대양을 유유히 헤엄치는 큰 물고기처럼 유기체로서 작용한다. 따라서 성경의 어느 한 부분만으로는 창조주 하나님이 추진하시는 사역을 바로 아는 것과 또 그분께서 예비하신 진정한 복을 받아 누리기가 어렵다. 한 부분만을 부각시켜서 전하는 자들이 결국 어떤 부작용을 초래했는지에 대해서는 교회사가 잘 증거해 주고 있고, 오늘날 그렇게 전하는 여러 신흥종교 단체들에게서 그 폐단이 여실히 드러나고 있음을 보게 되는 것이다.

그것과 반대되는 폐단도 있다. '모든 성경은 하나님의 감동 가운데 기록된 진리의 경전이다.'라고 인정하면서도, 단지 이해하기 어렵다는 이유로 성경의 어떤 부분은 한쪽 구석에 밀쳐놓다시피 하는 실례들인데, 그것은 매우 애석한 일이다. 성경은 전체가 유기체로서 생명작용을 함으로써 성경을 믿는 자들에게 살아 있는 진리를 전해주는 경전이다. 그런데 그런 성경을 부분적으로만 살핀 결과 단편적인 진리만을 접하게 된다면 하나님이 하시는 생명사역을 정확히 알기 어렵고, 하나님이 약속하신 진정한 복을 받지 못하는 결과를 가져오게 된다. 그런데 교회사 2천여 년의 기간에 거의 그렇게 취급되어 온 부분이 있으니 창세기 1장~11장의 내용이다. 지금도 기독교인들의 상당수는 창세기의 앞부분에 대해서는 별 관심을 갖지 않는다. 창세기 앞부분의 기록들은 그리스도를 통한 구원과 하늘의 신령한 복을 누리도록 해주는 것과는 동떨어진 내용, 즉 먼 옛적 일을 대략적으로 기록해 놓은 문서 정도로만 여기려 한다.

그러나 필자가 수년 전부터 구체적으로 해설하고 있는 창세기 1~11장의 증거들은 옛 시대의 유적처럼 그것의 형태만 잘 보존하면 될 것 같은 그런 성격의 성경이 절대 아니다. 그 안의 내용들은 예수 그리스도의 출현과 동시에 재현되기 시작한 사건들이며, 나아가서 예수님이 제자들에게 유언처럼 말씀하신 구속사의 마지막이 이를 때, 아주 크게 확대되어 재현될 사건들이다. 그 뿐만 아니라, 새 언약 시대의 신자들이 삶속에 적용하여 하늘의 복을 풍성히 누리도록 해 줄 압축된 진리의 가르침들이며, 새 언약을 좇아 살므로 영광스러운 마지막 날 안에 들어가기를 사모하는 신자들로 하여금 그리스도의 장성한 분량에 이르도록 안내하는 보배로운 가르침들이다. 단지 그것이 하나님의 정하신 때까지 베일에 싸인 채 보존되어 왔다는 그 점이 다른 성경과의 미세한 차이일 뿐이다.

그렇기에 필자는 창세기 1~11장의 내용에 대하여, 하나님이 그리스도의 부활 이후로부터 강력히 펼쳐나가실 생명창조의 사역을 예표와 비유로서 미리 알리신바 매우 중요한 진리의 말씀으로 보고 있다. 또 하나님이 그간 가리어 놓으셨던 베일을 벗기시므로 생명에 관계된 신비와 비밀을 믿는 자들에게 알리시는 성경으로 받아들이고 있다. 근대에 들어오면서 성경 기록의 역사성. 통일성. 사실성에 의문을 품은 신학자들이 상당수 있었다. 그런데 그들은 20세기 중반 목동들에 의해 발견된 쿰란 동굴의 성경 사본들을 본 후 성경기록의 역사성과 통일성, 사실성을 인정하게 되었다. 그처럼 이제는 그간 제쳐놓다 시피한 창세기 초반부의 말씀들을 하나님의 은혜 안에서 잘 살피는 가운데 그 안의 진리를 충분히 깨닫고, 삶 속에 적용시킴으로써 하늘의 풍성한 생명 누림 안으로 들어갈 때가 되었다고 본다.

하나님이 그리스도를 통하여 믿음의 사람들에게 넘겨주시려는 진정한 상속은 이 땅과 내세에서 누릴 천국이다. 그리고 그 복에 대해 바르게 알려주고 안내해야 할 자들은 그리스도의 제자가 된 자들이다. 그렇기에 그리스도의 제자들의 책임은 참으로 막중한데, 예수님은 그 중차대한 임무를 띤 사역자들을 가리켜서 "천국의 제자가 된 서기관"이라고 하셨다. 그리고 그 '천국의 제자가 된 서기관'은 보물 곳간에서 새것과 옛것을 꺼내어 그것을 원하는 자들과 함께 나누는 선한 집주인과 같아야 한다고 하셨다. 한 분 하나님의 계시가운데 주어진 말씀인데도 구약의 진리와 신약의 진리가 서로 다른 것인 양 구분하거나 차별화하지 말고, 진리를 사모하는 모든 자에게 필요를 따라 전체를 공급할 줄 알아야 한다는 의미이다. 여기서 '옛 것 중에서도 처음 열매에 속하는 진리'는 창세기, 특히 창세기 1~11장의 내용이다.

> 예수께서 이르시되 그러므로 천국의 제자가 된 서기관마다 마치 새것과 옛것을 그 곳간에서 내오는 집주인과 같으니라(마 13:52).

창세기가 성경의 맨 앞에 위치하는 이유는 인류의 역사가 그처럼 출발하여 진행되었다는 그것만을 알리고자 함이 아니다. 예수 그리스도를 구원자로 믿는 자들이 반드시 알아야 할 사건들이기에 그리고 매우 중요한 진리를 포함하고 있기에 성경의 앞부분을 장식하고 있는 것이다. 따라서 기록의 분량은 다소 적으나 매우 중요한 생명 메시지를 압축하여 새 언약 성취의 날까지 밀봉되어 내려온 내용이라는 점을 알아야 한다. 필자가 세 번째로 창세기 해설서를 내놓는 이유가 거기에 있다.

본 해설서는 아래와 같이 구성되었다.

1. 본 서적은 창세기 8장과 9장의 텍스트 내용을 하나님의 은혜 안에서 풀어나가는 해설서이다. 필자는 창세기의 그 본문에서 '땅에서 누리는 천국이란 어떤 것인가'에 대한 진리의 메시지를 발견하게 되었다. 필자는 그 주제 하에서 성경을 통전적으로 살피는 가운데 본문 말씀을 사실적이며 구체적으로 해설하였다. 그리하여 독자들로 하여금 하늘의 생명을 소유하도록 안내하고,

또 이미 하나님의 생명을 소유한 신자라면 그것을 극대화하는 일에 일조하고자 하였다.

2. 필자는 성경을 해설해 나가는 중 유명 해설서들을 참고, 또는 인용하는 일은 의도적으로 피하였고, 어떤 주석서도 참고하지 않았다. 이는 쉬운 길과 모방의 유혹을 떨쳐내기 위함인 것으로서 오직 원어성경을 중심으로 번역 성경과 사전만을 가지고 해설하였다. 그래서 본 서적의 참고 문헌에는 오직 성경과 사전만 소개되어 있다.

3. 성경에는 신구약을 무론하고 비유가 참 많다. 창세기 1~11장까지는 더욱 그렇다. 성경이 많은 비유와 예표로 기록되어 있음을 간과해서는 안 되는 이유는 그것을 가장 많이 사용하신 분은 예수님이시기 때문이다. 예수님은 갖가지 비유로서 말씀을 전하셨기에 오해가 많았다. 그러므로 비유적. 예표적으로 해설한 부분을 놓고 비판을 가하기보다는 성경이 어찌 그렇게 기록되었는지를 살피는 일이 현명하다고 할 것이다. 성경 해석에는 문자. 문법적, 역사적, 원어적, 예표적, 비유적, 문화적 등 여러 해석 방법이 있는데, 본 해설서는 그 방법 모두를 동원하였다(시 49:4, 78:2, 잠 16장, 호 12:10, 마 13:10-24, 눅 20:19, 히 9:9 참조).

4. 혹 창세기 1~8장까지의 해설을 접하기 원하는 독자라면 필자가 펴낸 <다가오는 빛의 시대, 2018. clc>와 <마지막 날의 환희, 2020. clc>라는 책을 정독하시면 좋을 것이다. 그 책들을 통

하여 충분히 밝혀 놓았다.

지금은 하나님이 성경을 통해 주시는 생명의 말씀을 더 깊이 알고, 그 말씀을 삶 속에 적용하며 살아야 하는 새 언약의 시대이다. 성경 진리 위에 세워지지 아니한 신앙은 신앙이 아니며, 하나님의 생명으로 살지 않는 신자는 신자가 아니다. 이 책을 만남이 이 땅에서 천국을 누리는 복된 신자로 성장하는 계기가 되기를 소원한다. 또 작금에 이르러 수면위로 부쩍 드러나고 있는 교회들의 위급성과 일부 종교 지도자들의 병폐 그리고 성경에서 벗어난 신자들의 신앙 상태를 바로 점검하는 계기가 되기를 원한다. 성경의 가르침대로 하나님을 공경하므로 하나님을 영화롭게 하고 또 기쁨을 안겨 드리는 삶이 되어서 새 언약 안에 들어 있는 크고 진정한 복을 풍성히 누릴 수 있기를 기원하는 바이다.

그리스도의 작은 사역자

최영산

차례

제3부 믿는 자가 누려야 할 천국

제1부

사람에게 임하는 복과 저주

제1장

저주의 운명 앞에 탄식하는 사람들

사람은 본시 '누구로부터 도움을 받게 되리라', '일평생이 안전할 것이라', '미래에 좋은 일이 많을 것이라'는 등의 약속을 받고 태어난 것이 아니다. 그렇기에 이 땅의 여정에서 어떤 사람은 덜 고통스러운 생애 그리고 유복한 생애를 살기도 하고, 어떤 사람은 갖은 고통을 겪으며 한평생을 보내기도 한다. 그것이 보편적으로 인간의 인생살이의 실상이다. 사람은 그처럼 미래에 대한 불확실성을 안은 채 살아가기에 자신의 미래에 대해 불안해한다. 한편, 사람은 미래를 예측하지 못하는 그 한계에 의해 오히려 미래에 대한 기대감 속에서 살아간다. 자신의 미래에 대해 불안해하는 것과, 자신의 미래에 대해 기대감을 갖는 것… 과연 어느 쪽이 현명하다 할 수 있을까? 또 진리의 경전인 성경은 그 문제들에 대해 어떻게 말하고 있는가?

오로지 우리를 위하여 말씀하심이 아니냐? 과연 우리를 위하여 기록된 것이니 밭가는 자는 소망을 가지고 갈며 곡식 떠는 자는 함께 얻을 소망을 가지고 떠는 것이라(고전 9:10).

모든 산 자들 중에 들어 있는 자에게는 누구나 소망이 있음은 산 개가 죽은 사자보다 낫기 때문이라(전 9:4).

전도자가 이르되 헛되고 헛되며 헛되고 헛되니 모든 것이 헛되도다(전 1:2).

모든 만물이 피곤하다는 것을 사람이 말로 다 할 수 없나니 눈은 보아도 족함이 없고 귀는 들어도 가득차지 아니하도다(전 1:8).

바로가 야곱에게 묻되 네 나이가 얼마냐? 야곱이 바로에게 아뢰되 내 나그네 길의 세월이 일백 삼십 년이니이다. 내 나이가 얼마 못되니 우리 조상의 나그네 길의 연조에 미치지 못하나 험악한 세월을 보내었나이다 하고(창 47:8-9).

사람의 안목 상, 미래에 대한 문제는 참으로 풀기 어렵고, 확실한 답을 찾아내기란 더욱 어렵다. 그렇기에 한편으로는 희망적이고 다른 한편으로는 불안한 것이 미래의 일이다. 그런데, 어떤 사람이 이 땅에 때어남과 동시에 저주에 처해지고, 한평생 그 저주를 끌어안은 채 살도록 결정되어 있다면, 나아가서 그의 후손도 대대로 저주가운데 살도록 운명적으로 정해져 있다면 얼마나 슬프고 괴로운 일이 될 것인가? 인류사에 그런 인생들이 있었으니 중동의 팔레스타인 땅에 살던 가나안 족속이다. 그들은 까마득한 태곳적 사람 노아의 입에서 나온 저주의 선언 이래 그 끔찍한 저주를 끌어안은 채 역사를 이어

내려왔다. 그들은 가나안(팔레스타인) 지역에 정착을 하고 세력을 키워 나갔으나 하나님 앞에 심히 가증한 자들이 되어 대대로 악을 자행하며 살았다. 그러다가 종국에는 이스라엘 민족에게 나라를 빼앗긴 채 그들의 지배 하에서 착취를 당하며 심히 멸시를 받는 불행한 자들로서 역사를 이어오게 되었다. 시간이 가면서 가나안족은 선지자들의 입을 통해 점차 자신들의 정체성에 대해 알게 되는데, 그것은 곧 자신들이 처음부터 저주받은 인생으로 태어나 저주가운데 살도록 결정되어 있다는 끔찍한 사실이었다. 그들에게 주어진 운명은 영토와 모든 권리를 빼앗긴 채 대대로 나라도 없고, 미래도 없고, 오직 천박한 목숨을 연명하기 위하여 멸시받으며 종살이를 해야만 하는 저주 아래 놓인 생존이었다(창 9:24-25 참조).

여호수아가 그들을 불러다가 말하여 이르되 너희가 우리 가운데 거주하면서 어찌하여 심히 먼 곳에서 왔다고 하여 하여 우리를 속였느냐? 그러므로 너희(가나안 족)가 저주를 받나니 너희가 대를 이어 종이 되어 다 내 하나님의 집을 위하여 나무를 패며 물을 긷는 자가 되리라 하니(수 9:22-23).

내 마음이 어지럽고 두려움이 나를 놀라게 하며 희망의 서광이 변하여 내게 떨림이 되도다(사 21:4).

그의 년 수를 짧게 하시며 그 직분을 타인이 빼앗게 하시며, 그의 자녀는 고아가 되고 그의 아내는 과부가 되며, 그 자녀들은 구걸하고 그들의 황폐한 집을 떠나 빌어먹게 하소서(시 109:8-10).

1. 사람에게 임하는 저주의 성격과 출처

성경은 가나안의 후손을 저주에 처해진 족속으로 말하고 있다. 실제로 그들은 이스라엘에게 나라를 잃고 이스라엘 민족의 지배 하에서 종살이를 해야 하는 고통스럽고 한 맺힌 역사를 이어 내려왔다.

가나안족은 어찌 저주의 운명에 처하게 된 것일까?

그 저주의 운명은 누가 정해 놓은 것일까?

사람이 사람을 저주하면 실제로 그 저주가 임하게 되는 것일까?

조상의 저주는 후대에게 대물림되는 것인가?

각자 잘못 살아온 날들에 의해 저주가 결정되는 것인가?

참으로 의문스럽고 답답함을 안겨주는 것이 저주에 관한 문제이다. 보편적으로 인간은 저주를 두려워한다. 그렇기에 저주로부터 자유로운 길을 찾으려고 갖가지 방법을 동원하며 애를 쓴다. 어떤 사람들은 사람에게 임한 저주를 몰아낸다며 희한한 의식을 행하기도 한다. 그것은 방법상의 차이가 있을 뿐 인간이 역사를 이어오며 행해온 일이다. 혹자는 민족의 저주, 가문의 저주, 가정의 저주, 개인의 저주, 지역의 저주 등을 언급하며 그것을 몰아내는 방법을 책으로 펴서 전 세계에 퍼뜨리기도 하였다. 그런데 정말 저주가 운명적으로 정해진 것이라면 사람의 노력과 방법으로 그 저주를 몰아낼 수 있을 것인가?

성경은 저주에 대해 언급하되, 사람에게 임하는 저주가 분명히 있다는 것을 말해준다. 그리고 사람의 가장 큰 불행은 저주를 끌어안고 그 저주가운데 살아가는 일이라는 것을 명시하고 있다.

그럼에도 그 저주는 단지 사람이 토해내는 저주의 말에 의하여 임하게 된다고는 말하지 않는다(잠 26:2 참조). 어떤 국가나 공동체에 임하는 저주이든지, 혹은 가문이나 개인에게 임하는 저주이든지간에 사람이 저주받을 일을 행함으로 인하여 그 저주가 임하는 것이라고 말해준다. 그러므로 저주란 사람이 저주받을 일을 저지른 결과물이라는 것과 또 인간에게 저주가 임하도록 장치해 놓은 주권자가 엄연히 존재한다는 사실을 알 수가 있는 것이다.

> 또 왼편에 있는 자들에게 이르시되 저주를 받은 자들아 나를 떠나 마귀와 그 사자들을 위하여 예비된 영원한 불에 들어가라(마 25:41).

> 여호와 하나님이 뱀에게 이르시되 네가 이렇게 하였으니 네가 모든 가축과 들의 모든 짐승보다 더욱 저주를 받아 '배를 위하여(배 때문에)' 다니고 살아 있는 동안 흙(아다마: Adama)을 먹을 것이다(창 3:14, 저자 원문 직역).

> 이름을 노아라 하여 이르되 여호와께서 땅(아다마: Adama)을 저주하시므로 수고롭게 일하는 우리를 이 아들이 안위하리라 하였더라(창 5:29).

예수님은 이 땅에서부터 저주를 받도록 결정된 자들이 있다고 말씀하셨다. 그들은 하나님 왼편에 서 있는 자들로서 "그들"이란 옛 뱀인 사탄과 또 사탄의 가르침을 따라 하나님의 말씀을 대적하며 살아가는 자들이다(마 25:41-46 참조). 그리고 그들에게 저주가 임하되 그들의 저주를 결정할 수 있는 주권자는 오직 하나님뿐이라는 사실을 밝히고 있다(삼상 2:6-10 참조). 노아의 부친 라멕은 '하나님이 땅을 저주하시므로 보편적 인간이 고통가운데 처해진 것이며 그런 저주로부터 위로(해방)받을 수 있는 존재는 노아처럼 하나님의 은혜 안에 들어간 믿음의 사람뿐이라'는 사실을 말해주고 있다. 여기서 우리는 피조물을 저주할 수 있고 또 피조물에게 저주가 임하도록 결정하는 주권자는 오직 하나님뿐이라는 사실을 알 수가 있는 것이다.

땅(게: Gea)이 그 위에 자주 내리는 비를 흡수하여 밭가는 자들이 쓰기에 합당한 채소를 내면 하나님께 복을 받고, 만일 가시와 엉겅퀴를 내면 버림을 당하고 저주함에 가까워 그 마지막은 불사름이 되리라(히 6:7-8).

또 그들을 미혹하는 마귀가 불과 유황 못에 던져지니 거기는 그 짐승과 거짓 선지자도 있어 세세토록 밤낮 괴로움을 받으리라(계 20:10).

신약 성경 히브리서의 '땅'은 하나님의 말씀을 들은 사람들이며, '자주내리는 비'는 하나님의 말씀을 가리킨다. 하나님의 말씀을 받아들여 믿고 그 말씀을 따르는 사람은 자신의 구원과 함께, 다른 사람에게 생명의 양식을 공급하는 삶을 산다는 것이며, 그 사람은 하나님의 복을 누리게 된다는 말씀이 된다. 반대로 하나님의 말씀을 들었음에도 거짓과 악에 붙들려 산다면 심판의 불속에 들어갈 수밖에 없음을 선언하는 말씀이 된다. 또 요한계시록 20장에서는 거짓과 악으로 살다가 유황불 못에 던져지는 대표적 존재들에 대해 말해 주는데, 첫째는 사탄이며 그 다음은 사탄의 거짓과 악을 받아 들여서 퍼뜨리는 적그리스도와 거짓 선지자들이다.

2. 저주는 하나님의 사역을 방해하고 조롱하는데서 온다

저주 가운데 처하여 결국 멸망에 이른 가나안족은 함의 넷째 아들 가나안의 후손이다. 노아 시대의 대홍수 후에 많은 수로 번성해진 가나안 후손은 팔레스타인 땅에 정착하여 그 세력을 넓혀 나갔다. 그러나 그들은 하나님 앞에 악인으로 살았고, 결국에는 하나님의 주권가운데 이스라엘에게 정복을 당한 이후 멸시를 받으며 대대로 종살이를 하는 역사를 이어오게 된다. 그렇다면 함의 아들 가나안은 도대체 어떤 악을 저질렀길래 그의 후손 모두가 저주에 처해지게 되었을까? 그것은 하나님의 생명사역을 방해하고, 하나님의 신령한 사역을 조롱한 죄악 때문이었다.

> 여호와를 대적하는 자는 산산이 깨어질 것이라. 하늘에서 우레로 그들을 치시리로다. 여호와께서 땅(에레츠: Erets) 끝까지 심판을 내리시고 자기 왕에게 힘을 주시며 자기의 기름 부음을 받은 자의 뿔을 높이시리로다(삼상 2:10).

> 이 열방의 신들 중에 어떤 신이 자기의 나라를 내 손에서 건져내었기에 여호와가 능히 예루살렘을 내 손에서 건지겠느냐? 하셨느니라 하니라(사 36:20).

여호와의 사자가 나가서 앗수르 진중에서 십팔만 오천 인을 쳤으므로 아침에 일찍이 일어나 본즉 시체뿐이라. 이에 앗수르의 산헤립 왕이 떠나 돌아가서 니느웨에 거주하더니, 자기 신 니스록의 신전에서 경배할 때에 그의 아들 아드람멜렉과 사레셀이 그를 칼로 죽이고 아라랏 땅으로 도망하였으므로 그의 아들 에살핫돈이 이어 왕이 되니라(사 37:36-38).

사무엘서의 말씀은 한나가 하나님의 영의 감동가운데서 선언한 내용인데, 하나님을 대적한다 함은 창조주 하나님의 일을 방해하고 그분의 사역을 조롱하는 행위이다. 그들은 산산이 깨어지는 저주 안에 들어가게 된다고 말하고 있다. 또 이사야서의 말씀은 극악한 앗수르 왕이 어떤 저주를 받게 되었는가에 대해 말해 주고 있다. 앗수르 왕 산헤립은 하나님과 하나님의 사역을 조롱하는 말을 하다가 결국 비참하게 생을 마감하게 된다. 한편 성경은 사람에게 임하는 저주에 대해 하나님이 세우신 사역자의 입을 통해서도 오게 된다는 점을 분명히 밝히고 있다.

엘리사가 거기서 벧엘로 올라가더니 그가 길에서 올라갈 때에 작은 아이들이 성읍에서 나와 그를 조롱하여 이르되 대머리여 올라가라 대머리여 올라가라 하는지라. 엘리사가 뒤로 돌이켜 그들을 보고 여호와의 이름으로 저주하매 곧 수풀에서 암곰 둘이 나와서 아이들 중(청년들)의 사십이명을 찢었더라(왕하 2:23-24).

바울이라고 하는 사울이 성령이 충만하여 그를 주목하고, 이르되 모든 거짓과 악행이 가득한 자요 마귀의 자식이요 모든 의의 원수여 주의 바른 길을 굽게 하기를 그치지 아니하겠느냐? 보라 이제 주의 손이 네 위에 있으니 네가 맹인이 되어 얼마 동안 해를 보지 못하리라 하니 즉시 안개와 어둠이 그를 덮어 인도할 사람을 두루 구하는지라(행 13:9-11).

엘리사는 이적을 가장 많이 행한 선지자로 알려져 있다. 그가 일명 '하나님의 집'으로 일컬어지는 벧엘 땅으로 올라갈 때 어떤 청년들이 떼를 지어 엘리사를 조롱하는 일이 벌어졌다. 그 조롱의 내용은 '네가 대머리 주제에 하나님의 집에 가려고 하느냐?'는 것으로서, 그 말은 곧 '너는 하나님 앞에 설수 없는 허물이 있는 인간이다.'는 뜻이었다(모세 율법에 '제사장은 머리털을 밀지 말라'는 조항이 들어 있기는 하다). 그들은 성경의 율법 조문을 이현령비현령으로 끌어들여 엘리사를 조롱했는데, 그들의 그런 행위는 하나님이 친히 쓰시는 사역자를 멸시하는 악이 되었고, 하나님의 일을 대적하고 조롱하는 결과가 되고야 말았다. 그때 하나님의 사람 엘리사가 그들을 저주하자 암곰들이 나타나 청년 사십이 명을 찢어 죽이는 비극이 발생하고야 말았다.

또 사도행전의 증언으로서 바울 사도는 하나님의 나라를 위하여 특별히 세움 받은 일꾼이었다. 그가 전도 여행 중 소아시아 지방의 로마 총독에게 말씀을 전하는 시간에 어떤 괴악한 자가 작심하고 바울이 하는 일을 방해했다. 그러자 바울이 성령의 감동으로 '네가 맹인이 되어 앞을 보지 못하리라.'고 저주를 했고, 그러자 방해하던 자의 눈이 즉시 멀게 되었다고 기록하고 있다. 이러한 증언들을 종합해 볼 때, 사람이 저주에 처해지게 되는 데는 분명한 이유가 있는 것이며, 또 그 저주를 결정하는 주체와 주권자는 분명 창조주 하나님이라는 사실을 알 수가 있는 것이다. 아래의 말씀들을 다시 주목해 볼 필요가 있다.

> 여호와는 죽이기도 하시고 살리기도 하시며 스올에 내리게도 하시고 거기에서 올리기도 하시는도다. 여호와는 가난하게도 하시고 부하게도 하시며 낮추기도 하시고 높이기도 하시는도다(삼상 2:6-7).

> 노아가 술이 깨어 그의 작은 아들이 자기에게 행한 일을 알고, 이에 이르되 가나안은 저주를 받아 그의 형제의 종들의 종이 되기를 원하노라 하고(창 9:24-25).

그러면 이제 가나안족이 대대로 받아야 했던 저주는 어떤 것이었는지, 그리고 노아의 저주 선언이 가나안족에게 임한 저주의 시발점이었다면, 노아로 하여금 후손을 저주하도록 만든 가나안의 죄악은 과연 어떤 것이었는지에 대해 알아보고자 한다.

제2장

가나안의 저주는 노아의 실수에서 온 것인가?

노아 말년 기에 일어난 노아의 저주 사건은 성경을 올바르게 이해하여 믿고자 하는 사람들에게 뜨거운 감자로 다가온다. 그 이유는 뛰어난 의인 노아의 입에서 나온 저주였기 때문이며, 저주를 하되 당사자 함이 아닌 손자를 저주했기 때문이다. 또한 그 저주가 노아의 정신적 병증에서 기인된 것이라면 결코 이루어질 수 없는 일인데도, 노아의 저주는 역사 가운데 정확히 이루어졌기 때문이다.

노아의 저주는 술 취함에서 비롯된 단순 실수였던 것인가?
노아의 저주는 조급한 성격에서 비롯된 성냄의 결과였던 것인가?
노아의 저주는 평소 가나안을 미워한 데서 나온 결과인 것인가?

그러나 이것들 중 어느 한 가지도 해당되는 것이 없다. 우선 노아는 진실한 하나님의 사람이요, 큰 믿음의 인물이었다는 점이다. 그는 하나님으로부터 부름을 받은 이후 한결같이 옳은 길(의의 길)만 걸었던 사람이다. 또 모든 행위에서 하나님을 기쁘시게 한 선한 사람이다. 성경은 노아가 하나님과의 관계를 어떻게 맺고 살았는지에 대해 여러 부분에서 증언해 주고 있다.

---

*저주-구약 성경에 등장하는 저주로는 히브리어 명사 '켈랄라: Kellala'(창27:12), '알라: Ala' 등이 있는데 이는 비방, 저주 등의 의미이다. 동사로는 '아라르: Arar'(창 3:14), '칼랄: Kallal'(창 8:21, 출 21:7) 등이 주로 쓰이며 이는 비방하다, 멸시 당하게 하다, 끊어지게 하다 등의 의미이다.

*저주-신약 성경에서는 명사로서 '아나데마: Anadema'(갈 1:8), '카타라: Katara)'(갈 3:10) 등이 있고 이는 저주, 비방 등의 의미이다. 또 동사로는 '카타라오마이: kataraomay'(롬 12:14)가 주로 쓰이는데 이는 완전히 소멸시키다, 소모시키다, 운명짓다 등의 의미를 지니고 있다.

---

1. 하나님의 의를 상속받아 의롭게 산 사람이다

비록 노아, 다니엘, 욥, 이 세 사람이 거기 있을지라도 그들은 자기의 의로 자기의 생명만 건지리라. 나 주 여호와의 말이니라(겔 14:14).

에스겔 선지자가 하나님의 구속사 가운데 완전하게 살았던 사람으로 위의 세 사람을 도입하여 불의한 이스라엘을 책망하는 내용이다. 에스겔이 노아, 다니엘, 욥의 의에 대하여 말할 때는 그들의 인생살이 일부분을 두고 말한 것이 아니다. 그들 일평생의 삶을 들어서 평가한 내용이다. 특히 그들의 말년의 삶에다 초점을 맞추어 하나님 앞에서 흠 없이 산 의인들임을 강조하고 있다. 노아는 대홍수가 끝나고 하나님이 주신 새 땅에서 350여 년의 날을 더 살았던 사람이다. 그 기간에 술이 취해 자기 후손을 저주하므로 그의 후손이 대대로 저주에 처해지도록 한 것이라면 그는 불의한 자로 남을 수밖에는 없다. 그러나 하늘로 부름을 받는 순간까지 흠 없이 살았기에 성경이 그의 믿음과 의로운 삶을 계속 강조하고 있는 것이다. 그런 의인이 단순 포도주를 마시고 그 취기에서 후손을 저주한 것으로 보아야만 할 것인가?

믿음으로 노아는 아직 보이지 않는 일에 경고하심을 받아 경외함으로 방주를 준비하여 그 집을 구원하였으니 이로 말미암아 세상을 정죄하고 믿음을 따르는 의의 상속자가 되었느니라(히 11:7).

위 히브리서의 증언에서 주목해야 할 부분은 “믿음을 따르는 의의 상속자”라는 대목이다. 의의 상속자란 의를 물려받은 사람을 가리킨다. 노아의 의는 아벨과 그의 선조인 셋, 에녹, 므두셀라 등 선대의 흠 없는 믿음의 삶을 물려받은 의이다. 또한 그의 의는 하나님으로부터 임한 의이다. 따라서 노아의 의는 하나님으로부터 받되 상속으로 받은 것이기에 결코 잃을 수가 없다. 사람의 의는 잘못 살므로 잃게 되기도 하지만 하늘의 의는 한번 주어지면 영원으로 이어지는 의이다. 성경은 노아가 그처럼 의로운 인물이었던 점을 강조하면서, 오늘날 새 언약시대의 신자들이 그의 의로운 삶의 길을 뒤따라야 할 것을 교훈해 주고 있다.

이러므로 우리에게 구름 같이 둘러싼 허다한 증인들이 있으니 모든 무거운 것과 얽매이기 쉬운 죄를 벗어 버리고 인내로써 우리 앞에 당한 경주를 하며, 믿음의 주요 또 온전케 하시는 이인 예수를 바라보자. 그는 그 앞에 있는 기쁨을 위하여 십자가를 참으사 부끄러움을 개의치 아니하시더니 하나님 보좌 우편에 앉으셨느니라(히 12:1-2).

하나님의 말씀을 너희에게 일러주고 너희를 인도하던 자들을 생각하며 그들의 행실의 종말을 주의하여 보고 그들의 믿음을 본받으라. 예수 그리스도는 어제나 오늘이나 영원토록 동일하시니라(히 13:7-8).

2. 믿음과 순종으로 하나님의 뜻을 이루어낸 사람이다

어떤 그리스도인들은 '노아'라는 인물의 믿음과 삶에 대해서는 별 관심이 없는 듯하다. 반면에 아브라함이나 다윗에 대해서는 지대한 관심을 갖고 그들처럼 살고, 또 그들처럼 이 땅에서 복 누리기를 소원한다. 아브라함이나 다윗이 큰 믿음의 사람이었던 것은 사실이나 한편 하나님 앞에서 실수도 했던 인물들이다. 그들의 삶은 새 언약시대의 신자들이 하나님 앞에서 어떤 믿음의 삶을 살아야 할 것인가에 대해 말해 준다. 또 새 언약시대의 신자들은 그들처럼 연약함으로 인해 허물과 실수가 나오더라도 그리스도안에서 다 사함 받게 되고, 결코 정죄가 없으며, 이기는 자의 삶을 살도록 하나님이 인도하신다는 그 점을 성경은 교훈해 주고 있다. 아브라함, 이삭, 야곱 등 창세기의 믿음의 선진들은 율법이 없던 시대였기에 허물이 나오더라도 큰 책망이 없었고, 오직 믿음으로 하나님의 약속을 바라보며 순종하는 삶을 가꾸면 되었다. 그렇기에 그것은 새 언약시대에 베풀어지게 될 그리스도 안에서의 자유와 복 누림에 대한 예표가 된다.

> 그러므로 이제 그리스도 예수 안에 있는 자에게는 결코 정죄함이 없나니, 이는 그리스도 예수 안에 있는 생명의 성령의 법이 죄와 사망의 법에서 너를 해방하였음이라(롬 8:1-2).

한편, 사람들은 '노아'라는 인물을 떠올릴 때면 나이가 많은 노인으로서 하나님의 명령에 따라 반강제로 방주를 건축해야만 했던 태곳적 한 인물 정도로만 생각하는 것 같다. 즉 그가 걸었던 믿음의 사람으로의 길과 그의 의로운 삶에 대해서는 별 관심이 없는듯한 눈치다. 그는 하나님의 명령에 따라 방주를 건조하긴 했으나 그 과정에서 많은 고생을 했고, 말년에는 술에 찌들고 망령이 들므로 자기 후손을 저주한 인물로서 결코 뒤따르고 싶지 아니한 그런 사람으로만 기억을 하는 것 같다. 진정 하나님으로부터 사랑을 받고 믿음과 순종심을 인정받은 인물이며, 땅에서 많은 복을 누린 인물로는 보지 않으려 하는듯하다. 어찌 그런 시각으로 생명의 경전인 성경을 살피는 것인지 이해하기 어렵다. 실로 노아는 믿음으로 하나님의 구원사에 큰 획을 그은 인물이며, 새 땅에 입성하여 하나님이 주신 상속을 크게 누린 인물이며, 하나님 앞에서 일생을 흠 없이 산 인물로서 장차 하나님이 예비하신 완전한 복을 받아 누리게 될 새 언약시대 성도의 예표로서 세워진 사람이었던 것이다.

그때 임금이 그분의 오른편으로부터 나온 자들에게 말할 것이다. 나의 아버지의 복 받은 자들아(완료형) 나와서 세상 창조로부터 너희에게 예비 되어진 나라를 상속 받아라(마 25:34, 저자 원문 직역).

3. 저주 선언은 순종의 결과에서 나왔다

의롭고 신실했던 노아가 후손을 저주했다고 증언하는 창세기의 기사는 성경 독자들을 침통하게 만든다. 아무리 술에 취했다고 한들 어찌 자신의 후손을 저주할 수가 있단 말인가? 길고 긴 인류사에 후손을 저주했다고 전하는 그런 예는 노아 사건 외에는 찾아보기가 쉽지 않다. 그처럼 노아의 저주 사건은 하나님을 모르는 사람들의 상식선에서도 납득이 잘 가지 않는 일이기에, 필시 노아가 정신 이상이 생긴 것으로 의심할 만한 일이기도 하다. 그러나 노아가 가나안을 저주한 후 셈과 야벳을 축복했던 점, 또 일의 선후 관계를 확실히 구별했던 점 등을 볼 때 분명 정신 이상은 아니다.

노아가 손자 가나안을 저주한 전대미문의 사건은 하나님을 향한 그의 순종의 결과였다. 노아는 하나님의 영의 감동 가운데 장차 하나님의 구속사에서 전개될 생명과 사망의 일에 관하여 말한 사람이 된다. 어찌 그렇게 보아야만 하는 것일까? 하나님은 자신이 펼쳐나가시는 사역 가운데서 그분의 생명에 관한 일을 가장 중요하게 다루신다. 그렇기에 하나님의 생명을 대적하고 그분의 생명 길을 방해하는 자에 대해서는 관용하지 않으시고 가장 혹독한 형벌로서 심판하신다. 그 심판이 곧 저주이다. 따라서 하나님의 저주보다 더 두려운 형벌은 없다. 하나님은 그분의 생명사역을 조롱하고 방해하는 존재들에 대해서는 영원한 저주에 처해지도록 정하셨는데, 그 저주에 처해진 첫 번째 존재는 사탄이며 사탄의 졸개들이다. 또한 사탄의 악과 거짓에 동참하는 자들도 역시 사탄과 똑같은 운명에 처해지도록 정하셨으니 그것이 바로 저주인 것이다.

> 또 그들을 미혹하는 마귀가 불과 유황 못에 던져지니 거기는 그 짐승과 거짓 선지자도 있어 세세토록 밤낮 괴로움을 받으리라(계 20:10).

혹자는 성경의 문자적인 의미만을 따라, 노아가 가나안을 저주한 일은 포도주를 과도히 마시고 취함에서 나온 큰 실수였다고 생각할 수도 있을 것이다. 노아가 포도주에 대취하여 경솔하게 저주의 말을 함으로써 그의 후손을 영원한 저주 가운데 떨어뜨려 놓은 것이라고…

그러나 정녕 사람의 입에서 나오는 말에 의하여 저주가 임하기도 하고 반대로 복이 임하기도 하는 것이라면, 노아야말로 하나님의 권좌에 앉은 자가 되고, 하나님의 주권을 가로챈 자가 되고, 또 하나님과 동등한 권능을 지닌 자가 되고 만다. 술에 취하여 자기 뜻대로 말한 것이 역사에서 그대로 성취되었다면, 그는 하나님과 같은 주권자이며 권능자가 되고야 마는 것이다.

성경은 중요한 일일수록 그 의미를 사건과 문장 뒤에 감추어 놓고 있다. 이는 사탄에게 속한 자들로 하나님의 계획을 눈치 채지 못하도록 하기 위한 하나님의 지혜이다. 만일 예수님이 하나님과 한 몸으로 활동하시는 분인 줄을 사탄이 알았더라면 감히 그분을 시험할 수가 있었을 것인가? 역시 가룟 유다가 그분의 정체에 대해 확실히 알았더라면 감히 배신할 수가 있었을 것인가? 성경 독자들은 대홍수가 끝난 후, 하나님이 노아에게 주신 땅은 무엇을 가리키는 것이며, 그 땅에서 포도나무를 재배했다는 것은 무엇을 의미하는 것이며, 또 포도로 빚은 술을 마시고 취했다는 것은 무엇을 말하고자 함인 것인지 성경 전체를 살피면서 그에 대한 답을 찾아야하고 그것은 매우 현명한 일이 된다. 노아는 하나님의 영의 감동 하에서 하나님의 주권적 사역에 순종하여 손자 가나안을 저주하였고, 그 저주의 말은 그대로 성취되었다. 노아가 가나안을 저주한 사건은 하나님이 노아를 통하여 그분의 주권을 행사하신 일이 된다.

이삭이 아들 야곱과 에서에게 축복과 저주를 선언한 결과 그것이 역사적으로 성취되었듯이, 또 어린 사무엘이 엘리 제사장에게 통보한 말이 그대로 이루어졌듯이, 하나님은 그분께서 특별히 세우신 족장과 선지자들의 말이 그대로 성취되도록 정해 놓으셨다. 이는 그들이 오직 하나님의 뜻과 주권에 순응하여 장래 일을 말하는 자들로 세워졌기 때문이다. 그런 사람들을 가리켜서 "선지자"(예언자)라고 하고, 그들의 입에서 하나님의 하실 일이 선포될 때 그것을 "예언"이라고 한다. 하나님은 장차 이루어 내실 일들을 미리 말씀하시고, 또 미리 하신 말씀들을 역사 안에서 성취해 나가시는 분이시다.

주 여호와께서는 자기의 비밀을 그 종 선지자들에게 보이지 아니하시고는 결코 행하심이 없으시리라(암 3:7).

또 미리 정하신 그들을 또한 부르시고 부르신 그들을 또한 의롭다 하시고 의롭다 하신 그들을 또한 영화롭게 하셨느니라(롬 8:30).

제3장

가나안의 저주는 하나님의 주권에서 나온 것인가?

오늘날까지도 상당수의 그리스도인이 의문시 하는 것 중의 하나는 성경에 등장하는 믿음의 선진들의 실수이다. 하나님으로부터 부름을 입어 특별히 쓰임 받던 인물이 한 순간 상상 밖의 일을 저지르게 되는 경우이다. 그 일로 인하여 하나님의 진노를 불러오므로 그 사람 개인은 물론, 공동체 전체가 고통과 난관에 처해지는 결과를 가져오기도 했다. 어찌 믿음의 선진들조차도 그런 실수를 할 수가 있느냐는 항의성 의문인 것이다.

모세의 친형제인 아론과 미리암이 하나님 앞에서 큰 실수를 저질렀고, 심지어 모세도 중대한 실수를 범하므로 하나님의 진노를 산 일이 있었다. 성경은 여호수아의 실수를 전하는가 하면, 기드온과 삼손의 실수, 다윗의 실수에 대해서 말해준다. 그들은 모두 하나님의 성민 이스라엘을 이끌었던 지도자들로서 하나님의 구속사의 한 페이지를 장식했던 인물들이다. 다행히 그들은 실수 후에 그 잘못을 인정하고 크게 뉘우치게 된다. 그런데 사람의 안목 상 큰 실수를 저지르고도 그 실수에 대해 회개를 하지 않음은 물론, 그 실수를 인정조차 하지 아니한 인물이 있었으니 그가 바로 노아이다. 그래서인지 사람들은 종종 노아를 놓고 '나이가 많아 망령이 든 노인'쯤으로 몰아붙인다. 실로 엄청난 일을 저지르고도 회개는커녕 자신의 잘못에 대해 일절 언급조차 없었으니 보통 사람의 안목으로는 그렇게 보일 수도 있겠다. 과연 말년기의 노아는 그런 실수로서 생애를 마친 딱한 인물이었을까?

---

* 카도쉬(Kadosh) - 히브리어 명사로서 거룩, 성결, 구별, 봉헌 등의 의미.
* 카다쉬(Kadash) - 동사로서 거룩하다, 성결하다, 지키다, 보존하다, 봉헌하다, 더럽히다 등의 의미.
* 코데쉬(Kodesh) - 형용사로서 거룩한, 신성한, 구별된, 봉헌된 등의 의미(창2:3, 레11:44).
* 하기아스모스(Hagiosmos) - 헬라어 명사로서 거룩, 정화, 성화, 구별 등의 의미.
* 하기야조(Hagyajo) - 동사로서 거룩하게 하다, 깨끗하게 하다, 성별하다 등의 의미.
* 하기오스(Hagios) - 형용사로서 신성한, 순결한, 결백한, 정화된, 봉헌된 등의 의미(마6:9, 롬6:19, 벧전1:16, 계4:8).

---

1. 노아가 저주의 말을 하게 된 배경

노아는 땅을 경작하는 사람이 되어 포도나무를 심었다. 그가 포도주를 마시고 취하여 자기 장막 안에서 벌거벗었는데, 가나안의 아버지 함이 자기 아버지의 하체를 보고 밖에 있는 두 형제에게 알렸다. 노아가 술에서 깨어 그 작은 아들이 자기에게 행한 일을 알고 말하기를 "가나안은 저주를 받을 것이고 자기 형제의 종들의 종이 될 것이다"라고 하였다(창 9:20-25, 바른성경).

사람들은 위의 기사를 대할 때마다 노아 말년기의 수치스러운 에피소드로 치부하면서 그 일에 대해 강경한 비판도 서슴치 않는 것을 보게 된다. 포도주에 취해 인사불성이 되어 손자 가나안을 저주하므로 가나안의 후손을 대대로 망쳐놓은 어리석은 사람이요, 이전의 믿음을 모두 잃어버린 딱한 노인으로 몰아붙이는 것이다.

성경은 "함"이라는 인물을 노아의 둘째 아들로 소개한다. 어느 날 그가 아버지의 처소에 들어가게 되었는데 거기서 아버지의 이상한 행동을 보게 되었다. 노아가 포도주에 취하여 벌거벗은 몸으로 있었기 때문이다. 노아가 포도주에 취한 것은 사실이지만, 구체적으로 어떤 행동을 했는지의 기록은 없고, 다만 그가 벌거벗었던 그것까지만 성경이 말해준다. 아무튼 아버지의 모습과 행동을 목격한 함은 밖으로 나가서 그 사실을 형제들에게 알렸다. 그러자 다른 두 아들 셈과 야벳이 옷을 가지고 뒷걸음쳐 들어가서 아버지의 몸을 가려 주게 된다. 이것을 놓고 사람들은 아버지의 몸에 옷을 덮어준 두 아들은 효성스러운 자식으로, 함은 불효한 자식으로 평가한다. 함의 행동이야말로 부모를 멸시하는 행위였다는 것이다. 그럼에도 아들 함보다는 아버지 노아를 더 가혹하게 평가한다. '가나안은 형제들의 종이 되어 영원히 종살이를 하게 되리라'고 저주를 퍼부은 노아가 훨씬 잘못이 많으며 그 일에 대해 '도저히 받아들일 수 없는 망령된 행위'라고 생각하는 것이다.

그는 술이 취해 벌거벗은 몸으로 잠을 잤던 것일까?
그는 벌거벗은 몸으로 춤을 추었던 것일까?
그는 술 취함으로 부덕한 일, 어떤 부끄러운 일을 벌였던 것일까?

구체적인 내용은 알 수 없으나 함은 아버지의 행위를 매우 수치스럽게 여긴 것임에는 틀림이 없다. 얼마 후 취기에서 깨어난 노아는 작은 아들 함이 벌인 일을 놓고 함의 막내아들 가나안을 저주하기에 이른다. 여기서 우리는 어찌하여 노아가 아들이 아닌 손자를 저주하게 되었는지와 또 손자를 저주하되 넷째 손자 가나안을 저주하게 되었는지에 대한 궁금증을 갖게 된다.

2. 저주 선언은 노아의 의도에서 나온 것이 아니다

노아가 함의 아들 가나안을 꼭 집어서 '가나안은 저주를 받아 형제의 종의 종이 되리라'고 말한 것은 노아의 의중에서 나온 것이 아니다. 노아가 그의 손자 중의 하나인 가나안에게 '저주를 받아라.'고 한 그 말은 실상 하나님의 저주의 선언이었다. 하나님은 중요한 일을 놓고 직접 말씀하시기도 하지만, 세우신 사역자를 통하여 하실 때가 더 많다. 특히 구약 시대에는 하나님의 뜻에 순종하여 일하는 사역자의 입을 통하여 말씀을 전하시고, 축복이나 저주의 선언도 하셨던 것인데, 그것은 성경 전체에 걸쳐서 증언되고 있는 일이다. 그러다가 예수 그리스도의 공생애 기간에는 예수 그리스도를 통하여 그렇게 하셨다. 그 후에는 제자들을 통하여 하셨고, 제자들 이후부터는 부활. 승천 후에 다시 오시는 그리스도 즉 다른 보혜사를 통하여 그 사역을 하고 계신다(마 23:13-33, 행 5:3-10, 마 12:31-32, 행 13:9-11 참조).

> 그의 자녀들은 유리하며 구걸하고 황폐한 집을 떠나 빌어먹게 하소서(시 109:10).

> 그 죄악을 항상 여호와 앞에 있게 하사 그들의 기억을 땅에서 끊으소서(시 109:15).

> 또 저주하기를 옷 입듯 하더니, 저주가 물같이 그의 몸속으로 들어가며 기름같이 그의 뼛속으로 들어갔나이다. 저주가 그에게는 입은 옷 같고 항상 띠는 띠와 같게 하소서(시 109:18-19).

> 너희에게 화가 있다. 위선자인 서기관들과 바리새인들아, 너희가 잔과 접시의 겉은 깨끗하게 하지만, 그 속은 착취와 방종으로 가득 차 있기 때문이다. 뱀들아, 독사의 자식들아, 너희가 어떻게 지옥의 심판을 피하겠느냐?(마 23:23).

> 베드로가 이르되 너희가 어찌 함께 꾀하여 주의 영을 시험하려 하느냐? 보라. 네 남편을 장사하고 오는 사람들의 발이 문 앞에 이르렀으니 또 너를 메어 내가리라 하니(행 5:9).

이르되 모든 거짓과 악행이 가득한 자요 마귀의 자식이요 모든 의의 원수여 주의 바른 길을 굽게 하기를 그치지 아니하겠느냐? 보라 이제 주의 손이 네 위에 있으니 네가 맹인이 되어 얼마 동안 해를 보지 못하리라 하니 즉시 안개와 어둠이 그를 덮어 인도할 사람을 두루 구하는지라(행 13:10-11).

그 분이(다른 보혜사) 오시면 죄에 대하여, 의에 대하여, 심판에 대하여 세상을 책망하실 것이다(요 16:82 저자 원문 직역).

이처럼 하나님은 그 분의 구속사 가운데 하늘의 생명사역을 위하여 친히 세우신 사역자들을 통해 축복과 저주(정죄)를 선언하셨다. 그리고 지금도 다른 보혜사를 통하여 그렇게 하신다는 점을 알아야 한다. 세우신 사람을 통한 하나님의 저주의 선언은 민수기와 시편의 내용이 아주 좋은 실례가 된다. 하나님은 모세를 통해 축복도 선언하셨고 대적자들에게 저주도 선언하셨는데 그것은 그대로 이루어졌다. 또한 다윗의 입을 통하여 축복과 저주를 선포하시고 앞으로 하실 일과 일어날 일들을 선포하셨던 것이며, 그것은 역사 가운데 그대로 실현되고 있다.(한국에는 자기를 스스로 보혜사, 진리의 영, 어머니 하나님 등으로 칭하면서 그리스도의 사역을 흉내 내는 자들이 있기에 경계가 요망된다.)

하나님이 하시는 일은 시간에 매임이 없이 진행된다. 에덴동산에서 하셨던 일을 현 시대에도 하시며, 모세 시대에 하셨던 일을 지금도 행하신다. 그리고 하나님이 하시는 첫 번째 사역은 생명사역이다. 하나님의 생명사역은 어제나 오늘이나 변함없이 진행되었고, 또 한

결같이 진행되고 있다. 그런데 그토록 중차대한 생명사역을 정면으로 방해한다면 용서 받을 길이 없는 것이다. 그것이 시대에 관계없이 시행되고 있는 하늘의 생명에 관계된 그분의 법이다(이는 율법적 해석이 아니라 신약의 빛에 의한 성경적 해석이다).

> 하나님의 말씀을 너희에게 일러주고 너희를 인도하던 자들을 생각하며 그들의 행실의 결말을 주의하여 보고 그들의 믿음을 본받으라. 예수 그리스도는 어제나 오늘이나 영원토록 동일하시니라(히 13:7-8).

노아의 저주 선언은 하나님의 생명사역과 직접 연관된 사건이었다. 그 점을 주목해야만 한다. 하나님은 하늘의 생명사역을 노골적으로 방해하는 불법에 대해서는 노아를 통하여 하셨던 것처럼 그에 따른 저주를 이생과 내세에서 반드시 시행하시는 분이시다. 성경에는 그런 사례들이 종종 등장한다. 하나님은 독한 말과 행위로 그분을 대적하는 자들의 죄악에 대해서는 오히려 참고 인내하실 때가 많았다(행 3:14-15, 딤전 1:15-16 참조). 그러나 하나님의 생명사역을 노골적으로 방해하는 자들에 대해서는 전혀 긍휼을 베풀지 않는 분이시다. 그분은 오늘날에도 그 일을 분명히 하시는데, 예수님이 엄히 경고하신 성령 훼방 죄가 바로 그것이다. 함과 그의 넷째 아들이 노아에게 행한 일은 오늘날의 성령 모독죄와 같은 죄가 된다.

> 또 누구든지 말로 인자를 거역하면 사하심을 얻되 누구든지 말로 성령(다른 보혜사)을 거역하면 이 세상과 오는 세상에서도 사하심을 얻지 못하리라(마

12:32).

누구든지 성령을 모독하는 자는 영원히 사하심을 얻지 못하고 영원한 죄가 되느니라. 하시니(막 3:29).

누구든지 말로 인자를 거역하면 사하심을 받으려니와 성령을 모독하는 자는 사하심을 받지 못하리라(눅 12:10).

위의 말씀에서 '성령 거역'과 '성령 모독'이란 사람에게 임하여 하늘의 사람으로 거듭나게 하는 부활의 그리스도(다른 보혜사)의 사역을 가리킨다. 또 이미 구속이 이루어진 사람의 성장을 가로막는 행위, 즉 믿는 자의 속에 임한 하나님의 생명을 성장하지 못하도록 노골적으로 방해하는 행위이다.

창세기의 사건들과 가르침들은 하나님이 새 언약시대에 반드시 실현시키실 일들에 관한 예표이다. 이렇게 볼 때 노아가 포도주에 취하여 벌거벗음은 육신적 사람의 눈에는 허물이 될는지 몰라도 하나님 앞에서는 허물이 될 수 없다(노아가 포도주에 취함이 무엇인지에 대해서는 앞으로 구체적인 설명이 있을 것임). 따라서 노아의 저주 선언은 노아의 실수나 망령에서 비롯된 것이 아니다. 노아가 포도나무를 심고 그것의 열매로 술을 빚어 마시고 취한 것은 장차 하나님이 믿는 자들에게서 실현시키실 엄청난 하늘의 일, 즉 새 언약시대에 일어날 하나님의 신령한 생명사역에 관한 예표가 된다. 하나님의 생명사역을 수치스럽게 여기고 조롱하는 행위는 새 언약시대에 이르러 예수님이 가장 무서운 실수와 죄라고 강조하신 성령 모독죄가 된다.

> 하물며 하나님의 아들을 짓밟고, 자기를 거룩하게 한 언약의 피를 부정한 것으로 여기고, 은혜의 성령(다른 보혜사)을 욕되게 하는 자가 당연히 받을 형벌은 얼마나 더 무겁겠느냐? 너희는 생각하라(히 10:29).

제4장

결코 저주가 임할 수 없는 사람

성경은 노아를 가리켜서 의인이라고 말한다. 그런 노아가 술이 취해 벌거벗은 몸을 아들 함에게 보이게 되었고 결국 그 일이 외부에 알려지게 되었다. 노아의 벌거벗음을 외부에 알린 첫 번째 인물은 노아의 아들 '함'이다. 그런데 술에서 깨어난 노아가 그 일을 알고 나서 저주를 하는데, 저주의 대상은 공교롭게도 함의 넷째 아들 가나안이었다. 함에게는 네 명의 아들이 있었다. 구스, 미스라임, 붓, 가나안이다. 사람의 안목 상, 노아의 벌거벗음을 외부에 알린 그 일로 인하여 저주를 받아야 한다면 그 첫 번째 대상은 함이어야 한다. 또 노아가 함을 너무 아낀 나머지 함 대신 함의 자식을 저주하려 했다면 마땅히 함의 장자인 구스를 저주하든가, 아니면 함의 네 아들 모두를 저주하든가 하는 것이 사람의 이치에도 맞다. 그런데 노아는 아들 함이 아닌 손자를 저주했고, 또 손자를 저주하되 하필 막내 손자 가나안을 저주했다. 어찌 그래야만 했던 것일까?

* 저주 - 구약 성경에는 히브리어 명사 '켈랄라 - Kellala'(창27:12 참조), '알라: Ala' 등이 쓰이고 있는데, 이는 비방, 저주 등의 의미이다. 동사로는 '아라르: Arar'(창 3:14 참조), '칼랄: Kallal'(창 8:21, 출 21:7 참조) 등이 주로 사용되며, 이는 비방하다, 멸시 당하게 하다, 끊어지게 하다. 등의 의미이다.
* 저주 - 신약 성경에서는 명사 '아나데마 - Anadema'(갈 1:8 참조) '카타라: Katara)'(갈 3:10 참조) 등이 쓰이고 있고, 이는 저주, 비방, 모독 등의 이미이며, 동사로는 '카타라오마이: kataraomay'(롬 12:14 참조)가 주로 쓰이는데, 이는 완전히 소멸시키다, 소모시키다, 운명짓다. 등의 의미를 지니고 있다.

1. 함에게 저주가 선언되지 않은 이유

노아는 손자 가나안을 저주했다. 그러나 정작 그의 아들 함은 저주하지 않았다. 그 이유는 함은 저주를 받을 수 없는 사람이었기 때문이다. 성경은 하나님의 은혜를 입어 구원 안에 들어간 사람에게는 결코 저주가 임할 수 없다는 그 점을 밝혀 준다. 일부에서는 '하나님은 사람에게 구원을 베풀기도 하시고, 베푸신 구원을 취소하기도 하신다.'고 주장하지만, 그것은 성경적 관점의 해석이 아니다. 성경은 한 번 주어진 하나님의 구원(영생)은 영원한 것이며, 누구라도 그 구원으로부터 제외시킬 수 없다고 증언하고 있다. 따라서 하나님의 은혜로 구원받은 사람에게는 저주가 임할 수 없다. 왜냐하면 저주는 현세와 내세에서 하나님과의 관계가 끊어지는 불행을 의미하기 때문이다. 그런데 사람은 누구나 출생 시로부터 하나님과의 관계가 끊겨 저주에 처한 상태로 태어난다. 그것이 본시 인간이 짊어지고 있는 불행이다(요 10:28-29, 롬 8:1-2, 갈 3:13, 엡2:3, 계 22:3 참조).

이름을 노아라 하여 이르되 여호와께서 땅(인간)을 저주하시므로 수고롭게 일하는 우리를 이 아들이 안위하리라 하였더라(창 5:29).

전에는 우리도 다 그 가운데서 우리 육체의 욕심을 따라 지내며 육체와 마음의 원하는 것을 하여 다른 이들과 같이 본질상 진노의 자녀이었더니(엡 2:3).

그러나 아담으로부터 모세까지 아담의 범죄와 같은 죄를 짓지 아니한 자들까지도 사망이 왕 노릇하였나니 아담은 오실 자의 표상이라(롬 5:14).

하나님은 그처럼 저주에 처해진 인생들 가운데서 하나님의 씨를 가진 사람을 불러내어 천국 복음을 듣게 하시고, 마침내 구원에 이르도록 하신다. 그것이 사람으로서는 측량하기 어려운 하나님의 은혜이며 사랑이다. 그토록 하나님의 사랑을 입은 사람이 어쩌다 한 순간 죄에 빠졌다고 하여 이미 소유한 구원이 취소되고, 다시 저주에 처해지게 될 것인가? 만약 그렇게 된다면 하나님의 구속의 은혜는 불완전한 것이 되고, 하나님은 실수를 하시는 분이 되고 만다. 성경은 하나님의 구원사역은 완전하고, 실수가 없으시며, 행하신 일에 결코 후회가 없으시다고 증언하고 있다. 그것이 하나님의 능력이며 하나님의 인격의 완전성이다. 아래의 말씀들은 하나님이 하시는 구속 사역의 완전성에 대해 말해준다.

내가 그들에게 영생을 주노니 영원히 멸망하지 아니할 것이요 또 그들을 내 손에서 빼앗을 자가 없느니라(요 10:28).

하나님은 사람이 아니시니 거짓말을 하지 않으시고 인생이 아니시니 후회가 없으시도다. 어찌 그 말씀하신 바를 행하지 않으시며 하신 말씀을 실행하지 않으시랴(민 23:19).

하나님의 은사(카리스마: 영생의 선물)와 부르심에는 후회하심이 없느니라(롬 11:29).

죄의 삯은 사망이요 하나님의 은사(카리스마: 선물)는 그리스도 예수 안에 있는 영생이니라(롬 6:23).

성경에 등장하는 하나님의 사람들 가운데 실수를 범하지 않은 인물은 몇몇에 불과하다. 그러나 실수를 범했을지라도 결국은 회개하고 바른길로 돌아왔던 것인데, 그것의 대표적인 인물은 솔로몬 왕이다. 솔로몬은 이방 여인들의 꾐에 빠져 죄악에 잠기면서 예루살렘을 온통 우상의 소굴로 만들어 놓았고, 이방신에게 경배도 했던 사람이다. 그 같은 끔찍한 죄악으로 인하여 이스라엘이 전란에 휩싸이고, 나라가 둘로 쪼개지는 비극을 불러들였다. 그럼에도 이미 하나님의 사람이었던 솔로몬은 결국 죄악으로부터 돌이켰고, 성경을 기록하는 은혜를 입게 되었다. 그리스도인은 솔로몬 같은 실수가 없어야 마땅하지만, 그럼에도 하나님은 이미 구원을 소유한 하늘의 사람들에게는 결코 저주가 임할 수 없도록 장치해 놓으셨다.

---

*영생(아이오니오스 조에: Aionios joe) - 헬라어 형용사와 명사의 합성어로서, 그

의미는 '영원한 생명(하나님의 생명)'이다.
* 실수(쉐가가: Shegaga) - 히브리어 명사로서 이는 부주의한 범죄, 무지, 허물 등의 의미이며, 헬라어 동사 '프타이오: Ptaio'가 있는데 이는 넘어지다, 잘못하다, 죄를 짓다. 등의 의미이다(약 3:2 참조).
* 악(라아: Raa) - 히브리어 형용사로서 나쁜, 해로운, 악한 등의 의미.
* 악(포네로스: Pneros) - 헬라어 형용사로서 악한, 병든, 버려진, 아픈 등의 의미.

솔로몬이 여호와의 눈앞에서 악(라아)을 행하여 그의 아버지 다윗이 여호와를 온전히 따름같이 따르지 아니하고, 모압의 가증한 그모스를 위하여 예루살렘 앞산에 산당을 지었고 또 암몬 자손의 가증한 몰록을 위하여 그와 같이 하였으며(왕상 11:6-7).

이제 함의 죄로 돌아가서 살필 때, 함은 이미 하나님의 은혜로 구원을 받은 사람이요, 백여 년간 방주 건조에 헌신한 사람이다. 방주 건조에는 믿음의 사람들만 동참하였고 방주 안으로의 입성은 구원이 확실히 성취된 사람들만 들어갔다. 당시의 방주는 장차 하나님의 사람들을 대홍수와 같은 환난으로부터 구원하여 하나님이 그들 속에 영원히 거하시게 될 그리스도의 모형이었다. 따라서 노아와 그의 가족이 방주를 건조한 후 그 안에 들어갔다는 것은 누구도 빼앗을 수 없는 하나님의 약속과 구원 안에 들어갔음을 의미한다. 노아 방주는 부활 후 믿는 자들 속에 보혜사로 임하시게 될 그리스도의 모형이며 예표였기 때문이다. 성경은 그리스도 안에 있는 자에게는 결코 저주가 없다고 선언한다. 이는 믿는 자 속에 거하시는 그리스도의 능력과 권세로 인하여 결코 저주가 들어올 수 없기 때문이다. 비록 함은 태곳적 시대의 인물이었지만 그는 이미 구원받은 자로서 하나님의 약속 안에 살고 있는 사람이었다. 따라서 큰 실수를 범했음에도 이미 함에게 주어진 하나님의 은혜와 구원은 취소될 수 없었고, 역시 저주도 임할 수 없었다.

> 그러므로 이제 그리스도 예수 안에 있는 자에게는 결코 정죄함(카타디카조)이 없나니 이는 그리스도 예수 안에 있는 생명의 성령의 법이 죄와 사망의 법에서 너를 해방(엘류떼로우)하였음이라(롬 8:1-2).

> 너희가 세례(성령 세례)로 그리스도와 함께 장사(쉰따프토)되고 또 죽은 자들 가운데서 그를 일으키신 하나님의 역사를 믿음으로 말미암아 그 안에서 함께 일으키심을 받았느니라(골 2:12).

---

* 카타디카조(헬: Katadikajo) - 정죄하다, 저주하다, 유죄판결하다.
* 엘류떼로우(헬: Ellutterou) - 면제되다, 해방하다, 자유롭게 하다.
* 쉰따프토(헬: Shinttapto) - 함께 묻히다, 함께 장사되다.

그러면 이미 하나님의 사람이 되었고, 또 아버지의 길을 따라온 함은 어찌 저주를 불러들이는 그런 끔찍한 실수를 범하게 되었던 것일까? 진정 성경을 하나님의 말씀으로 받아들이는 독자라면 함의 실수를 살피면서 항상 경각심을 가져야 한다. 하나님의 큰 은혜를 입었다 할지라도, 또 이미 구원을 받아 그 구원 안에 살고 있다 할지라도 그리스도의 장성한 분량에 이르기까지는 연약에 쌓여 있는 자들이 하

나님의 사람들이다. 그래서 성경은 하나님의 약속을 믿는 사람이라면 공생애 기간의 예수 그리스도의 생명 수준에 이르기까지 성장해야 한다고 권면하고 있다(엡 4:13 참조). 비록 구원을 받은 그리스도인이라 할지라도 그가 장성함에 도달하기까지는 어미의 날개 밑을 벗어난 병아리처럼 연약하다. 항상 깨어있지 않으면 함처럼 순간적으로 실수를 범할 위기와 시험이 올 수 있는 것이다. 성경은 예수 그리스도 이후 새 언약시대를 살아가는 하나님의 아들들을 교훈하기 위하여 그런 중대한 사건을 기사화하여 오늘까지 보존해 놓으셨다. 그리고 깨어 있을 것을 거듭 권면하고 있다.

> 그러므로 하늘에 계신 너희 아버지의 온전하심(텔레이오스)과 같이 너희도 온전하라(마 5:48).

> 우리가 다 하나님의 아들을 믿는 것과 아는 일에 하나가 되어 온전한(텔레이오스) 사람을 이루어 그리스도의 장성한 분량이 충만한 데까지 이르리니(엡 4:13).

> 우리가 약할 때에 너희가 강한 것을 기뻐하고 또 이것을 위하여 구하니 곧 너희가 온전하게(카탈티시스) 되는 것이라(고후 13:9).

＊텔레이오스(Telleios) - 헬라어 형용사로서 완전한, 성년의, 온전한 등의 의미.
＊카탈티시스(Kataltisis) - 헬라어 명사로서 완전, 완전한 설비 등의 의미.

---

2. 가나안에게 저주가 선언된 이유

창세기 9장의 기사에서 독자들로 하여금 가장 의문을 품게 하는 것은 가나안에게 선언된 저주이다. 노아는 자신의 벌거벗음을 외부에 알린 자를 저주하기에 이르는데, 그 대상은 손자 가나안이었다. 노아는 어찌 가나안을 저주해야 했을까? 그것은 함과 가나안이 노아의 벌거벗음을 외부에 알리되 죄악된 마음으로 발설했기 때문이다. 그들의 행위는 노아에게 신령한 세계를 드러내시는 하나님의 생명 사역을 조롱한 일이 된다. 노아에게 일어났던 일이 어찌 하나님의 신령한 사역인가에 대해서는 앞으로 설명할 것이다. 물론 성경에 함의 아들 가나안이 노아의 벌거벗었음을 발설한 자로 기록되어 있지는 않다. 그렇지만 성경 전체를 신중히 살핀다면 그 사건 뒤에는 가나안이 함의 죄에 동참하고 있음이 보인다. 저주란 저주받을 일을 저지른 그 당사자가 받는 것이며, 당사자 외에 누군가가 대신 그 저주를 받게 되는 것은 아니다. 또한 저주란 아무런 이유도 없이 임하는 그런 것도 아니다.

까닭 없는 저주는 참새가 떠도는 것과 제비가 날아가는 것 같이 이루어지지 아니하느니라(잠 26:2).

참새 떼가 사람 주위에 모여들어 시끄럽게 하고, 또 제비가 사람의 눈앞을 스쳐 다닐지라도 그 사람에게 해를 입힐 수는 없다. 그처럼 저주는 저주받을 일을 행하지 아니하는 한 임하지 않는다. 그것은 하나님이 정해 놓으신 정죄의 법이며 이치이다. 따라서 아무런 잘못이 없는 사람을 향하여 제아무리 저주의 말을 퍼부어도 절대 저주가 임할 수 없다는 것이 성경의 증언이다. 오히려 저주받을 만한 잘못이 없는 사람에게 저주를 퍼붓게 되면 그 저주가 도리어 자신에게 임하게 된다고 말해 주고 있다.

> 자기의 아비나 어미를 저주하는 자는 그의 등불이 흑암 중에 꺼짐을 당하리라(잠 20:20).

> 너를 축복하는 자에게는 내가 복을 내리고 너를 저주하는 자에게는 내가 저주하리니 땅의 모든 족속이 너를 인하여 복을 얻을 것이니라 하신지라(창 12:3).

위의 말씀은 진정 감사하고 경외해야 할 대상을 향하여 오히려 대적하고, 조롱하고, 해롭게 하는 행위에 대한 경고이다. 사람으로서 마땅히 감사하고 섬겨야할 대상은 먼저 하나님이시고, 그 다음은 부모이며, 또 자기에게 선한 행실을 보여준 사람이다. 그런데 하나님과 부모를 향하여 악을 토해내는 자가 있다면 그는 생명에서 끊기고 그의 미래가 어둠속에 묻히게 된다는 말씀이 된다. 그것이 저주이며, 그런 사람은 하나님 앞에 정직히 회개하며 긍휼을 구해야 한다. 만약 그렇게 하지 않는다면 그의 미래는 불행하게 될 수밖에는 없다.

> 범죄하는 그 영혼은 죽을지라. 아들은 아버지의 죄악을 담당하지 아니할 것이

요 아버지는 아들의 죄악을 담당하지 아니하리니 의인의 공의도 자기에게로 돌아가고 악인의 악도 자기에게로 돌아가리라(겔 18:20).

하나님의 세계에서는 사람이 하나님으로부터 복을 받아 누리기도 하고, 반대로 저주를 받아 불행가운데 처해지기도 한다. 그런데 그것은 전적으로 각 사람의 행한 일에 따라서 결정된다. 육신적인 세계에서는 부모의 후광을 입어 출세와 성공에 이르기도 하지만, 하나님의 세계에서는 그것이 통하지 않는다. 부모가 하나님 앞에 옳게 살았다고 하여 그 의로움이 자식에게 미칠 수가 없고, 반대로 자식이 의롭게 살았다고 하여 그 의로움이 부모에게 돌아가지 않는다. 하나님의 뜻을 따르는 자는 구원과 상급에 이르게 되는 것이요, 만일 하나님의 뜻을 대적하거나 조롱하는 실수를 범한다면 그 사람은 저주에 처해지게 되는 것이 하나님의 공의이다. 그러면 가나안의 후손인 가나안족은 어찌 대대로 저주받은 자들로서 역사를 이어가게 되었을까? 또 가나안이 범한 죄는 어떤 것이었을까?

첫째, 가나안의 후손이 저주 가운데 처해진 것은 그들 모두가 선조 가나안의 뒤를 이어 극한 죄악 속에 살았기 때문이다. 하나님은 그분 자신이 행하시는 일에 결코 실수가 없으시고, 후회도 없으시며, 실패도 없으시고, 불의와 억지도 없으시다. 고 선언하신다. 오직 사람이 하나님의 뜻을 따르느냐? 거역하고 방해하느냐? 에 따라 현재와 미래가 결정되도록 하시는 분이시다. 가나안의 후손은 일곱 족속으로 구성되어 역사를 이어왔는데, 그들 모두가 하나님 앞에 악했다고 성경을 증언하고 있다.

> 네(아브라함) 자손은 사대 만에 이 땅(가나안 땅)으로 돌아오리니 이는 아모리 족속(가나안 족)의 죄악이 아직 가득차지 아니함이니라 하시더니(창 15:16).

> 네 하나님 여호와께서 그들(가나안 족)을 네 앞에서 쫓아내신 후에 네가 심중에 이르기를 내 공의로움으로 말미암아 여호와께서 나를 이 땅으로 인도하여 들여서 그것을 차지하게 하셨다 하지 말라 이 민족들이 악함으로 말미암아 여호와께서 그들을 네 앞에서 쫓아내심이니라(신 9:4).

둘째, 가나안이 범한 실수는 하나님이 하시는 일 가운데 가장 중요한 일을 업신여긴 죄였다. 구체적으로 사람이 하나님으로부터 생명을 받아 그것을 극대화하여 누리는 하늘의 일에 대한 조롱이었는데, 그것은 노아의 술 취함을 통해서 나타내시는 신령한 하늘의 복 누림에 대한 조롱이었던 것이다. 가나안이 그의 아비 함과 더불어 노아의 행위를 보고 조롱한 것이 아니라면 의인 노아가 가나안을 저주했을리가 만무하다. 또 가나안이 그의 아비 함과 동행한 것이 아니라면 노아가 네 명의 손자 가운데 유독 가나안만을 저주할리가 없는 것이다. 구약 시대의 장자의 법에 따른다면, 함의 뒤를 이어갈 자는 맏아들 구스이며, 따라서 함 대신 누군가가 저주를 받아야 한다면 그 저주는 장자인 구스에게로 돌아가는 것이 맞다(창 10:6 참조). 그러나 구스는 그의 아비 함의 죄악에 동참하지 않았다.

노아가 새 땅에 들어간 후 맨 먼저 한 일은 포도나무 재배였다. 그것은 하나님의 나라가 확장되어 나갈 일에 대한 예표였다. 그리고 포도주를 빚어 마심은 하나님의 나라에서 그리스도와 함께 신령한 복에 참예할 일에 관한 예표였다. 또 노아가 포도주에 취하여 벌거벗음은 하나님의 나라의 누림이 충만하여 그 은혜와 복을 주시는 하나님을 기뻐하고 찬양할 일에 관한 예표가 된다. 모두 새 언약시대가 도래할 때 하나님이 성취하실 위대한 생명사역에 관한 일이었던 것이다. 그러므로 노아와 관련된 사건들은 넓은 신학적 안목과 깊은 성경적 안목으로 살펴야 하고, 하나님의 생명사역의 경륜 차원에서 보아야만 바른 답이 나올 수 있다. 진정 하늘의 신령한 복에 취한 자는 어린 아이처럼 순진무구하고, 그 세계를 누리는 것으로 만족하기에 육신의 것에 얽매이지 않으며, 육신의 것이 없음을 인하여 실망하거나 한탄하지 않는다. 오직 신령한 세계의 누림을 놓고 어린아이처럼 기뻐하는 것이다.

> 이 때에 예수께서 성령으로 기뻐하시며 이르시되 천지의 주재이신 아버지여 이것을 지혜롭고 슬기 있는 자들에게는 숨기시고 어린 아이들에게는 나타내심을 감사하나이다. 옳소이다. 이렇게 된 것이 아버지의 뜻이니이다(눅 10:21).

예수님은 '하나님의 나라'란 어린 아이처럼 순수한 자들에게만 임하는 것이라고 강조하셨다. 노아에게서 일어난 희한한 일은 장차 도래할 새 언약시대의 진실한 신자들에게 하나님이 주권적으로 나타내시게 될 성령 충만함과 그리스도와 함께 마시고 즐거워하게 될 천국 잔치이다. 창세기 9장에서 증언하는 노아의 술 취함과 벌거벗음의 사건은 새 언약시대에 성취되어질 신령한 세계의 누림에 관한 것이다. 또 가나안에게 내려진 저주 역시 새 언약시대에 하나님의 나라를 업신여기고 조롱하는 자들이 받게 될 저주에 관한 예표가 된다. 하나님은 대부분 새 언약시대의 사람들을 위하여 성경을 기록하게 하셨으므로, 그 사실을 올바로 알고 성경을 대할 때 깊이 있는 진리가 열리게 된다. 독자들로 오해가 없도록 앞으로 더 자세한 설명이 있게 될 것이다.

> 내 아버지께서 나라를 내게 맡기신 것 같이 나도 너희에게 맡겨 너희로 내 나라에 있어 내 상에서 먹고 마시며 또는 보좌에 앉아 이스라엘 열 두 지파를 다스리게 하려 하노라(눅 22:29-30).

> 이러한 일은 우리의 본보기가 되어 우리로 하여금 그들이 악을 즐겨 한 것 같이 즐겨하는 자가 되지 않게 하려 함이니(고전 10:6).

> 그들에게 일어난 이런 일은 본보기가 되고 또한 말세를 만난 우리를 깨우치기 위하여 기록되었느니라(고전 10:11).

제2부

두 종류의 포도나무와 그것들의 본질

제1장

포도나무에 담긴 비밀

성경에는 포도나무와 포도주에 관련된 기사가 많다. 포도원을 사이에 두고 백주에 극악이 행해지는가 하면, 역시 포도주에 의해 사람이 죽고 온갖 악이 잉태하는 그런 기사가 성경 전반에 걸쳐서 등장하고 있다. 다른 한편으로는 포도나무와 포도주로 인하여 화해와 기쁨의 잔치가 열리고, 죽어가던 사람이 치유되는 기사도 등장한다. 어찌 많은 나무들 중에 포도나무가 그토록 많이 등장하는 것이며, 다른 술보다 포도주에 얽힌 기사가 그토록 많은 것일까? 성경에서 포도나무는 하나님의 생명사역의 상징이다. 그렇기에 성경 기자들은 포도나무를 등장시켜서 하나님의 생명사역과 하늘의 복에 관하여 전하고 있는 것이다. 충실한 포도나무는 하나님의 생명사역이 풍성하게 열매를 맺으므로 하나님의 기쁨이 되고, 믿는 자들이 누리게 될 복을 나타내 준다. 반대로 열매를 맺지 못하는 포도나무와 나쁜 열매 맺는 포도나무는 하나님을 대적하는 자들과 사람을 죽음에 몰아넣는 사망의 세력을 나타내 준다.

1. 유다의 포도나무의 비밀

그의 나귀는 포도나무에 매고 그의 암나귀 새끼는 포도나무 줄기에 맬 것이며, 그의 옷은 포도주로 빨고 그의 입는 옷을 포도즙에 빨 것이다. 그 눈들은 포도주로 말미암아 빛날 것이며 그 치아는 우유로 말미암아 희게 될 것이다 (창 49:11-22, 저자 원문 직역).

장차 믿는 자들에게 주어지게 될 하늘의 권세와 땅에서 누리게 될 신령한 복에 관한 예언이다. 야곱은 믿음의 눈으로 약속의 땅을 바라보면서 하나님의 영의 감동가운데 믿는 자들의 운명에 관하여 선포했다. 그의 예언은 이스라엘 열두 지파의 운명에 관한 것이면서, 또한 새 언약시대의 신자들이 하나님과의 관계를 어떻게 맺어야할 것인가에 대해 교훈해 주는 내용이다. 야곱은 그의 아들 열두 명의 성격과 행실을 들어가며 이스라엘 백성이 맞이하게 될 미래에 대해 예언을 하되, 하나님의 생명은 유다 같은 신자에게 임하게 되고, 하늘의 복은 유다 같은 사람에게 풍성히 주어지게 될 것을 예언하고 있다. 유다는 모든 형제들이 요셉을 죽이기로 결의할 때 요셉의 목숨을 건지려고 애를 쓴 사람이다. 그래서 성경은 유다를 가리켜서 하나님이 주신 생명을 사랑하고 그 생명을 소중히 여기는 사람의 대명사로 등장시키고 있고, 하나님은 그리스도가 유다 지파에서 출생하도록 하신 것이다.

유다는 암나귀와 암나귀 새끼들을 포도나무에 맬 것이라고 했다.

암나귀와 암나귀 새끼들은 유다와 그의 후손을 가리킨다. 포도나무는 장차 이 땅에 나타나실 그리스도, 그리고 부활 후 다시 오셔서 믿는 사람 속에 거하실 그리스도 즉 다른 보혜사를 의미한다. 포도나무 되시는 그리스도와 연합되어 살아가는 자들은 그리스도와 똑같은 생명을 소유하게 된다. 연합이란 영원히 갈라질 수 없도록 온전히 합하는 인격적 결합이자, 한 생명 됨의 개념이다. 그리스도와 연합을 이룬 자는 하나님의 백성이며, 하나님의 아들이며, 그리스도의 신부가 된다. 그런 사람은 그리스도와 한 몸으로 살아가기에 누구도 그의 생명을 빼앗을 수가 없고, 그의 미래를 막아놓을 수도 없다. 그것이 포도나무에 매여 있는 나귀들, 즉 하늘에 속한 하나님의 사람들의 복이다.

> 나는 포도나무요 너희는 가지라. 그가 내 안에, 내가 그 안에 거하면 사람이 열매를 많이 맺나니 나를 떠나서는 너희가 아무 것도 할 수 없음이라(요 15:5).

> 그의 열매로 그들을 알지니 가시나무에서 포도를, 또는 엉겅퀴에서 무화과를 따겠느냐? 이와 같이 좋은 나무마다 아름다운 열매를 맺고 못된 나무가 나쁜 열매를 맺나니, 좋은 나무가 나쁜 열매를 맺을 수 없고 못된 나무가 아름다운 열매를 맺을 수 없느니라(마 7:16-18).

유다는 포도주와 포도즙에 옷을 빨아 입을 것이라고 했다. 이는 유다처럼 생명을 사랑하고 생명을 귀히 여기는 자들이 그리스도의 보혈에 의해 거룩해진 상태로 살아갈 것을 가리킨다. 그것이 곧 신령한 그리스도의 옷을 입은 성도의 삶이다. 혹 믿는 자의 상태가 아직 어리기에 삶 속에서 죄가 나올지라도 이미 그리스도의 피로 본질이 거룩해졌기에 사탄의 수중 안에, 그리고 세상의 죄악 속에 머물러 있지 않는다. 죄를 짓게 하는 옛 기질을 계속 정리해 나가는 것이다. 그들은 하나님이 그리스도를 통하여 공급하시는 능력에 의해 거짓과 악을 정복하는 하늘의 사람, 즉 이기는 자로서 살아가게 된다.

> 귀를 가진 자는 성령이 교회들에게 무엇을 말하는지에 대해 들어야만 한다. 지금 이기는 자에게는 내가 하나님의 낙원 중앙 안에 있는 생명의 나무로부터 먹도록 그에게 넘겨줄 것이다(계 2:7, 저자 원문 직역).

> 그 눈들은 포도주로 말미암아 빛날 것이며 그 치아는 우유로 말미암아 희게 될 것이다(창 49:12, 저자 원문 직역).

새 언약시대에 이르러 각각의 믿는 자 속에 임하시는 그리스도(다른 보혜사)는 붉은 눈을 가지신 분으로 나타내신다. 붉은 눈이란 반짝반짝 빛나는 눈을 의미하는데, 그리스도와 연합되어 장성해 가는 신자들도 그리스도처럼 빛나는 눈을 가지게 된다. 믿는 자가 포도주로 인해 눈에 빛이 난다는 것은 그리스도와 똑같은 생명을 소유하게 된 것이며, 하나님의 생명을 가장 큰 보배로 여기며 사는 사람인 것을 의미한다. 그렇기에 하늘의 생명과 직접 관련이 없는 것들은 경계하고, 항상 하나님의 생명으로 살아가기를 소원하게 된다. 그런 신자는 하나님의 생명이 더해가게 되고, 결국 충만해진 하나님의 생명에 의

하여 기뻐하는 사람, 감사하는 사람, 하나님의 뜻을 이루는 사람으로 살아가게 되니 그가 포도주에 의하여 눈이 붉어진 하늘의 사람이다. 우유는 믿는 자 속에 하늘 양식이 풍부하게 되는 것을 가리킨다. 이삭은 그의 아들 야곱에게 하늘의 이슬과 땅의 기름진 것을 풍부히 누리는 사람이 되라고 축복했고, 그 축복은 그대로 성취되었는데 그 복이 우유에 의해 이가 희게 되는 복이다. 성경은 진실한 신자들이 누리게 될 이 모든 복을 좋은 열매 맺는 포도나무를 도입하여 설명해주고 있다. 성경은 곧 잘 포도나무의 양면성을 들어서 진리를 설명하되, 좋은 포도나무는 믿는 자에게 생명과 기쁨을 풍성히 공급하시는 그리스도에 대한 예표로서 등장시키고 있다. 하나님의 은혜와 생명, 기쁨을 공급하시는 그리스도를 참포도나무에 비유하는 것을 놓고 성경은 '창세로부터 감추어진 비밀'이라고 말한다.

> 그 때에 예수께서 성령으로 기뻐하시며 이르시되 천지의 주재이신 아버지여 이것을 지혜롭고 슬기 있는 자들에게는 숨기시고 어린 아이들에게는 나타내심을 감사하나이다. 옳소이다. 이렇게 된 것이 아버지의 뜻이니이다(눅 10:21).

> 이 비밀은 만세와 만대로부터 감추어졌던 것인데 이제는 그의 성도들에게 나타났고 하나님이 그들로 하여금 이 비밀의 영광이 이방인 가운데 얼마나 풍성한지를 알게 하려 하심이라 이 비밀은 너희 안에 계신 그리스도시니 곧 영광의 소망이니라(골 1:26-27).

2. 열매 풍성한 포도나무의 비밀

> 너의 집의 내실(옆구리)에 있는 너의 아내는 열매 맺는 포도나무와 같고, 너의 식탁 주위에 있는 너의 아들들은 감람나무의 묘목과도 같다. 보라 그처럼 여호와의 경외하는 사람은 복이 주어지게 된다(시 128:3-4, 저자 원문 직역).

> 요셉은 열매 맺는 아들 곧 샘 곁의 열매 맺는 가지이다. 그 가지가 담을 올라가고 있다(창 49:22, 저자 원문 직역).

위 말씀들은 하나님을 경외하면서 하나님의 생명사역에 충성하는 사람이 누리게 될 복에 관한 내용이다. 그런 사람은 가장 좋은 짝이 옆에 앉아서 항상 기쁨을 주고 누림을 제공하는 것과 같은 그런 복을 받게 되는데, 그 복을 가리켜서 열매를 풍성히 맺는 포도나무에 비유하고 있다. 좋은 포도나무는 포도를 양식으로 공급할 뿐만 아니라 포도주로서 기쁨을 더해 준다. 그러므로 포도나무의 복이란 그리스도 안에서 부족함이 없는 만족스러움과 기쁨을 충만히 누리는 것을 가리킨다.

야곱은 임종 직전 그의 열 두 아들을 불러서 축복하되 유다와 요셉에게는 특별한 복을 빌어주었다. 어떤 아들에게는 경계를 요하는 예언적 말씀을, 또 어떤 아들에게는 책망에 가까운 예언적 말씀을 주었으되, 유다와 요셉에게는 결실하는 포도나무의 복을 빌어주었다. 어찌 그렇게 했던 것일까? 이는 야곱이 하나님의 주권과 영의 인도를 따라 그들을 축복했기 때문이다. 그 두 사람 유다와 요셉은 하나님의 선은 좇아서 사람의 생명을 살리는 사역을 했던 자들이다. 그들은 하나님이 가장 역점을 두고 추진하시는 생명에 관계된 사역을 했기에, 하나님은 그들에게 가장 좋은 복인 포도나무의 복을 주셨다. 요셉은 샘 곁의 열매 맺는 가지가 될 것이라고 했다. 샘 곁의 포도나무는 가뭄을 타지 않기에 항상 충실한 열매를 맺게 된다. 그런 연고로 야곱이 요셉을 축복할 때 '요셉은 충실한 열매를 결실하되 가로막힌 담을 타고 올라가 담장 너머에 까지 열매를 맺히는 포도나무'에 비유하여 축복을 했다. 그것은 가장 좋은 복을 누리는 가운데 다른 형제들과도 그 복을 나누게 될 것에 관한 예언이다.

예수님은 죄인을 불러서 죄사함과 영생을 주는 자신을 가리켜서 좋은 포도나무에 비유하시고, 하나님 아버지를 좋은 포도나무를 가꾸는 농부에 비유하셨다. 그것은 하나님의 사역 중에 최고의 사역은 죽은 사람을 살려내는 일이며, 그들에게 참 생명 누림의 복을 얻도록 해주는 것이 최고의 사역임을 나타내신 말씀이 된다.

나는 참포도나무요 내 아버지는 농부라(요 15:1).

천국은 마치 품꾼을 얻어 포도원에 들여보내려고 이른 아침에 나간 집 주인(천국)과 같으니(마 20:1).

위의 말씀에서 농부와 천국은 하나님을 가리킨다. 하나님 아버지는 그분 자체가 천국이신 분이시다. 그렇기에 하나님은 사람에게 참 생명이 되어 주시는 부활의 그리스도를 각각의 믿는 사람 속에 보내는 생명사역을 계속 추진하시고 있다. 예수님은 하나님 아버지의 그 위대한 생명사역을 가리켜서 '참포도나무를 가꾸는 농사'에 비유하시고 있다. 또한 사람이 포도원에 들어가서 포도를 수확하는 그 일은 그리스도 안에서의 복 누림을 가리킨다. 그렇기에 천국 복음의 전파는 믿는 사람이 하지만, 실질적으로 사람을 불러서 포도원에 들여보내는 그 일은 하나님이 하신다. 성경은 그 신령한 사역을 하고 계신 하나님을 가리켜서 포도원 주인이며, 포도나무 농부이며, 천국 자체이신 분으로 말해주고 있다.

창세기 9장은 하나님을 경외하는 자들이 누리게 될 복과 하나님의 사역을 대적하는 자들이 받을 정죄를 분명히 말해주고 있는 기사이다. 그렇기에 하나님의 포도원과 포도나무에 담긴 비밀을 알아야만 진정한 성경 해석의 길을 찾을 수 있다. 노아의 포도원은 새 언약시대에 등장할 믿는 자들의 모임(교회)이다. 그리고 노아가 재배하는 포도나무는 그리스도와 연합을 이룬 신자들이다. 모두 새 언약시대의 일에 대한 예표로서 기록되었다. 대홍수 후 새 땅에 들어간 노아가 오직 포도나무를 재배했다는 것은 오직 하나님이 기뻐하시는 하나님의 생명사역에 몰입하는 삶을 살았음을 의미한다.

노아는 대홍수 이전부터 진실한 믿음의 사람이요 의인이었다. 그런 그가 하나님의 명령에 순종하므로 방주를 건조하였고, 그 방주에 의해 살아나서 새 땅에 들어간 것은 하나님의 생명의 약속이 성취되어 그 복을 누리게 되었음 뜻한다. 그때의 노아는 육신적 기실이 완전히 종식되어 창세기 2장의 일곱째 날(빛)의 수준에 도달한 하나님의 사람이다. 신약 성경의 관점에서 살필 때 노아는 분명 그리스도의 장성한 분량이 충만한 데까지 이른 사람이 되어 있었던 것이다. 실로 흠모해야 할 그런 인물을 대홍수 후에 자기 의지대로 포도나무를 재배하여 포도주를 과도히 마시고 크게 취하므로 취중에 후손을 저주한 그런 망령된 사람으로 몰아가야 하는 것인가? 성경은 죄인에게 생명 길을 알려 주어서 하나님의 생명을 얻도록 안내하는 경전이다. 믿는 자들에게 윤리와 도덕률을 알리기 위하여 기록된 경전이 아니다. 성경을 대하는 독자 모두는 노아 같은 충실한 포도원지기가 되기를 사모해야 마땅하고, 거기에 진정한 복이 있음을 알아야 한다.

제2장

포도주에 담긴 비밀

성경에서 포도주에 얽힌 기사들을 살펴보노라면 악과 연관된 내용이 많음을 보게 된다. 일반적으로 포도주는 그것을 마시는 사람, 장소, 마시는 성격 등에 따라 이로운 점 또는 해로운 점이 있고, 따라서 그런 점들에 대해 평가도 하는 것은 사실이다. 그러나 포도주 그것 자체를 놓고 선과 악으로 구분하지는 않는다. 그런데 성경은 분명히 사람을 악하게 만드는 포도주와 선하게 만드는 포도주가 있음에 대해 말해 준다. 다시 말해 하나님께 속한 포도주가 있는가 하면, 사탄에게 속한 포도주도 있다는 점을 밝히고 있는 것이다. 그렇기에 어떤 포도주는 그것을 마신 사람을 악에 빠지도록 유도하고, 어떤 포도주는 그것을 마신 사람으로 하여금 하나님의 뜻을 이루도록 한다. 그렇게 볼 때 노아가 마셨던 포도주와 그 포도주에 취한 것도 역시 이 둘 중의 하나에 속할 수밖에는 없다.

1. 사람을 악의 세계로 이끄는 포도주

성경은 포도주에 취하여 사는 자들을 심히 책망한다. 심지어 그런 자들을 '저주받은 자'로 정죄하기도 한다. 어떤 자들은 포도주에 취해 망령(죄악)된 말을 지절거리기도 하고, 겁 없이 하나님을 조롱하는가 하면, 재판관들이 포도주에 취하여 악한 자를 선한 사람으로, 선한 사람을 악한 자로 판결한다고 성경은 고발하고 있다. 또 거짓, 강탈, 폭력, 속임수, 도둑질, 살인, 간음 등이 포도주에 취한 자들로부터 나오는 것이며, 사람을 압제하고 착취하고 지배하여 종으로 부리는 악행이 포도주에 취한 자들에게서 나온다고 말해 준다. 그처럼 거짓과 악을 행하도록 유도하는 포도주를 가리켜서 성경은 악성 포도주로 규정한다. 악한 자 사탄에게서 나오는 포도주라는 의미이다. 구약 시대 이스라엘의 역사, 나아가서 인류의 역사는 그 악성 포도주에 취하여 살았고, 또 악성 포도주에 대취한 자들의 지배하에 있었다고 하여도 지나치지 않다.

> 이는 그들의 포도나무는 소돔의 포도나무요 고모라의 밭의 소산이라. 그들의 포도는 독이 든 포도이니 그 송이는 쓰며, 그들의 포도주는 뱀의 독이요 독사의 맹독이라(신 32:32-33).

> 그리하여도 이들은 포도주로 말미암아 옆 걸음 치며 독주로 말미암아 비틀거리며 제사장과 선지자도 독주로 말미암아 옆 걸음 치며 포도주에 빠지며 독주로 말미암아 비틀거리며 환상을 잘못 풀며 재판할 때에 실수하나니(사

28:7).

오직 저주와 속임과 살인과 도둑질과 간음뿐이요 포악하여 피가 피를 뒤이음이라(호 4:2).

음행과 묵은 포도주와 새 포도주가 마음을 빼앗느니라(호 4:11).

위의 말씀들은 사실상 같은 내용의 예언들이다. 어찌 각기 다른 시대를 살았던 선지자들이 일치하게 악성 포도주의 폐단에 대해 지적하고 있는 것일까? 이는 각 시대마다 한 분 하나님이 악성 포도주의 속성에 대하여 선지자들에게 알리셨기 때문이다. 이스라엘 백성은 하나님의 성민으로 세워졌지만 애초부터 하나님의 뜻을 거역하는 죄악의 역사를 이어왔는데, 그것의 원인은 악성 포도주를 좋아하므로 악성 포도주에 취해 살았기 때문이다. 소돔과 고무라는 아브라함 시대에 유황불로 심판을 받은 죄악의 도시이다. 그 성 안의 백성은 사탄에게서 나온 가르침에 지배를 받으므로 거짓과 악한 욕망을 따라서 살았다(유다 1:7 참조). 시간이 가면서 하나님의 인내는 한계점에 도달했고 마침내 하나님으로부터 나오는 유황불의 심판을 받아 영구히 황폐한 땅으로 남게 되었다. 그런데 하나님의 은혜를 입어 이집트에서 탈출한 이스라엘 백성도 소돔·고모라의 전철을 똑같이 밟고 있다고 탄식하고 있다. 만약 그 죄악에서 돌이키지 않는다면 그들도 역시 심판을 받게 될 것에 대한 경고이다. 하나님의 말씀 따르기를 싫어하고 대신 해괴한 교훈을 따르려 하는 인간의 욕망은 세월이

흘러가도, 또 하나님의 징계를 받으면서도 수그러들지 않는다. 에스겔 선지자는 인간의 그런 악한 기질을 가리켜서 '진펄·개펄'로 묘사하고 있는데, 진펄·개펄이란 거기에 한번 빠지면 나올 수 없는 깊은 진흙탕으로서, 인간의 죄의 기질이란 마치 그것과 같음을 뜻한다. 실로 사람이 진펄·개펄의 기질을 지배할 수 있게 된다면 그 자체로 큰 복이다. 사람이 악한 기질과 악한 교훈에 붙들려 사는 것이 악성 포도주에 취하는 일이다(겔 47:11 참조).

이사야 선지자도 그 시대의 죄악의 풍조를 놓고 신랄히 비판했다. 이스라엘 백성이 포도주에 취해 게처럼 옆걸음질을 하고, 비틀거리면서도 자신들은 하나님을 경외하는 백성이라고 말한다는 것이다. 나아가서 성전에서 봉사하는 제사장들은 포도주 독에 빠져서 허우적거리고, 선지자들은 술에 취하여 거짓으로 예언하고, 또 자신들의 뜻대로 성경을 해석하여 전하는가 하면, 재판장들은 악한 자를 두둔하는 불의의 재판을 하니 모두가 심판받을 자들이 되어 있다고 고발한다. 이 모든 것의 원인은 악성 포도주에 취한 데에 있었다. 호세아 선지자는 그 악한 행위들이 묵은 포도주와 새 포도주에 취함이라고 말한다. '묵은 포도주'란 옛적부터 내려오는 거짓 교훈과 사술이며, '새 포도주'란 새로 일어나는 속임수의 기법과 악한 욕망이다.

악성 포도주의 취함에서 오는 극악과 폐단은 구약 시대로서 종식된 것이 아니다. 복음 전파가 더 활발해야 하는 마지막 때는 더 기승을 부리게끔 되어 있다. 요한계시록에서는 하나님의 생명 길을 원천적으로 차단하려는 악한 존재들의 움직임에 대해 신랄히 고발한다. 악성 포도주에 취하여 사술과 악을 행하는 존재들이 기세등등하게 일어난다는 것이다. 성경은 그들을 짐승과 음녀로 칭하는데 '짐승'은 성경의 가르침과는 정반대의 가르침으로 하나님을 대적하는 적그리스도를 가리킨다. 그리고 "음녀"란 거짓과 사술을 행하는 악한 종교인을 가리키지만, 더 넓게는 괴악한 종교인들의 집합체를 가리킨다. 음녀는 악성 포도주를 즐기고 그것에 흠뻑 취하여 하늘의 생명 길을 막아놓고 하나님의 진리를 조롱하는 자들로서 그들의 정체는 거짓 선지자이다. 거짓 선지자들은 악성 포도주를 무척 사랑하여 그것을 즐겨 마시고 취중에 하나님을 향해 조롱하며 포효한다. 그들은 악성 포도주를 즐길 뿐만 아니라 그를 따르는 인생들을 악성 포도주로서 미혹하여 파멸에 떨어지도록 만든다. 성경은 수많은 인생이 음녀가 주는 악성 포도주에 미혹되어 그것에 취하므로 결국 파멸과 극한 고통 안에 들어가게 될 것을 말해주고 있다.

또 일곱 대접을 가진 일곱 천사 중 하나가 와서 내게 말하여 이르되 이리로 오라. 많은 물 위에 앉은 큰 음녀가 받을 심판을 네게 보이리라. 땅의 임금들도 그와 더불어 음행하였고 땅에 사는 자들도 그 음행의 포도주에 취하였다 하고(계 17:1-2).

그 여자는 자주 빛과 붉은 빛 옷을 입고 금과 보석과 진주로 꾸미고 손에 금잔을 가졌는데 가증한 물건과 그의 음행의 더러운 것들이 가득하더라(계 17:4).

여기서 '많은 물'은 많은 사람을 가리키고 '음녀'는 거짓 선지자들이다. 또 '땅의 임금들'은 구원 받아야할 선택된 자들이며 '음행의 포도주'는 사탄에게서 나오는 악성 교훈이다.

음녀는 자신에게 미혹당한 자들에게서 세상의 자랑과 인생의 영광이 되는 것들을 마구 취하여 치장하고 그것들을 자랑하며 살아간다. 음녀가 그 진귀한 것들은 취하여 내는 비결은 그 여자의 손에 들려 있는 금잔이다. 음녀의 금잔에는 사람을 미혹하는 악성 포도주가 가득 차 있으니 그것이 바로 사탄의 교훈이다. 그 포도주를 마시게 되면 시간이 흐르면서 역시 그 사람도 음녀가 되고 하나님을 대적하는 자로 전락하게 되니, 그것이야말로 재앙중의 재앙이다. 마지막 때는 그처럼 끔찍한 일들이 사탄이 주는 악성 포도주로부터 나오도록 되어 있다. 성경은 악성 포도주에 취한 자들로부터 그리고 그들의 가르침으로부터 속히 탈출할 것을 권면하고 있다.

> 그 음행의 진노의 포도주로 말미암아 만국(교회)이 무너졌으며 또 땅의 왕들(믿는 자들)이 그와 더불어 음행하였으며 땅의 상인들도(교회 선생들) 그 사치의 세력으로 치부하였도다. 하더라. 또 내가 들으니 하늘로서 다른 음성이 나서 이르되 내 백성아, 거기서 나와 그의 죄에 참여하지 말고 그가 받을 재앙들을 받지 말라(계 18:3-4).

> 그 때에 많은 사람이 실족하게 되어 서로 잡아 주고 서로 미워하겠으며 거짓 선지자가 많이 일어나 많은 사람을 미혹하겠으며 불법이 성하므로 많은 사람의 사랑이 식어지리라(마 24:10-12).

신구약을 무론하고 하나님의 영의 감동을 받은 선지자들은 그 끔찍한 결과들을 미리 알았기에 그것을 마시지 말아야할 것은 물론 바라보지도 말라고 경고한다. 악성 포도주는 매우 매혹적으로 다가 오기에 사람의 마음을 단번에 사로잡는 마력이 있다고 성경은 경계하고 있다. 마치 선악 나무에서 나오는 그것이 첫 사람 아담. 하와의 눈에 매혹적이어서 그것을 단번에 취하여 소유했던 것처럼, 악성 포도주도 그처럼 매혹적인 것으로 다가온다. 악성 포도주를 즐겨 마신 결과는 참으로 끔찍하여 마치 맹독성의 뱀에게 물려 고통 속에 죽어가는 것 같은 결과를 가져오게 된다.

포도주(악성 포도주)는 붉고 잔에서 번쩍이며 순하게 내려가나니 너는 그것을 보지도 말지어다. 그것이 마침내 뱀같이 물 것이요 독사 같이 쏠 것이며, 또 네 눈에는 괴이한 것이 보일 것이요 네 마음은 구부러진 말을 할 것이며(잠 23:31-33).

거짓 선지자들을 삼가라. 양의 옷을 입고 너희에게 나아오나 속에는 노략질 하는 이리라(마 7:15).

2. 신령한 세계로 이끄는 포도주

하나님은 하늘의 이슬과 땅의 기름짐이며 풍성한 곡식과 포도주를 네게 주시기를 원하노라(창 27:28).

이스라엘이 안전히 거하며 야곱의 샘은 곡식과 새 포도주의 땅에 홀로 있나니 곧 그의 하늘이 이슬을 내리는 곳에로다(신 33:28).

위의 말씀은 하나님의 사람에게 하늘의 복이 가득히 임하고, 그것을 풍부히 누리며 사는 자가 되라는 축복으로서 장차 실현되어질 예언이다. 창세기서 말씀은 이삭이 야곱에게 유언으로 빌어준 복이고, 신명기서 말씀은 모세가 야곱의 후손인 이스라엘 백성에게 유언으로 빌어준 복이다. 언 듯 생각하면 이스라엘 백성이 가나안 땅을 정복한 후 그 땅의 소산을 풍부하게 거두어 그것을 누리며 즐거워하라는 내용으로 이해하기 쉽다. 그러나 지리적으로 가나안 땅은 많은 결실을 거두게 하는 그런 기름진 땅이 아니다. 실례로 하나님은 양 무리를 치던 모세를 앞세워 "출애굽"이라는 거대한 사역을 성취하셨다. 그리고 성민으로 칭하신 이스라엘 백성에게 가나안 땅을 복으로 주시겠다고 하시면서, 가나안 땅은 '젖과 꿀이 흐르는 땅이라'고 하셨다. 그러나 그 땅을 정복한 후에 알게 된 실상은 가나안은 결코 젖과 꿀이 흐르는 땅이 아니라는 것이었다. 모세에게 '젖과 꿀이 흐르는 땅을 줄 것이라'고 하신 그 말씀은 장차 하나님을 경외하는 자들에게 주어질 하늘의 복 누림을 가리킨다. 하나님은 이스라엘 백성과 언약을 맺으시면서 '가나안에 들어가거든 하나님의 말씀에 순종하여 살라'고 하셨다. 이스라엘 백성이 오직 하나님의 말씀에 순종하여 살아갈 때 젖과 꿀 같은 땅(에레츠: 사람)의 복을 누리도록 해주시겠다는 그런 말씀이었던 것이다(신 27:1, 28장 참조).

여기서 "땅"은 믿는 사람에 대한 비유이며, "젖과 꿀"은 하늘의 신령한 복 누림에 대한 비유이다. 더 깊이 본다면 그 약속은 믿는 사람이 하나님의 말씀을 진실히 믿고 따르게 되면 하나님이 예비하신 '진정한 복'을 풍부히 누리게 될 것을 은유적으로 하신 말씀이 된다. 그러므로 야곱과 모세의 축복 기도는 '구약 시대에 실현될 복이냐?' '신약 시대에 실현될 복이냐?'를 초월하여 진실한 신자에게 주어지게 되는 신령한 복을 가리키는 것이며, 또 하나님을 기쁘시게 하는 신자라면 언제라도 실현되어질 복인 것이다. 그러면 야곱과 모세의 예언처럼 하나님의 사람이 포도주의 복을 풍부히 누리고, 또 새 포도주의 복을 누린다는 것은 무엇을 가리키는 것일까?

살렘 왕 멜기세덱이 떡과 포도주를 가지고 나왔으니 그는 지극히 높으신 하나님의 제사장이었더라(창 14:18).

아브라함이 전쟁터에서 돌아올 때 살렘 왕 멜기세덱이 떡과 포도주를 가지고 마중 나왔다. "살렘"이란 예루살렘의 옛 이름으로서 평화. 평안을 뜻한다. 성경은 살렘 왕 멜기세덱을 가리켜서 지극히 높으신 하나님의 제사장으로 소개하고 있다. 그는 살렘의 왕이면서 지극히 높으신 하나님의 제사장이라고 했으니, 그 당시 권세와 부, 하나님과의 관계가 최상인 인물이었음을 가리킨다. 그런 큰 인물이 족장에 불과한 아브라함을 맞이하면서 떡과 포도주를 제공하고, 복을 빌어 주고, 아브라함의 십일조 예물을 받았다는 것은 하나님이 아브라함을 위하여 특별히 세워 놓으신 하늘의 사람이었음을 뜻한다.

히브리서 6, 7장에서는 그 멜기세덱에 대해 '그는 부모도 없고, 족보도 없고, 시작도 없고, 생명의 끝도 없는 존재로서 영원한 제사장이라'고 기록하고 있다. 그러나 실제로 멜기세덱은 그런 인물이 아니었기에, 역시 히브리서의 말씀도 비유로 기록된 말씀이라는 점을 알아야 한다. 멜기세덱은 분명히 그의 부모에게서 태어났고, 살렘 왕으로 등극한 시점도 분명히 있었다. 예수 그리스도처럼 하늘로부터 직접 내려온 신적 존재는 아니었던 것이다. 그런데 히브리서 기자가 멜기세덱을 가리켜서 시작도 없고 끝도 없는 존재라고 기록한 데는 하나님이 이 땅에 평화의 왕, 큰 권세자, 가장 부유한 자, 대제사장, 생명의 시작도 끝도 알 수 없는 분이신 예수 그리스도를 예표한 인물이었음을 이해시키기 이해시키기 위해서이다. 하나님은 그 시대의 사람들에게 멜기세덱의 나이, 출신지, 가문, 왕이 된 시점 등을 알 수 없도록 감추시고, 장차 오실 그리스도의 예표적 인물로 사용하신 것이다.

그러면 하나님은 어찌 그런 인물을 아브라함 앞에 나타내 보이신 것일까? 아브라함은 이스라엘 역사에서 믿음의 아버지로 존경받아 왔는데, 하나님은 그런 아브라함을 모범적인 믿음과 순종심을 가진 자로 세우셔서 후대의 사람들로 그를 본받도록 하려 하셨다. 그런 아브라함에게 멜기세덱이 갑자기 등장하여 떡과 포도주를 주고, 복을 빌어 주고, 아브라함의 예물을 받았다는 것은 놀라운 일이며, 창세 이래 처음 있는 희한한 사건이었다. 그때 전쟁터에서 돌아오는 아브라함과 병사들은 멜기세댁이 준 떡을 먹으면서 큰 만족을 얻고, 포도주를 마시면서 큰 위로를 받고, 또 크게 즐거워하며 새 힘을 얻게 되었다. 왜냐하면 그들 앞에 서 있는 멜기세덱과 먹고 마시는 식물이 너무 신비스러웠기 때문이다. 그 당시 멜기세덱은 큰 권세와 신비스러움에 쌓여 있는 인물이었기에, 역시 그가 제공하는 떡과 포도주도 마치 하늘에서 내려온 것처럼 신비스러웠던 것이다.

하나님은 아브라함처럼 신실한 자에게는 그런 기쁨과 누림의 시간이 주어지게 된다는 것을 그 사건을 통하여 미리 알리셨다. 이제 하나님의 정하신 때가 이르면 그리스도를 통하여 하늘의 떡과 포도주가 주어지고, 수많은 사람이 영적인 기갈과 죽음으로부터 살아나서 하나님의 은혜와 복은 누리도록 정해져 있다. 성경은 그 때를 새 언약시대로 말하고 있다. 그러나 그 이전에 하나님은 신구약 시대를 망라하여 모든 믿는 자들로 하여금 그 날의 복을 사모하도록 하기 위하여 멜기세덱의 떡과 포도주를 동원시키셨다. 멜기세덱이 제공한 떡과 포도주는 믿는 자들에게 만족을 주는 신령한 떡과 포도주 잔치, 영원히 누리게 될 기쁨의 잔치, 가장 위대하신 분이 베풀어 주실 생명 누림의 잔치에 대한 예표가 된다.

좀 더 이해를 구해 본다면, 떡은 사람의 몸을 강건하게 만들어 준다. 또 포도주는 사람을 생동감 있게 하고, 기쁨을 얻게 하고, 병든 부분이 치료되도록 돕기도 한다. 예수님은 제자들에게 자신의 살을 먹고 자신의 피를 마시라고 하셨다. 그럴 때에야 하나님의 생명을 얻어 그 생명을 누리게 된다고 하셨다. 그렇기에 하나님은 믿는 자들에게 그리스도의 살과 피를 주심으로써 믿는 자들로 하나님의 생명을 얻게 하시고, 강건한 하늘의 사람으로 장성하게 하신다. 또 실망과 고난이 그치지 않는 이 땅에서 새 힘을 얻어 이기는 자가 되게 하시고, 그리스도 안에서 누리며 즐거워하는 자로 살아가게 하신다. 그것은 믿는 자 안에 하늘나라가 임하고, 그 하늘나라가 확장되어 천국의 삶을 누리도록 해주는 신령한 하늘의 일이다. 예수님은 그것을 가리켜서 '나의 살을 먹고 나의 피를 마시는 것이다'고 하셨다. 그리스도의 살을 먹고 피를 마신다는 것은 곧 하늘의 신령한 떡과 포도주로 누리는 삶을 가리킨다. 하늘의 포도주로 누리는 삶이 너무 복되기에 예수님은 그때를 내다보시면서 더 이상 땅의 포도주는 마시지 않겠노라고 하셨다. 왜냐하면 땅의 포도주로는 혹 기쁨을 얻었다 할지라도 일시적이며, 매우 낮은 수준의 것이기 때문이다.

> 진실로 너희에게 이르노니 내가 포도나무에서 난 것을 하나님 나라에서 새 것으로 마시는 날까지 다시 마시지 아니하리라. 하시니라(막 14:25).

> 내 살을 먹고 내 피를 마시는 자는 영생을 가졌고 마지막 날에 내가 그를 다시 살리리니(완전하게 하리니) 내 살은 참된 양식이요 내 피는 참된 음료로다. 내 살을 먹고 내 피를 마시는 자는 내 안에 거하고 나도 그 안에 거하나니 살아계신 아버지께서 나를 보내시매 내가 아버지로 말미암아 사는 것 같이 나를 먹는 그 사람도 나로 말미암아 살리라(요 6:54-57).

예수님은 자신의 살과 피를 먹고 마시는 사람은 영생을 누린다고 하셨는데, 그것이 바로 하늘의 포도주로 누리는 삶이며, 새 포도주로 누리는 삶이 된다. '하늘 포도주'와 '새 포도주'는 그리스도를 통하여 주어지는 하나님의 생명이다. 그 생명을 부유하게 누리는 삶이 포도주의 풍부함이며, 새 포도주의 기쁨이며, 하늘 포도주의 누림이다. 예수님이 제자들과 맺으신 새 언약은 믿는 자들을 그런 사람이 되도록 하신다는 견고한 약속이었다.

> 곧 너를 사랑하시고 복을 주사 너를 번성하게 하시되 네게 주리라고 네 조상들에게 맹세하신 땅에서 네 소생에게 은혜를 베푸시며 네 토지 소산과 곡식과 포도주와 기름을 풍성하게 하시고 네 소와 양을 번식하게 하시리니(신 7:13).

> 이제는 떠서 연회장에게 갖다 주라. 하시매 갖다 주었더니, 연회장은 물로 된 포도주를 맛보고도 어디서 났는지 알지 못하되 물 떠온 하인들은 알더라. 연회장이 신랑을 불러(요 2:8-9).

살렘 왕으로부터 제공받은 떡과 포도주, 이스라엘 백성에게 약속된 젖과 꿀이 흐르는 땅, 또 혼인집 잔치의 풍성해진 포도주, 이 모두는 하늘의 복 누림에 대한 모형이다. 아브라함처럼 하나님을 경외하는 사람에게는 하늘의 별처럼 빛나는 하나님의 아들들이 배출되도록 하시고, 역시 그들도 하늘의 생명을 풍성히 누리도록 하실 일에 관한 약속이다. 이스라엘 백성은 복에 관한 약속을 안식일마다 듣고 외우며 역사를 이어왔음에도 그 복을 받지는 못했다. 그들이 입으로는 하나님을 높였지만 마음으로는 하나님을 경외하지 않았기 때문이다. 하나님을 경외하지 않았기에 그들은 하늘의 복에서 끊어진 것은 물론 땅에서는 이방 민족에게 약탈을 당하고 능욕당하는 치욕의 역사를 이어오게 되었다. 하나님이 믿는 자에게 주시려는 복은 하늘의 복으로서 성경은 그것을 가리켜서 풍성한 포도주의 복이며 새 포도주의 복이라고 말한다. 하나님은 하늘로부터 임하는 좋은 포도주의 복을 누리는 사람에게 땅에 속한 것들도 주시는 분이시다. 그렇기에 복을 구하되 그 순서를 분명히 알고 구해야 한다.

> 그러므로 염려하여 이르기를 무엇을 먹을까? 무엇을 마실까? 무엇을 입을까? 하지 말라. 이는 다 이방인들이 구하는 것이라. 너희 하늘 아버지께서 이 모든 것이 너희에게 있어야 할 줄을 아시느니라. 그런즉 너희는 먼저 그의 나라와 그의 의를 구하라. 그리하면 이 모든 것을 너희에게 더하시리라(마 6:31-33).

위의 말씀 중 '그의 나라와 그의 의'란 사람이 그리스도와 연합된 후 땅에서 누리는 천국을 성취하고, 하나님의 뜻을 이루어내는 그런 삶이다. 예수님은 땅에 속한 권세, 지위, 명예, 부유함 등에 대해서는 거의 말씀하지 않으셨다. 땅에 속한 것들은 아예 구하지 말라고도 하셨다. 선뜻 받아들이기가 어렵긴 하지만 하나님이 주시려는 하늘의 복, 영원한 복, 진정한 복에 비할 때, 땅의 복이란 한참 낮은 수준의 것이기 때문이다. 성경은 예수님도 땅의 포도주를 양식으로 드신 일을 기록하고 있다. 그럼에도 제자들에게는 하늘의 포도주를 주어 그리스도안에서 기뻐하며 신령한 복을 누리는 자들이 되도록 하겠다고 하셨다. 지금까지는 땅의 포도주를 마셨지만 십자가와 부활을 성취하신 후에는 새 포도주, 즉 신령한 포도주를 주시는 분으로 오셔서 믿는 자와 연합을 이루시고, 신령한 포도주로 함께 즐거워하는 삶이 되도록 하시겠다는 약속인 것으로서 그것을 "새 언약"이라고 한다. 성경에 기록된 좋은 포도주에 관한 말씀들은 모두 이런 내용의 약속임을 알아야 한다(신 7:13 참조).

> 사람의 마음을 기쁘게 하는 포도주와 사람의 얼굴을 윤택하게 하는 기름과 사람의 마음을 힘 있게 하는 양식을 주셨도다. 여호와의 나무(믿는 자)에는 물이 흡족함이여 곧 그가 심으신 레바논 백향목들(믿는 자들)이로다(시 104:15-16).

> 그의 나귀를 포도나무에 매며 그의 암나귀 새끼를 아름다운 포도나무에 맬 것이며 또 그 옷을 포도주에 빨며 그의 복장을 포도즙에 빨리로다. 그의 눈은 포도주로 인하여 붉겠고 그의 이는 우유로 말미암아 희리로다(창 49:11-12).

위의 말씀들도 역시 하나님으로부터 나오는 신령한 포도주를 마실 때 얻게 되는 만족과 큰 기쁨에 관한 내용이다. 믿는 사람의 겉과 내면 모두가 온통 신령한 포도주로 채워져서 그것에 의해 심히 기뻐하고 빛을 발하는 생명 누림에 관한 말씀인 것이다. 바로 그것이 하나님이 그분을 경외하는 자들에게 주시고자 하는 하늘의 진정한 복이다.

오호라 너희 모든 목마른 자들아 물로 나아오라. 돈 없는 자도 오라. 너희는 와서 사 먹되 돈 없이, 값없이 와서 포도주와 젖을 사라(사 55:1).

새 포도주를 낡은 가죽 부대에 넣지 아니하나니 그렇게 하면 부대가 터져 포도주도 쏟아지고 부대도 버리게 됨이라. 새 포도주는 새 부대에 넣어야 둘이 다 보전되느니라(마 9:17).

하늘의 포도주는 하나님의 말씀을 따라 그것을 사모하는 자에게 주어진다. 또 하늘의 포도주가 제 아무리 많이 준비되어 있다 할지라도 구하는 자들 모두에게가 아니라, 그리스도와 연합을 이룬 후 장성해 가는 사람에게만 공급되어지게 된다. 그래서 예수님은 새 포도주를 담으려면 사람이 먼저 새 부대가 되어야 함을 강조하셨다. 새 부대는 그리스도와 연합을 이루므로 하나님의 새로운 창조물로 바뀐 자이다.

지금까지 살펴본 것처럼 성경은 악성 포도주와 좋은 포도주에 대하여 명료하게 짚어 주고 있다. 악성 포도주에 취하는 사람은 거짓과 악에 붙들려 살게 되는 것이요, 좋은 포도주에 취하는 사람은 하늘나라를 누리는 가운데 하나님의 뜻을 이루게 되고, 그 일에서 기쁨과 참 가치를 찾게 된다. 그렇다면 창세기 9장의 노아는 어떤 포도나무를 재배했던 것이며, 또 어떤 포도주에 취했던 것일까?

제3장

하나님의 생명은 거룩한 포도나무에만 흐른다

사람은 자기 의지와 결단만으로는 진실한 신앙을 가질 수 없다. 따라서 사람의 노력에 의해 하나님의 생명(영생)을 얻는 일은 사실상 불가능하다. 성경은 하나님의 생명을 얻은 사람들을 가리켜서 "하나님의 백성", "하나님의 아들"등으로 칭하는데, 그들은 하나님의 작정과 은혜의 사역에 의해 하늘의 사람으로 창조된(다시 탄생한) 자들이다. 참으로 놀라운 일이다. 성경은 그처럼 하나님의 은혜와 사랑을 입은 자들을 향하여 '하나님의 뜻에 합당하게 살라'고 권면하고 있다. 그러면 하나님의 뜻에 합당하게 사는 첫 번째 길은 무엇일까? 거룩한 사람으로 사는 것이다.

하나님은 사람을 불러내어 그분의 백성(아들들)으로 세우실 때부터 그들이 하나님의 거룩하심을 본받아 살아가기를 소원하신다. 사람이 하나님의 부르심을 받은 후 성경의 약속을 진실히 믿게 되면 그 때부터 그들은 하나님의 백성(아들들)으로 불리게 된다. 그리고 그들을 향하신 하나님의 뜻은 '거룩한 사람(코데쉬 아담)'으로의 변화이다. 그 이유는 하나님의 생명은 항상 하나님의 거룩과 함께 또 하나님의 거룩 속에서 작용을 하기 때문이다. 진정 믿는 자들을 향하신 하나님의 바람은 날로 거룩한 사람이 되는데 있다.

---

* 카도쉬(Kadosh) - 히브리어 명사로서 거룩, 성결, 구별, 봉헌 등의 의미.
* 카다쉬(Kadash) - 동사로서 거룩하다, 성결하다, 지키다, 보존하다, 봉헌하다, 더럽히다 등의 의미.
* 코데쉬(Kodesh) - 형용사로서 거룩한, 신성한, 구별된, 봉헌된 등의 의미(창 2:3, 레 11:44).
* 하기아스모스(Hagiosmos) - 헬라어 명사로서 거룩, 정화, 성화, 구별 등의 의미.
* 하기야조(Hagyajo) - 동사로서 거룩하게 하다, 깨끗하게 하다, 성별하다 등의 의미.
* 하기오스(Hagios) - 형용사로서 신성한, 순결한, 결백한, 정화된, 봉헌된 등의 의미(마 6:9, 롬 6:19, 벧전 1:16, 계 4:8).

---

1. 생명과 직결되는 믿는 자의 거룩성

거룩은 죄악된 이전의 사람에서 하늘의 사람으로 변화되는 것이고, 죄악된 생각과 삶으로부터 빠져 나오는 것을 가리킨다. 하나님은 그것을 믿는 자들이 이루어야 하는 첫 번째 과제로서 십계명을 주셨다(출 20:1-11 참조). 그리스도인들은 예나 오늘이나 꼭 지켜야 하는 하나님의 법으로서 먼저 십계명을 떠올린다. 그런데 십계명은 믿는 자들로 거룩하게 살도록 하는 데다 초점을 맞추고 있다. 제1계명은 다른 신을 마음에 두지 말라는 명령이고, 제2계명은 다른 신을 만들어 섬기지 말라는 명령이다. 제3계명은 하나님을 마치 이방신 섬김에서와 같이 저속하게 부르지 말라는 명령인 것이며, 제4계명은 한 주간 중에 하루를 구별하여 예배하라는 명령이다. 모두 거룩(하나님 앞에 정결)을 강조하는 내용으로 되어 있다.

또한 제 5계명도 먼저 하나님을 진정한 부모로 인정하여 공경하라는 명령이며, 제 6계명은 사람의 생명을 소중히 여기라는 명령이고, 제 7계명 역시 음란으로부터 구별되어 살라는 명령인 것이다. 나머지의 계명들도 단순히 인간 세계의 도덕률을 말씀하심이 아니다. 믿는 자들도 사회의 구성원인 만큼 그 사회의 도덕과 윤리법을 지켜야 마땅하다. 그러나 십계명의 도둑질, 거짓 증언, 이웃의 것에 대한 탐심 등, 이 모두는 거룩에서 떠난 행위들로서 하나님이 매우 싫어하시는 죄악이다. 그것은 하나님께 마땅히 드리고 행해야 할 것들을 도둑질하는 일이며, 거짓 진리를 전하는 일이며, 같은 형제 신자의 것을 빼앗으려는 나쁜 심보이다. 하나님은 믿는 자들의 세계에 그런 죄악이 만연하게 될 것을 아셨기에 미리 불변의 법으로 정해 주셨다. 십계명은 하나님의 사람으로 하여금 거룩하게 살도록 하기 위하여 제정된 영구한 법이다. 예수님은 십계명을 두 강령으로 요약하여 설명하셨다. 십계명은 그 핵심이 '하나님 사랑과 이웃 사랑'으로 구성되어 있다고 하셨다. 그런데 예수님이 강조하신 "이웃"이란 사람에게 생명을 얻도록 해주고, 또 생명이 위급한 자를 돕는 사람인 것을 의미한다. 그렇게 볼 때 믿는 자들의 첫 번째 이웃은 그리스도로서, 십계명은 하나님과의 관계를 거룩함 속에서 옳게 가지라는 명령이 된다.

> 네 의견에는 이 세 사람 중에 누가 강도 만난 자의 이웃이 되겠느냐? 가로되 자비를 베푼 자니이다. 예수께서 이르시되 가서 너도 이와 같이 하라 하시니라(눅 10:36-37).

거룩(카도쉬)은 각종 죄악으로부터 돌아선 마음과 삶이다. 믿는 자들이 십계명의 명령들을 외면한 채 선한 사람, 의로운 사람이 되고자 하는 것은 위선이며 거짓이다. 옛적부터 선하게 살고자 하는 사람, 또 의롭게 살고자 하는 사람은 숫하게 있어 왔고 현재도 얼마든지 있다. 그러나 거룩성이 없는 사람에게서 진정한 선과 의가 나오는 일은 결코 없다는 사실을 알아야 한다. 오늘날 거짓 신자, 위선된 종교 지도자가 늘어나는 이유는 하나님이 첫 번째로 요구하시는 거룩을 외면하며 살기 때문이다. 그렇기에 하나님은 그 어떤 것보다 먼저 거룩해지라고 하신다. 하나님의 생명은 거룩해지려는 결단을 따라 오게 되고, 거룩해지는 삶에서 극대화하게 된다. 그들이 바로 거룩한 포도나무(참포도나무)이다.

> 오직 너희를 부르신 거룩한 이처럼 너희도 모든 행실에 거룩한 자가 되라. 기록하였으되 내가 거룩하니 너희도 거룩할지어다 하셨느니라(벧전 1:15-16).

> 그는 늙어도 여전히 결실하며 진액이 풍족하고 빛이 청청하니, 여호와의 정직하심과 나의 바위 되심과 그에게는 불의가 없음이 선포되리로다(시 92:14-

15).

요한계시록에서는 그 거룩성이 성장하여 완전함에 이르게 되면 그 사람을 가리켜서 '거룩한 성 새 예루살렘' 또는 '하나님의 거룩한 도성'으로 부른다. 그들은 하나님이 심히 기뻐하시는 사람들로서 성도(거룩한 무리)로 칭해진다. 하나님은 그들과 더불어 그리고 그들 각 개인 속에 거하시며 함께 즐거워하시고 기뻐하시게 되는데, 그것이 창조의 일곱째 날이 된 상태이며, 완성된 성도의 본질이며, 거룩하신 하나님의 안식이다(창 2:3, 습 3:17, 살전 5:23 참조). 하나님은 그처럼 완성된 성도가 하늘의 별무리처럼 나오는 때를 내다보시며 지금도 구원 사역을 진행하고 계신다.

그런데 이른바 '나는 하나님을 믿는 자라'고 자부하면서도 정작 그의 속에 하나님의 거룩이 없다면 그는 거짓 신자로 판명 나게 되어 결국 심판에 들어갈 수밖에는 없다. 혹 하나님의 은혜를 입으므로 거듭났다고 할지라도 거룩과 거리가 먼 신자라면 그 사람 속에는 하나님의 생명이 작동하지 않는다. 그 사람의 생명 상태는 기어 다니는 어린애 수준이다. 그러므로 하나님은 그를 성장시키기 위하여 정하신 과정을 밟게 하시는데, 그럴 경우 징계 차원의 여러 고난을 받는 가운데 많은 시간을 허비할 수밖에는 없다. 그렇게 되면 이 땅에서의 신령한 복 누림의 시간이 짧아지게 되고, 어쩌면 성장이 멈추어진 상태로 내세에 들어갈 수도 있을 것이니 하나님의 면전에 심히 부끄러운 사람일 수밖에는 없다. 그렇기에 그리스도인은 무엇보다도 하나님 앞에서 거룩해지기를 소원하며 노력하는 삶을 살아야 한다(고전 3장, 딤후 2:20-21 참조).

2. 사람은 거룩하신 분으로만 거룩해진다

예수님은 자신을 가리켜서 참포도나무라고 하셨다. 하나님은 참포도나무인 그리스도를 통하여 많은 참포도나무를 배양해 내시는 분이다. 그러므로 하나님은 참포도나무를 가꾸는 농부가 되신다. 그분은 먼저 예수 그리스도를 참포도나무로 세우시고 그 참포도나무를 통해 하나님의 말씀을 들은 자들을 참포도나무 될 자들로 부르신다. 그 다음 하나님은 구원의 약속을 진실히 믿고 따르는 자들을 참포도나무로 세우신다. 그것이 바로 하나님의 백성(아들들)이 되는 과정이다. 하나님은 그것으로 그분의 일을 멈추지 않으시는데, 그리스도로 말미암아 참포도나무가 된 자들 모두가 온전히 거룩하게 되고 또 장성함에 이르러 참포도를 풍성하게 결실해 주기를 소원하시는 것이다. 참포도나무란 예수 그리스도처럼 거룩성을 지닌 자, 하나님의 신성한 성품으로 단장된 믿는 자를 가리킨다(벧후 1:4 참조).

> 평강의 하나님이 친히 너희를 온전히 거룩하게 하시고 또 너희의 온 영과 혼과 몸이 우리 주 예수 그리스도께서 강림하실 때에 흠 없게 보전되기를 원하노라(살전 5:23).

> 아버지께서 나를 세상에 보내신 것 같이 나도 그들을 세상에 보내었고, 또 그

들을 위하여 내가 나를 거룩하게 하오니 이는 그들도 진리로 거룩함을 얻게 하려 함이니이다(요 17:18-19).

그러므로 사람이 예수 그리스도를 구원자로 영접하고 고백했다고 하여 모두 참포도나무인 것은 아니다. 하나님의 말씀으로 본질이 변화되어야 하는데 그것은 거룩하신 참포도나무와 연합을 이룰 때에만 가능하다. 그리고 참포도나무가 된 후에는 거룩함에 장성한 사람이 되어야 한다. 잘 성장하는 참포도나무는 진액이 풍부하여 하늘 생명의 열매를 결실한다. 그들은 그 결실을 누리면서 하나님의 기쁨인 또 다른 참포도나무를 번식시키는 일을 하게 되는데, 그것이 창조주요 구속주이신 하나님의 뜻을 이루는 일이다. 단지 예수 그리스도를 구원자로 고백하는 그것만으로는 아직 들포도나무 또는 땅의 포도나무에 불과하기에 진정 그리스도와의 연합을 통해 참포도나무로 변화되어야 하고, 그 위에 장성함을 이루어 좋은 포도를 맺는 나무가 되어야 하는데, 이는 하나님의 거룩성 안에서만 가능한 일이다. 거룩을 소홀히 여기는 사람, 거룩에서 벗어난 사람에게서 참포도의 결실이란 전혀 기대할 수 없다.

나는 내가 사랑하는 자를 위하여 노래하되 내가 사랑하는 자의 포도원을 노래하리라. 내가 사랑하는 자에게 포도원이 있음이여 심히 기름진 산에로다. 땅을 파서 돌을 제하고 극상품 포도나무를 심었도다. 그 중에 망대를 세웠고 또 그 안에 술틀을 팠도다. 좋은 포도 맺기를 바랐더니 들포도를 맺었도다(사 5:1-2).

내가 내 포도원을 위하여 행한 것 외에 무엇을 더할 것이 있으랴? 내가 좋은 포도 맺기를 기다렸거늘 들포도를 맺음은 어찌됨인고?(사 5:4).

여기서 "사랑하는 자"란 참포도나무이신 그리스도이며, "사랑하는 자의 포도원"이란 믿는 자들을 가리킨다. 그런데 믿는 자들이 들포도를 맺어 놓았으므로 심히 실망이 된다는 내용의 말씀이다. 그러면 그들은 어찌 악한 열매인 들포도를 맺게 되었을까? 계속 증언되는 이사야의 증언은 거룩함으로 하나님을 경외해야 할 자들이 거룩을 짓밟고 악한 자로 변질된 결과였다고 말해 준다. 성경은 신. 구약 모두 이 문제의 심각성에 대해 계속 언급하고 있다.

너의 포도원에 두 종자를 뿌리지 말라. 그것만 제외하면 네가 뿌린 그것 그 씨의 열매와 포도원의 결실이 거룩할 것이다(신 22:9 저자 원문 직역).

나 여호와는 포도원지기가 됨이여 때때로 물을 주며 밤낮으로 간수하여 아무든지 이를 해치지 못하게 하리로다(사 27:3).

내가 참포도나무요 내 아버지는 농부라(요 15:1).

나는 포도나무요 너희는 가지라. 그가 내 안에, 내가 그 안에 거하면 사람이 열매를 많이 맺나니 나를 떠나서는 너희가 아무 것도 할 수 없음이라(요 15:5).

사실상 같은 내용으로서, 믿는 사람이라면 오직 하나님의 말씀위에 터를 세우고 살아야 한다는 교훈이다. 그러면 벌레같은 비진리가 침범하지 못한다. 그런 삶이 바로 거룩이다. 믿는 사람 속에 진리의 말씀과 비진리의 가르침이 함께 있으면 참포도를 결실하지 못하고 대신 들포도를 맺어놓게 된다. 흰 물감에다 검정색 물감을 더하면 검정색이 되고 마는 이치와도 같다. 그렇기에 오직 하나님 한 분만을 경외하고 그분의 진리만을 따라서 사는 삶이어야 한다. 그리스도안에 거하는 삶이나 말씀(신령한 물)을 받고 자신을 잘 간수하는 삶이나 다 같은 내용으로서 그것이 하나님 앞에서 거룩를 따르는 삶이다. 성경은 시작부터 끝까지 하나님과의 바른 관계를 강조하고 있는데, 바른 관계를 이루는 첫 번째 길은 믿는 자가 하나님의 거룩으로 살려는 마음가짐이다.

> 내가 비옵는 것은 그들을 세상에서 데려가시기를 위함이 아니요 다만 악에 빠지지 않게 보전하시기를 위함이니이다. 내가 세상에 속하지 아니함 같이 그들도 세상에 속하지 아니하였사옵나이다. 그들을 진리로 거룩하게 하옵소서. 아버지의 말씀은 진리니이다(요 17:15-17).

> 하나님이 그 일곱째 날을 복되게 하사 거룩하게 하셨으니 이는 하나님이 그 창조하시며 만드시던 모든 일(창세전의 설계)을 마치시고 그 날에 안식하셨음이니라(창 2:3).

> 하늘들 안에 계신 우리의 아버지여 당신(아버지)의 이름이 거룩하게 되어야만 하고, 당신(아버지)의 나라가 임해져야만 합니다(마 6:9-10, 저자 원문 직역).

창세기 1장에서도 창조의 단계를 설명하면서 하나님의 창조의 목적은 '거룩한 일곱째 날'을 성취하여 그 안에서 안식하시는 것이라고 말해준다. 이는 믿는 자의 거룩함이 완전함에 이르고 또 믿는 자의 생명 수준이 완성에 이르렀음을 가리킨다. 성경은 믿는 자가 완전함에 이를 때 그 성도를 '일곱째 날'로 칭하고 있다. 출애굽기, 레위기에서 계속 강조하는 것도 믿는 자들의 거룩이다. 역사서와 선지서들에서는 이스라엘이 거룩을 저버렸기에 징계가 오고, 심판이 오고, 결국 이스라엘 백성이 망하게 되었음을 탄식하는 내용으로 되어 있다. 성경 전체를 잘 살펴야 한다. 예수님은 기도를 가르치시면서 믿는 자들이 첫 번째로 기도해야 할 것은 아버지의 이름이 거룩히 여겨지도록 하라는 조항이었다. '주님의 기도'에서 "하늘들"이란 믿는 자들을 가리키고 "아버지의 이름"이란 믿는 자 속에 거하시는 아버지의 영과 그분의 생명을 가리킨다. 각각의 믿는 자들 속에는 아버지께서 영으로 그리스도와 함께 내주하시기에 '죄의 더러움으로부터 구별되신 그분과 그분의 거룩이 밖으로 드러나 보이는 그런 사람이 되기를 기도하라'는 내용인 것이다. 만약 그렇게 되지 않는다면 하나님과의 관계가 끊어지게 된다고 경고하고 있다.

> 모든 사람(판타: 하늘의 사람들)과 더불어 화평함과 거룩함을 따르라. 이것이 없이는 아무도 주를 보지 못하리라(히 12:14).

하나님이 보실 때 이 땅의 인생들은 처음부터 하나님의 뜻에 반하는 방향으로만 갔고, 하나님이 미워하시는 길로만 갔는데, 거기로부터 빠져 나오는 것이 히브리어로 '카도쉬' 즉 거룩이다. 따라서 거룩이란 인간 세계의 모든 죄악된 풍습과 생각, 또 이전의 죄악된 생활 방식으로부터 갈라져 나오는 것(구별)을 가리킨다. 하나님은 믿는 자들에게 반드시 그것을 이룰 것을 권면하신다. 또 명하신다. 하나님의 생명은 오직 거룩한 사람의 속(참포도나무)에만 흐르기 때문이다.

> 너희 육신이 연약하므로 내가 사람의 예대로 말하노니 전에 너희가 너희 지체를 부정과 불법에 내주어 불법에 이른 것 같이 이제는 너희 지체를 의(그리스도)에게 종으로 내주어 거룩함에 이르라(롬 6:19).

> 그런즉 사랑하는 자들아 이 약속을 가진 우리는 하나님을 두려워하는 가운데서 거룩함을 온전히 이루어 육과 영의 온갖 더러운 것에서 자신을 깨끗하게(거룩하게)하자(고후 7:1).

> 이 모든 것이 이렇게 풀어지리니 너희가 어떠한 사람이 되어야 마땅하냐? 거룩한 행실과 경건함으로, 하나님의 날이 임하기를 바라보고 간절히 사모하라. 그 날에 하늘이 불에 타서 풀어지고 물질이 뜨거운 불에 녹아지려니와(벧후 3:11-12).

제4장

구속사의 그루터기인 참포도나무

성경은 하나님이 기뻐하시는 사람을 '참포도나무'로 칭하고 있다. 물론 사람을 '참포도나무', '들포도나무' 등으로 칭할 때 그것은 비유적으로 붙여진 이름이다. 하나님은 성경 기자들로 하여금 많은 파라볼레(비유)를 사용하여 성경을 기록하도록 하셨다. 그 이유는 하나님의 진리가 왜곡됨 없이 영구히 보존되도록 하시기 위함이고, 진리가 실감 있게 전달되도록 하시기 위함이며, 또 사탄의 세력으로 성경을 이해하지 못하게 하여 하나님의 생명사역을 막지 못하도록 하시기 위함에서이다. 예수님이 파라볼레로 붙이신 이름인 '참포도나무'란 하나님의 작정을 따라 하늘에서 난 사람이면서, 이 땅의 여정을 하나님의 뜻을 이루고 하나님의 영광을 나타내기 위하여 사는 사람이며, 또 그런 삶을 최고의 가치로 여기며 살아가는 사람을 가리킨다. 그런 인물을 들라면 첫 번째는 예수 그리스도이시고, 두 번째는 성경에 등장하는 사람들 가운데 하나님이 기뻐하셨던 인물들이며, 오늘날 하나님 인정하시고 사랑하시는 그런 신자들이다. 요약하여 하나님을 기쁘시게 해드리는 사람이 참포도나무이다. 하나님은 그런 참포도나무들을 통하여 그분의 고귀한 생명사역을 확장시켜 나가신다.

> 나는 참포도나무이고 나의 아버지는 그 농부시다. 나는 포도나무이고 너희는 그 가지이다(요 15:1, 5, 저자 원문 직역).

1. 그리스도는 원조 참포도나무가 되신다

예수님은 자신을 가리켜서 참포도나무라고 하셨다. 그분은 하나님에게서 나오셨기에 참포도나무이고, 하늘이신 하나님에게 속하시기에 참포도나무이며, 오직 아버지의 기쁨이 되는 일만 하시기에 참포도나무가 되신다. 하나님에게서 나온 존재는 하나님이 기뻐하시는 것을 내놓으며 그것을 참가치와 기쁨으로 여긴다. 그렇기에 공생애 기간의 그리스도는 참포도나무로서 오직 참포도만을 맺어 내놓으셨다. 그분은 거룩, 선, 의의 성품으로 항상 하나님 아버지의 기뻐하시는 열매만 내놓는 분이기에 하나님은 '이는 나의 사랑하는 아들, 나의 기뻐하는 자'라고 하신 것이다.

> 하늘로부터 소리가 있어 말씀하시되 이는 내 사랑하는 아들이요 내 기뻐하는 자라 하시니라(마 3:17).

> 말할 때에 홀연히 빛난 구름이 그들을 덮으며 구름 속에서 소리가 나서 이르시되 이는 내 사랑하는 아들이요 내 기뻐하는 자니 너희는 그의 말을 들으라

하시는지라(마 17:5).

나를 보내신 이가 나와 함께 하시도다. 나는 항상 그가 기뻐하시는 일을 행하므로 나를 혼자 두지 아니하셨느니라(요 8:29).

예수 그리스도는 땅에서의 모든 날들을 오직 아버지 하나님이 기뻐하시는 사역을 위하여 활동하셨고, 그 사역에서 기쁨을 얻으셨고, 그 사역을 양식으로 삼으셨다. 그분은 육신의 모양으로 오셨기에 생김새와 생리적면에서 우리와 똑같으셨으나 온갖 유혹과 시험을 이겨내며 자신을 거룩하게 지키셨고, 제자들을 거룩하게 만드는 일을 하시며 기뻐하셨다. 그분은 아버지 하나님이 자신과 하나로 계신 그 자체를 기뻐하셨고, 아버지의 뜻을 이루기 위한 사역을 기쁨으로 수행하셨다. 그분은 자신이 아버지로 인하여 항상 기뻐하시는 것처럼 자기를 받아들인 자들도 항상 기뻐해야 함을 강조하셨다. 그리고 믿는 자들은 기쁨과 함께 살아가야 하므로 믿는 자들에게 기쁨을 주시겠다고 하셨다. 하나님 앞에서 거룩함과 기쁨으로 일하셨던 그리스도야말로 진정한 참포도나무시고 또 원조 참포도나무가 되신다.

예수께서 이르시되 나의 양식은 나를 보내신 이의 뜻을 행하며 그의 일을 온전히 이루는 이것이니라(요 4:34).

내가 이것을 너희에게 이름은 내 기쁨이 너희 안에 있어 너희 기쁨을 충만하게 하려 함이라(요 15:11).

아버지께서 나를 세상에 보내신 것 같이 나도 그들을 세상에 보내었고 또 그들을 위하여 내가 나를 거룩하게 하오니 이는 그들도 진리로 거룩함을 얻게 하려 함이니이다(요 17:18-19).

그는 창세 전부터 미리 알린바 되신 이나 이 말세에 너희를 위하여 나타내신 바 되었으니(벧전 1:20).

역사적으로 맨 처음 참포도나무는 에덴동산의 "생명들의 나무"(원문대로의 번역)였다. 그리고 그 생명들의 나무의 본질과 실체는 그리스도이셨다. 여호와 하나님은 아담과 하와에게 '마음껏 먹으라'며 생명들의 나무를 보이셨는데, 그 생명들의 나무의 열매는 그것을 취하여 먹는 사람에게 하나님의 생명을 소유하도록 해주는 하나님의 능력 자체였던 것이다. 하나님은 그처럼 인류의 출발에서부터 그리스도를 나타내셨고, 나타내 보이신 그리스도를 '생명들의 나무'로 기록해 놓도록 하셨다. 그러므로 "생명들의 나무"란 사람에게 하나님의 생명을 줄 수 있는 오직 한 분이신 그리스도를 가리키는 비유적 명칭이다. 하나님의 생명은 에덴동산으로부터 구속사의 끝 날까지 오직 그리스도에게서 나오는 진리에 의해서만 주어진다는 그 점을 똑똑히 알고 믿어야 한다. 거듭 설명하거니와 에덴동산의 '생명들의 나무'는 인격의 사물화 되신 그리스도이시며, '생명들의 나무의 열매'는 그리스도에게서 나오는 '호 로고스' 즉 '진리의 말씀'을 가리킨다. 그 생명들의 나무의 열매를 먹는 자는 하나님의 생명을 소유할 수가 있다. 또 그 열매를 먹으면 먹을수록 하나님의 생명 누림이 더해지도록 하나님이 정해 놓으셨다. 그렇기에 여호와 하나님은 사람에게 그 열매를 마음껏 먹으라고 하신 것이다(요 3:36, 롬 1:16, 17, 계 22:2 참조).

반면에, '선악을 알게 하는 나무의 열매'는 사람이 그것을 먹는 날 죽음에 이르게 되고, 또 그것을 먹으면 먹은 만큼 더 거짓되고 악한 자로 변질되게끔 하는 근본 악 존재이다. 첫 사람 아담과 하와는 악한 자의 꾀임에 넘어가 일명 '선악 나무 열매'를 먹게 되고야 말았는데, 그 결과 생명들의 나무의 열매를 먹을 수 없는 자들로 전락하고 말았다. 그 이후로 하나님은 죽으심과 부활 후에 다시 오시는 그리스도 안에서만 그 생명들의 나무의 열매를 먹을 수 있도록 해 놓으셨다. 요한계시록 22장에도 생명나무가 등장하는데, 그 생명나무 역시 '다시 오시는 그리스도'를 가리킨다. 예수 그리스도는 자신을 참포도나무(생명나무)로 소개하시면서 사람은 오직 자신을 먹고 마시는 데서만 영생을 얻어 누릴 수 있다고 하셨다. 물론 구원의 첫 번째 단계로서 죄인이 구속의 은혜를 입는 것도 그분에게서 나오는 진리의 말씀에 의해서이다. 그분을 먹고 마신다는 것은 다시 오시는 그리스도와 연합을 이루고, 그분이 주시는 진리의 풍성함 속에서 살아가는 신령한 삶을 가리킨다(요일 2:27, 계 2:7, 3:10 참조).

> 너희가 거듭난 것은 썩어질 씨로 된 것이 아니요 썩지 아니할 씨로 된 것이니 살아 있고 항상 있는 하나님의 말씀(호 로고스)으로 되었느니라(벧전 1:23).

내 살을 먹고 내 피를 마시는 자는 내 안에 거하고 나도 그의 안에 거하나니 살아 계신 아버지께서 나를 보내시매 내가 아버지로 말미암아 사는 것 같이 나를 먹는 그 사람도 나로 말미암아 살리라(요 6:56-57).

그가 내 안에 거하고 내가 그 안에 거하면 그 사람은 많은 열매를 맺는다. 왜냐하면 내가 없이 너희는 어떤 것도 행할 능력이 없기 때문이다(요 15:4 저자 원문 직역).

볼지어다. 내가 문밖에 서서 두드리노니 누구든지 내 음성을 듣고 문을 열면 내가 그에게로 들어가 그와 더불어 먹고 그는 나로 더불어 먹으리라(계 3:20).

---

* 호 로고스(Ho Logos) - 헬라어의 관사가 있는 명사로서 '그 말씀'이라는 뜻이지만, 구체적으로는 '그리스도에게서 나오는 진리의 말씀'을 가리킨다.
* 타 흐레마(Ta Herema) - 헬라어의 관사가 있는 명사로서 역시 '그 말씀'이라는 뜻이지만, 믿는 사람 속에 생명이 일어나도록 '활동하는 말씀'을 가리킨다.

---

2. 하나님께 기쁨을 드린 믿음의 선진들이 참포도나무다

첫 사람 아담이 '동산 모든 나무의 열매는 마음껏 먹어라', '선과 악을 알게 하는 나무의 것은 먹지 말라'는 하나님의 말씀을 저버린 이후 인류는 사탄의 사망권세에 사로잡힌 채 불행한 역사를 이어오게 되었다. 죄에 물든 첫 사람 아담의 DNA는 그의 후손, 전 인류 속에 침투하여 "영원한 심판"이라는 깊은 암흑 속에 감금시켜 놓고야 말았다. 그렇기에 인간은 본인이 원치 않는데도 죄악에 붙잡힌 채 살아야 했고, 이성과 양심으로는 죄악으로부터 벗어나기 위해 몸부림을 쳐보지만, 거기서 나오지 못한 채 사후에 받을 심판을 향해 하루하루를 생존해 나가는 운명에 처해지게 된 것이다. 그런데 하나님은 그것으로 인류의 운명이 확정지어지도록 허락하지 않으셨다. 오히려 그때로부터 진정한 생명사역을 시작하시게 되었으니 그것이 사람으로서는 실로 측량하기 어려운 하나님의 구원의 경륜이며 사랑이다. 하나님의 생명사역은 사망 권세자인 사탄에게 붙들린 인간을 죽음의 소굴로부터 이끌어 내어 하나님의 생명을 얻어 누리도록 하는 일이다. 그 생명사역을 위하여 하나님께 부름을 받은 자들이 나타나게 되었는데, 그들이 바로 하늘에 속한 거룩한 자들로서 '참포도나무들'이다.

> 나는 참포도나무이고 나의 아버지는 그 농부시다. 너희는 내가 너희에게 말하여준(날레오) 그 말씀(호 로고스)에 의해 이미 깨끗한 존재이니 내 안에 거하라 나도 너희 안에 거하겠다(요 15:1, 3 저자 원문 직역).

---

* 날레오(Nalleo) - 헬라어 동사로서 말하다, 설명하다, 이야기하다 등의 의미.
* 호 로고스(Ho Logos) - 헬라어의 관사가 있는 명사로서 사전적으로는 이론, 교의, 주장, 논의 등의 뜻이지만, 성경에서는 그리스도에게서 나오는 '진리의 가르침', '생명의 씨'를 의미하고, 또 '태초부터 계신 그리스도'를 가리킨다(마13:23, 요1:1-3, 요일3:9)

하나님은 계속 사람을 부르신다. 그런데 하나님이 사람을 부르실

때는…

첫째, 그를 죄로부터 해방시키고 하나님의 생명을 주시기 위해서이다. 하나님이 죄인에게 주시는 가장 큰 선물은 역시 하나님의 생명이다. 사람이 하나님의 생명을 소유하게 되면 그 시간 이후로는 사탄의 종에서 하나님의 백성(아들)으로 바뀌게 된다. 그렇기에 그 사람에 대한 소유권과 심판은 오직 하나님만 주장하실 수 있다. 그 사람은 하나님의 은혜로 몸과 영혼이 죄에서 씻겨진 사람이며 하나님의 씨가 심겨진 사람으로서, 하나님을 주인으로 모시고 하늘의 포도를 풍성히 맺을 사람이다. 하나님은 하늘의 생명을 소유한 그를 온전한 하늘의 사람으로 성장시켜서 복을 누리도록 하신다.

둘째, 하늘의 온전한 사람으로 성장하고 있는 자에게 '하나님의 생명사역'에 동참하는 은혜를 베푸시기 위해서이다. 하나님은 전능자시지만 그 고귀한 생명사역을 펼쳐나가심에 있어 항상 자신의 마음에 맞는 사람을 동참시키신다. 그리고 사랑하는 자들과 생명사역을 추진하시면서 그 일에 대하여 기뻐하신다. 하나님의 생명사역에 참예하는 그들이 바로 참포도나무다.

> 다윗을 왕으로 세우시고 증언하여 이르시되 내가 이새의 아들 다윗을 만나니 내 마음에 맞는 사람이라 내 뜻을 다 이루리라 하시더니(행 13:22).

그러므로 하나님을 사랑하는 자, 곧 그분의 뜻을 따라 부르심을 입은 자들은 선을 위하여 모든 것(판타: 믿는 자들)이 협력하여 일한다는 것을 우리는 이미 알고 있다(롬 8:28, 저자 원문 직역).

이런 사람들은 하나님의 인도하심을 따라 하나님의 생명사역에 동참하게 되는데, 그 일이야말로 어떤 것에도 견줄바가 아닌 천상천하에 가장 위대하고 복된 사역이다. 성경은 그들을 가리켜서 이생과 내세에서 복을 누릴 사람이라고 선언하고 있다(마 19:29). 하나님은 인류 초기부터 그런 참포도나무들을 세우셔서 하나님의 일을 맡기시고 독려하셨다. 아벨, 셋, 에노스가 그런 인물이었고, 에녹과 노아가 그런 인물이었다. 또한 아브라함, 이삭, 야곱, 요셉, 모세, 여호수아, 다윗 그리고 사무엘을 비롯한 참된 선지자들이 그런 복된 인물이었다. 그들 모두는 구약 시대 기간 동안 하나님의 나라의 그루터기로서 활약한 참포도나무들이었던 것이다.

그들은 이스라엘 백성 대부분이 세상의 것들을 탐하고, 육신의 정욕을 위하여 하나님과의 관계를 저버릴 때에도 굳건한 믿음과 의연한 자세로 하늘의 사람으로의 절개를 지키며 살았다. 그들은 세상이 주는 편안함과 즐거움 대신 하나님의 약속이 실현되기를 사모하여 고난 받는 길을 택했고, 자신들을 향한 하나님의 뜻을 이루고자 모든 역량을 동원하여 생명사역에 투신한 사람들이다. 성경은 그들이 하나님의 나라를 소유하는 복, 또 하나님의 나라를 누리는 복을 알았기에 땅에 속한 모든 것을 포기했던 인물들로 기록하고 있다. 하나님은 그런 믿음의 사람들과 함께 생명의 구속사를 멈추임 없이 전개해 오셨고 또 추진하고 계신다.

> 어떤 이들은 조롱과 채찍질뿐 아니라 결박과 옥에 갇히는 시련도 받았으며, … (이런 사람은 세상이 감당하지 못하느니라.) 그들이 광야와 산과 동굴과 토굴에 유리하였느니라(히 11:36, 38).

> 도리어 하나님의 백성과 함께 고난 받기를 잠시 죄악의 낙을 누리는 것보다 더 좋아하고 그리스도를 위하여 받는 수모를 애굽의 모든 보화보다 더 큰 재물로 여겼으니 이는 상 주심을 바라봄이라(히 11:25-26).

> 이 세상이나 세상에 있는 것들을 사랑하지 말라. 누구든지 세상을 사랑하면 아버지의 사랑이 그 안에 있지 아니하니, 이는 세상에 있는 모든 것이 육신의 정욕과 안목의 정욕과 이생의 자랑이니 다 아버지께로부터 온 것이 아니요 세상으로부터 온 것이라. 이 세상도, 그 정욕도 지나가되 오직 하나님의 뜻을 행하는 자는 영원히(영원이신 분 안에) 거하느니라(요일 2:15-17).

3. 그리스도안에서 결실하는 신자들이 참포도나무다

성경에는 인격성을 가진 존재들을 나무에 비유하는 기사가 많다. 나무는 반드시 정해진 시기에 정해진 씨를 맺어 내놓는다. 그 작용을 통하여 아무리 많은 시간이 흐를지라도 계속 똑같은 씨를 맺어 퍼뜨리는 존재가 나무이다. 포도, 잣, 백향목 등은 선에 속한 존재들에 대한 비유이고, 가시나무, 엉컹퀴 등은 악에 속한 존재들에 대한 비유이다(마 7:16-19 참조). 그런 맥락에서 예수님은 자신을 참포도나무라고 하셨다. 참포도나무는 하나님을 기쁘시게 하는 하늘의 포도만을 맺는 나무이다. 하나님이 인정하시는 첫 번째 참포도나무는 하늘에서 온 포도나무로서 그리스도이시다. 하나님은 들포도나무 죄인들에게 참포도나무인 그리스도를 접붙이신다. 그리하여 그들 모두를 하늘의 거룩한 포도를 맺는 참포도나무로 배양하려 하신다. 그것이 하나님의 구속사역이며 생명의 사역이다.

> 나는 포도나무이고 너희는 그 가지이다. 그가 내 안에 거하고 내가 그 안에 거하면 그 사람은 많은 열매를 맺는다. 왜냐하면 내가 없이는 너희가 어떤 것도 행할 능력이 없기 때문이다(요 15:5 저자 원문 직역).

> 또한 어떤 가지들은 (위선된 이스라엘)꺾이어졌고, 그들 안에(그 자리에) 접붙임이 된 자인 너는 참감람나무의 뿌리의 진액을 함께 받는 참여자가 되었은즉 그 가지들을 향해 자랑하지 마라(롬 11:17 저자 원문 직역).

예수님은 자신의 죽음과 부활 이후의 시대를 '새 언약 성취의 때'라고 하셨다. 그것은 그분이 약속하신 새 언약이 성취되므로 믿는 자들이 신령한 하늘 백성의 삶을 누리되 풍성하게 누리게 되는 것을 가리킨다. 믿는 자 모두가 참포도나무가 되고 하늘의 거룩한 포도를 맺으며 사는 것, 그것이야말로 진정 하나님이 소원하시는 고귀한 일이다. 하나님은 그런 하늘의 포도를 바라셨기에 기나긴 역사를 이어오며 생명사역을 추진해 오셨다. 예수님은 아주 분명하고 확실하게 자신을 따르는 자들을 향하여 선언하셨다. 오직 자신만이 근본 참포도나무가 되기에 모든 믿는 자들은 자신과 연합을 이루어야 한다는 선언이었다. 연합은 떨어질 수 없도록 두 존재가 하나가 되는 신비인데, 연합을 하되 반드시 참포도나무이신 그리스도와 연합해야 하고, 그 후로는 원조 참포도나무이신 그리스도의 인도를 따라 살아가는 삶이 되어야 한다. 그렇게 될 때 그 사람도 그리스도와 같은 열매를 맺어 놓게 된다는 가르침이다. 그리스도와 똑같은 열매를 맺는 일은 창조주 하나님의 소원이시며, 기쁨이시며, 그분의 사역이 결실을 거두는 일이 된다. 예수님은 그것을 '그리스도안에 거하는 삶'으로 정의하셨다. 그 신비스럽고 장엄한 일의 성취를 위하여 참포도나무 될 자들을 미리 선택해 놓는 것이라고 하셨다.

> 너희가 나를 택한 것이 아니요 내가 너희를 택하여 세웠나니 이는 너희로 가서 열매(참포도)를 맺게 하고 또 너희 열매가 항상 있게 하여 내 이름으로 아버지께 무엇을 구하든지 다 받게 하려 함이라(요 15:16).

그렇기에 하나님의 부르심을 입은 자들은 반드시 참포도나무이신 그리스도와 연합을 이루어 참포도나무로 변화되어야 하고, 참포도를 풍성히 맺기를 소원해야 한다. '그리스도와의 연합'을 다른 말로 한다면 '그리스도에게 접붙임 됨'이다. "접붙임"이란 두 생명체가 떨어질 수 없도록 한 생명체가 되는 원리이며, 그때부터는 주인이 원하는 바, 한 생명체의 좋은 열매만 맺어 놓게 된다. 그것이 참포도나무 된 자들과 앞으로 참포도나무가 되어야할 자들을 향하신 하나님의 뜻이다. 만약 그리스도와 연합을 이룬 후 많은 시간이 흘렀음에도 열매를 전혀 맺지 못하고 있다면 그는 병든 가지이다. 그는 거룩을 저버린 사람이며 죄악에 사로잡힌 사람이다. 그런 나무 가지는 제해버린다고 하시는데 제한다는 것은 징계를 통하여 바로 세우신다는 의미이다. 하나님의 징계는 매우 어렵고 힘든 훈련 과정임을 알아야 한다. 믿는 자들로 하여금 참포도를 맺게 하시는 일은 하나님의 창조의 목적이므로 하나님은 혹독한 징계를 동원해서라도 반드시 이루어 내신다. 창세기 1장을 신중히 참고하여 '하나님이 창세전에 세우신 하늘의 사람들에 대한 창조의 계획'을 살펴볼 때 그 일의 중요성을 실감할 수 있다.

"하나님이 지으신바 그것 모두(콜)를 보시니 보라. 매우 선했다. 저녁이 존재했고 아침이 존재했다. 여섯 째 날이다(창 1:31 저자 원문 직역).

곧 창세 전에 그리스도 안에서 우리를 택하사, 우리로 사랑 안에서 그 앞에 거룩하고 흠이 없게 하시려고, 그 기쁘신 뜻대로 우리를 예정하사 예수 그리스도로 말미암아 자기의 아들들이 되게 하셨으니(엡 1:4-5).

창세기 1장은 진정한 하늘의 사람, 하나님이 기뻐하시는 사람이 나오게 되는 과정을 미리 알리는 내용(창조의 설계도)이다. 하나님은 죄악으로부터 불러내신 사람을 여섯 째 날(빛)안에 들어가도록 인도하시는데, 여섯째 날 안에 들어갈 때에야 비로소 창조주 하나님의 선으로 가득 채워진 사람이 된다. 그리고 일곱 째 날(빛)의 사람이 되는 날 창조주 하나님의 창조의 목적이 그 사람에게서 완전 성취가 되었으므로 하나님은 그 신자 안에서 안식을 취하시게 된다. 믿는 자들의 진정한 안식은 몸을 쉬는 것이 아니라 하나님의 뜻이 성취되어짐을 기뻐하고 감사하고 즐거워하는 삶이다(습 3:17 참조). 그러므로 창세기 1장에 '하나님의 보시기에 매우 선했다'는 말씀은 참포도를 풍성히 맺는 하늘의 사람들이 대거 나타나게 되었다는 의미이다. 예수 그리스도처럼 하나님의 선으로 채워진 사람이 바로 생명의 열매를 풍성히 맺어 하나님을 기쁘시게 해드리는 참포도나무인 신자, 곧 성도이다.

> 나는 참포도나무이고 나의 아버지는 그 농부시다. 나는 포도나무이고 너희는 그 가지이다. 그가 내 안에 거하고 내가 그 안에 거하면 그 사람은 많은 열매를 맺는다(요 15:1, 5 저자 원문 직역).

새 언약시대는 그처럼 완성된 참포도나무들이 나오는 시대이고, 그 숫자를 더해 가다가 하나님의 정하신 마지막 때가 이르면 엄청나게 많은 완성된 참포도나무들이 나오게 된다. 그들은 창세기 1-2장에서 증언해 주는바 여섯 째 날이 성취되고, 일곱 째 날에 도달하므로 하나님이 그들 각자의 속에서 안식하실 수 있는 사람이다. 그때 하나님의 모든 계획은 완성에 이르게 되고, 그분의 구원의 경륜은 영광으로 끝을 맺게 된다. 성경은 그 날과 그 때를 사모하며 앙망하라고 권면한다. 모든 믿는 자들이 하나님의 영광에 참예하여 각각의 결실을 놓고 기뻐하는 때이기 때문이다. 그 때가 성경이 말하는 '만물의 완성의 때'이다.

보좌에 앉으신 이가 이르시되 보라 내가 만물(믿는 자들)을 새롭게 하노라 하시고 또 이르시되 이 말은 신실하고 참되니 기록하라 하시고(계 21:5).

만국(믿는 자들)이 그 빛 가운데로 다니고 땅의 왕들(이긴 자들)이 자기 영광을 가지고 그리로 들어오리라(계 21:24).

이 모든 것이 이렇게 풀어지리니 너희가 어떠한 사람이 되어야 마땅하냐? 거룩한 행실과 경건함으로 하나님의 날(수확의 때)이 임하기를 바라보고 간절히 사모하라. 그날에 하늘이 불에 타서 풀어지고 물질이 뜨거운 불에 녹아지려니와(벧후 3:11-12).

오늘날 그리스도와 연합된 자들은 하늘의 포도나무이며, 하나님의 포도원에 심겨진 소중한 과목이다. 하늘의 포도나무는 하나님이 기뻐하시는 과목이 되어 참포도를 많이 맺어야할 목적을 띠고 존재한다. 그리고 결실을 풍성히 이룬 만큼 이 땅에서 상급으로 누리게 된다. 그들이 하나님의 구속사의 마지막 때를 살아가는 하늘의 참포도나무들이다. 하나님의 소원은 그런 참포도나무들이 많이 나오는데 있다.

너희가 열매를 많이 맺으면 내 아버지께서 영광을 받으실 것이요 너희는 내 제자가 되리라(요 15:8).

평강의 하나님이 친히 너희를 온전히 거룩하게 하시고 또 너희의 온 영과 혼과 몸이 우리 주 예수 그리스도께서 강림하실 때에(그리스도의 강림하심 안에서) 흠 없게 보전되기를 원하노라(살전 5:23).

제5장

하나님의 구속사는 갈라냄의 역사이다

하나님은 사람을 창조하신 때부터 사도들의 시대까지 직접적으로, 또는 세우신 사역자들을 통하여 계속 말씀을 주셨다. 뿐만 아니라 예수 그리스도의 부활 후에도 성경을 통하여 계속 말씀을 주시는데, 그것은 하나님의 나라가 완성될 때까지 결코 멈추지 아니할 그분의 사역이다. 그런데 하나님이 사람에게 말씀을 주시되, 말씀을 들은 자들에게 주시는 첫 번째 강령은 이전 것들으로부터 갈라져 나오라는 명령이다. 이전의 죄악된 것들로부터 갈라져 나오는 것, 그것이 거룩이다. 하나님은 진리의 말씀을 들은 사람이라면 하나님이 거룩하신 것처럼 그들도 거룩해야 한다고 하신다. 또 그 거룩에 관한 명령은 듣는 사람으로 하여금 고려해 볼 시간조차 용납이 안될 만큼 매우 강경함으로 주어지고 있음을 보게 된다. 성경은 거룩함이 없이는 결코 하나님을 뵈올 수 없다고 선언하고 있는데, 그것은 거룩한 사람만이 하나님과 관계를 맺을 수 있음을 이르는 말씀이다(창2:3, 3:24, 레 11,45, 히12:14 참조).

나는 너희의 하나님이 되려고 너희를 애굽 땅에서 인도하여 낸 여호와라. 내가 거룩하니 너희도 거룩할지어다(레 11:45).

그런즉 사랑하는 자들아 이 약속을 가진 우리는 하나님을 두려워하는 가운데서 거룩함을 온전히 이루어 육과 영의 온갖 더러운 것에서 자신을 깨끗하게(정결하게)하자(고후 7:1).

1. 거룩한 자로 갈라내어지는 비상 사건들

성경에는 갈라내어짐의 중요성을 교훈하는 비상사건이 종종 등장하는데, 출애굽 사건은 그 대표적인 예가 된다. 하나님은 야곱을 불러서 그의 이름을 '이스라엘'로 개명해 주셨다. "야곱"이라는 이름에서 '이스라엘'로의 개명은 야곱처럼 하나님의 말씀을 따르는 자들에게 붙여져 내려온 거룩한 이름인 이스라엘의 효시이다. 그 후 야곱의 후손은 기근을 피해 이집트로 이주하여 살게 되었고, 거기서 엄청난 숫자로 증가하게 되었다. 마침내 하나님은 그분의 계획에 따라 이스라엘(야곱)의 후손을 이집트로부터 탈출시키시는데, 그때 맨 먼저 하신 사역은 이스라엘 백성을 거룩하게 하시는 일이었다. 하나님은 모든 이스라엘 백성으로 하여금 그분이 정해 주신 날에 정결한 어린양을 잡아 그 피를 각자의 집 인방과 문설주에 바르라고 하셨다. 그리고 허리끈을 졸라맨 후 누룩을 넣지 아니한 떡과 양고기를 쓴 나물과 함께 급히 먹으라고 하셨다. 그런 후 지체함 없이 단호히 이집트 제국을 떠나라고 하신 것이다. 그것은 하나님의 말씀을 받은 자들이 이전 죄악의 땅으로부터 갈라져 나오는 거룩한 행위가 되었다. 모든 이스라엘 백성은 하나님의 그 가르침대로 순종하였고, 그 시간 이후로 그들은 "성민"(거룩한 백성)으로 부르게 되었다. 그처럼 이스라엘 백성은 그들 나라의 출범에서부터 하나님의 백성으로 갈라내어짐을 받았다. 거룩은 죄의 풍습을 따르던 삶에서 하나님의 법을 따르는 삶으로 갈라져 나오는 행위이다. 그것은 사탄의 종이었던 존재가 하나님의 백성으로 신분이 바뀌는 것이며, 죄인의 집단에서 갈라져 나와 하늘에 속한 사람으로 사는 일이다. 그만큼 하나님은 죄악의 영역으로부터 불러낸 사람에게 '하나님의 거룩'을 명하신다. 그리고 그 거룩과 함께 살아가기를 소원하신다.

사실 하나님은 이스라엘 백성을 이집트에서 탈출시키기 이전부터 그분의 말씀을 들은 자들에게 거룩을 지침으로 주셨다. 하나님은 출애굽을 주도해 나갈 지도자로 모세를 부르셨다. 그러나 당시 모세는 이스라엘의 지도자가 될 택정된 인물이었음에도 하나님 앞에 거룩하지 않았다. 그래서 모세를 부르시는 그 시간 거룩하라고 명하신다. 그럼에도 모세는 하나님의 인도를 따라 애굽으로 가면서도 아직 거룩함에 이르지 못했고, 그것에 노하신 하나님은 가는 여정에서 모세를 죽이려고 까지 하셨다. 그러자 그의 아내 십보라가 다급히 모세의 두 아들에게 할례를 행하므로 죽음을 면할 수 있었다. 할례는 이전의 죄악된 삶에서 하나님의 백성으로 갈라져 나왔다는 표식이다. 모세는 하나님의 명령을 따라 이집트로 떠나는 시간까지도 자식들을 무할례자로 방치해 두었다. 그런 이유로 하나님은 모세에게 진노하신 것이다. 그처럼 하나님은 그분의 말씀을 들은 사람, 또 부르신 사람에게 먼저 거룩을 요구하신다. 하나님 앞에 나가는 사람이라면 무엇보다 먼저 하나님 앞에 거룩해지려는 자세를 가져야 한다.

> 하나님이 이르시되 이리로 가까이 오지 말라. 네가 선 곳은 거룩한 땅이니 네 발에서 신을 벗으라(출 3:5).

> 모세가 길을 가다가 숙소에 있을 때에 여호와께서 그를 만나사 그를 죽이려 하시는지라. 십보라가 돌칼을 가져다가 그의 아들의 포피를 베어 그의 발 앞에 갖다 대며 이르되 당신은 참으로 내게 피 남편이로다 하니(출 4:24-25).

모세오경은 전체 주제를 '거룩'이라고 해야 할 만큼 거룩에 대하여 계속 강조하고 있는 성경이다. 다른 성경들도 그 가르침에 있어서 모세오경과 크게 다르지 않다. 모세오경이 거룩에 관한 지침서라면 역사서와 선지서는 이스라엘 백성이 하나님 앞에서 거룩을 따라 살았는지, 아니면 거룩을 저버렸는지에 대해 말해주는 성경이다. 이스라엘 백성이라면 하나님을 섬기는 날짜, 장소, 제물, 방법, 행위, 말, 심지어 의복, 음식, 물건까지도 이방신을 섬기는 자들과는 완전히 구별되어야 했다. 그것이 하나님의 백성으로서 지켜야 할 의무이며, 갖추어야할 자격이었던 것이다. 그만큼 하나님은 그분의 백성 모두가 거룩함으로 살 것을 명하시되 그 점을 계속 강조해 오셨다. 그것은 구약 시대뿐만 아니라 현재도 똑같이 내리시는 그분의 명령이며 지침인 것이다(고후 7:1 참조). 하나님의 말씀을 따라 자신을 거룩하게 가꾸는 사람이 하늘의 포도나무로서 그가 바로 참포도나무이다.

첫 인류인 아담도 하나님을 뵙는 은혜, 그분의 말씀을 듣는 은혜를 입었다. 하나님이 그에게 주신 첫 번째 가르침은 '생명들의 나무'(원문대로의 번역)와 '동산 각종나무'의 열매를 양식으로 먹으라고 하셨다. 여기서 "생명들의 나무"란 그때나 지금이나 구원자 예수 그리스도를 가리킨다. 또 "동산안의 각종 나무"란 아담에게 양식을 공급하는 과실수였다. 예표로 볼 때 그 '각종 나무'는 새 언약시대에 하나님의 말씀과 하나님의 생명, 그리고 사랑의 교제를 나누며 살아가게 될 성숙한 그리스도인들을 가리킨다. 하나님은 먼저 생명들의 나무와 동산의 각종 나무에 대해 알리신 후 '선과 악을 알게 하는 나무의 것은 먹지 말라.'고 하셨다. 그 이유로서, 일명 '선악나무'는 하나님을 대적하는 자요, 진리를 희석시키는 자요, 거짓과 악을 내놓는 존재였기 때문이다. 사람이 그 거짓되고 악한 존재의 것을 먹게 되면 하나님과의 관계가 끊기는 것은 물론, 그것을 먹은 사람도 거짓과 악으로 사는 존재로 전락하게 되기에 금하신 것이다. '그것을 먹지 말라'는 명령은 먼저 하나님의 거룩한 존재가 되라는 명령이며, 하나님의 거룩으로 살라는 명령이다. 하나님의 말씀 안에서 사는 삶이 거룩한 삶이요, 하나님의 가르침과 명령을 따르는 삶이 거룩한 삶이다.

첫 사람 아담은 생명들의 나무와 일명 선악 나무 사이에서 선악 나무쪽을 택했다. 그리고 선악 나무가 주는 그것으로 살아갈 것을 마음에 확정했다. 그 때부터 그는 선악 나무와 한 존재가 되므로 하나님의 거룩을 저버린 자요, 하나님의 거룩을 짓밟은 자요, 하나님과의 관계를 끊고 거룩을 강조하시는 하나님의 대적자로 전락하게 된 것이다. 설상가상으로 첫 사람은 그의 뒤를 따르는 모든 후손을 하나님의 거룩을 짓밟는 대적자들로 전락시켜 놓았으니 그것이 하나님의 말씀에 대한 거역과 죄악의 역사이다. 냉철히 평가하여 오늘날 소위 그리스도인들의 마음과 삶이 세속화되다 못해 죄악으로 찌들어 가는 이유는 하나님의 첫 번째 요청인 거룩을 저버린 데에 있다. 작금 시대의 신앙의 흐름에 무감각하고, 교회들의 거룩성을 냉철히 분석하지 않는다면 믿는 자들 전체가 하나님의 원수 되는 길을 걸을 수밖에 없다는 그 사실을 알아야 한다. 거룩을 저버린 교회는 이미 교회가 아니며, 거룩을 등한시 하는 신자는 신앙의 정조를 무너뜨린 자로서, 요한계시록에 등장하는 음녀의 수하와 다를 바가 없는 사람이다.

2. 갈라내어진 사람만이 하늘의 포도를 맺는다

사람은 하나님의 부르심을 입으므로 그분의 말씀을 듣게 되고, 하나님의 말씀을 들을 때부터 그분에 대해 조금씩 알아가게 된다. 그것이 하나님이 사람에게 베푸시는 은혜이고 사랑이다. 그런데 하나님은 사람을 죄악으로부터 불러내어 하늘의 백성으로 세우실 때부터 참포도를 맺는 포도나무로 자라나기를 소원하신다. 그것은 창조자시며 구속자이신 하나님의 원대한 계획으로서 창세전부터 작정되어 있었던 일이다(엡 1:3-14 참조). 그렇기에 성경은 사람이 하나님의 말씀을 들은 후 많은 시간이 흘렀음에도 열매를 맺지 못하고 있다면 잘라져 불태워질 것이라고 경고하고 있다. 또 하나님은 그분의 백성이 참포도의 열매를 맺되 보다 많은 열매 맺기를 소원하신다(마 3:10, 요 15:8 참조). 그런 이유로 하나님은 이스라엘의 출범에서부터 열매 맺는 길에 대해 가르치셨는데 그것이 거룩이다. 두 가지 번역을 같이 보겠다.

> 네 포도원에 두 종자를 섞어 뿌리지 말라. 그리하면 네가 뿌린 씨의 열매와 포도원의 소산이 다 빼앗길까 하노라(신 22:9).

> 너의 포도원에 두 종자를 뿌리지 말라. 그것만 제외하면(아니라면) 네가 뿌린 그것 그 씨의 열매와 포도원의 결실이 거룩할 것이다(카다쉬) (신 22:9 저자 원문 직역).

하나님은 죄인이 하나님의 은혜를 입어 하나님의 백성으로 바뀐 후에는, 그 사람과 그 사람의 삶이 하나님의 거룩으로 채워지기를 원하신다. 그런데 그 일을 위해서는 먼저 죄악을 좇아 살던 이전의 기질과 습관에서 갈라져 나와야 하는데, 하나님은 그것을 농사짓는 일에다 비유하시고 있다. 이스라엘 백성이 농사를 지을 때는 이방신을 따르는 자들의 농사법에서 갈라지라고 하신다. 농사는 종자를 심는 일로부터 시작된다. 그때 이스라엘 백성이라면 종자를 심을 때 오직 한 가지 종자만 심어야 한다고 하신다. 포도원은 포도를 심고 가꾸어서 수확하는 밭이다. 그런데 이스라엘 백성이 포도원에 포도 종자를 심고자 할 경우, 오직 '참포도 종자' 한 가지만 심으라는 것이다. 그 이유는 참포도 종자와 다른 종자를 같이 심게 되면 참포도를 수확할 수 없기 때문이다. 그것은 곧 이전 죄인이었을 때의 생각과 삶에서 단호히 갈라져 나오므로 믿는 사람의 안팎이 모두 진리의 말씀에 의해 다스림(인도하심)을 받는 사람으로 바뀌지는 것이다. 그렇게 할 때 믿는 자의 삶이 모두 거룩하게 되어 하나님을 기쁘시게 하고, 하늘의 복을 누리는 사람으로 결실할 수 있다는 그런 말씀이 된다(벧전 1:23 참조).

> 하나님이 우리를 부르심은 부정케 하심이 아니요 거룩케 하심이니, 그러므로 거룩을 저버리는 자는 사람을 저버림이 아니요 너희에게 그의 성령을 주신 하나님을 저버림이니라(살전 4:7- 8).

죄인이 하나님의 은혜를 입어 하나님의 사람이 되고 나면, 그것은 곧 사탄의 집단에서 하나님의 백성으로 갈라져 나온 것이 된다. 이제 그는 거룩하신 하나님처럼 오직 거룩을 따라 살아야할 신분의 사람이 되었다. 그런데 사탄에게 종노릇 하던 이전의 방법도 취하고, 하나님이 명하신 방법도 취한다면 그는 하나님의 백성이 아니다. 여전히 사탄에게 종노릇 하고 있는 사람이다. 하나님의 나라는 오직 하나님에게 속한 사람들만 들어가서 누리는 세계이다. 그렇기에 두 가지 신분을 가지고 살아갈 수 있는 그런 길은 처음부터 없었다. 신분이 사탄의 종에서 하나님의 종으로 바뀌었다면 생각도, 삶의 방식도, 가치관도, 하나님에게 속한 것으로 바뀌어져야 한다. 이전의 죄인에서 의인으로, 죄악을 좇던 삶에서 하늘 백성의 삶으로, 육신의 일만을 추구하던 길에서 신령한 양식을 추구하는 길로 돌아서야 한다. 그것이 갈라짐이며 그 갈라짐이 곧 믿는 자의 거룩이다. 하나님의 사람은 생각과 삶의 방식 모두가 거룩해져야 하고, 그처럼 거룩성을 지닌 노력에서 얻은 것, 곧 거룩한 양식을 먹으며 살라는 명령인 것이다.

> 무릇 내게 붙어 있어 열매를 맺지 아니하는 가지는 아버지께서 그것을 제거해 버리시고 무릇 열매를 맺는 가지는 더 열매를 맺게 하려하여 그것을 깨끗하게(거룩하게) 하시느니라. 너희는 내가 일러준 말로 이미 깨끗(거룩)하여졌으니, 내 안에 거하라. 나도 너희 안에 거하리라. 가지가 포도나무에 붙어 있지 아니하면 스스로 열매를 맺을 수 없음 같이 너희도 내 안에 있지 아니하면 그러하리라(요 15:2-4).

예수님은 비유로서 자신은 참포도나무이며 믿는 자들은 그 가지가 된다고 하셨다. 그리고 하나님 아버지는 포도나무 가지가 열매를 잘 맺도록 포도원을 가꾸는 농부가 되신다고 하셨다. 그때 포도나무 가지들은 원줄기에서 진액을 빨아들여 충실한 포도를 맺도록 해야 함은 당연한 일이다. 그럴 때 농부이신 하나님의 기쁨이 되고, 하나님의 영광이 드러나게 된다. 그것이 죄인을 불러서 의인으로 바꾸시는 구속주 하나님의 생명사역의 목적이다. 실로 그런 삶이라면 하나님께 영광을 돌리는 일, 기쁨을 드리는 일, 하나님을 찬양하는 일이 된다. 그런데 포도나무 가지가 포도를 맺지 않는다거나 혹 들포도를 맺어 놓는다면, 그 가지는 쓸모가 없기에 포도원 주인은 그 가지를 단호히 잘라낸다. 그리고 새 가지가 나오도록 한 다음 그 가지를 키

운다. 그 일은 곧 열매 맺기 싫어하는 자들을 징계를 통하여 열매 맺는 신자로 키우시는 하나님의 신령한 사역이다. 하나님은 병든 가지에 방불한 자들을 하늘의 충실한 포도나무 가지로 바꾸어 결실하게 하시는데, 하나님은 그 결실을 기뻐하시고 또 그 결실을 자신의 영광으로 여기신다. 이 모든 일들이 죄악에서 불러내신 사람을 거룩한 사람으로 세우시는 하나님의 갈라냄의 역사다.

진리의 경전인 성경은 하나님이 역사 안에서 해 오신 주요 사역들을 고스란히 기록해 놓고 있다. 혹자는 성경 안의 역사를 '유대 민족의 역사'로 말하기도 하지만, 그것은 한쪽으로 치우친 주장이며 일부분만 아는 데서 나온 주장이다. 하나님의 뜻과 감동가운데 기록되어진 성경 안의 역사는 죄인을 의인으로 부르시는 하나님의 구속사이며, 그 구속사의 알맹이는 택하신 자들에 대한 사랑이다. 그런데 성경에서 말하는 "구속"이란 거룩과 아주 긴밀한 관계에 놓여 있는 특수 개념이다. 따라서 하나님의 거룩의 작용 없이 발생하는 그런 구속이란 있을 수가 없다. 구속은 하나님의 씨들을 죄악과 심판으로부터 건져내어 하늘의 사람이 되도록 하는 일이기에, 말씀을 들은 자들을 죄악으로부터 갈라내는 일이며, 하늘의 정결한 자들로 세우는 일이다. 그러므로 사람이 거룩을 외면하고서는 하나님과의 관계를 맺을 수가 없다. 그만큼 하나님과의 관계에서 거룩은 절대적인 요소이다.

평강의 하나님이 친히 너희를 온전히 거룩하게 하시고 또 너희의 온 영과 혼과 몸이 우리 주 예수 그리스도께서 강림하실 때에(그리스도의 강림하심 안에서) 흠 없게 보전되기를 원하노라(살전 5:23).

오늘날은 누구나 하나님께 기쁨을 드릴 수 있는 시대이다. 하나님의 씨들을 찾아내는 일이 그것이다. 하나님은 믿는 자들이 하나님의 씨들을 찾아내는 그 일을 가장 크고 기쁨을 주는 일로 여기신다. 그런데 구약 시대에는 그 사역이 불가능했다. 하나님의 씨들을 찾아내는 일, 또 그들을 거룩하게 변화되도록 돕는 사역을 할 수가 없었다. 이스라엘 공동체에서 출생한 사람이라면 자기 의지에 관계없이 할례를 받아야 했고, 안식일을 지켜야 했다. 따라서 마음으로는 신앙을 거부할지라도 외형으로는 누구나 하나님을 섬기고 법을 따라야만 했다. 그렇지 않으면 이스라엘 공동체로부터 추방되었기 때문이다. 모두가 하나님을 믿는 사람으로 보이니 누구에게 말씀을 전하여 하나님의 씨들을 찾아낼 것인가? 또 다른 나라에 가서 이방인들과 동화하며 말씀을 전하는 일도 금지되어 있었다.

그런데 예수 그리스도의 죽음을 통하여 하나님의 씨들을 찾아내는 사역의 길이 완전하게 열렸다. 예수님은 십자가에서 숨을 거두실 때 "다 이루었다"라고 하셨다. 그 선언은 곧 '하나님이 실현시키실 구속사의 완성을 위한 길이 활짝 열렸다'는 의미이다. 또한 그 선언은 하나님의 택정된 자들의 죄악을 십자가 고난의 대속을 통해 말끔히 청산시키시고, 부활하신 후 거룩한 보혜사로 각 사람 속에 오셔서 거룩, 선, 의로움으로 사는 자들이 되도록 인도하시겠다는 말씀이 된다(사 53:10, 롬 8장 참조). 이 시간에도 진행되고 있는 하나님의 구속사는 죄악에 묻혀 사는 택하신 자들을 죄악으로부터 갈라내고, 말씀으로 치료하여, 거룩함에 온전한 자들로 세우는 신령한 역사이다.

> 우리를 위하여 여우 곧 포도원을 허는 작은 여우를 잡으라. 우리의 포도원에 꽃이 피었음이라(아 2:15).

> 그들 중에 남의 집에 가만히 들어가 어리석은 여자를 유인하는 자들(사탄의 종)이 있으니 그 여자(신자)는 죄를 중히 지고 여러 가지 욕심에 끌린바 되어 항상 배우나 끝내 진리의 지식에 이를 수 없느니라(딤후 3:6-7).

위의 말씀에서 "포도원을 허는 작은 여우"란 하나님의 포도원을 헤쳐 참포도로 결실치 못하도록 훼방하는 사탄의 간교한 세력을 가리킨다. 또 '남의 집에 들락거리며 어리석은 여자를 유인하는 자'도 역시 그 여우이다. 사탄과 그의 수하들은 끊임없이 하나님의 포도원을 들락거린다. 그들은 사악한 활동을 함에 있어서 처음에는 매우 미미하게 느껴지도록 한다. 마치 커다란 쌀 창고에 생쥐 한 마리가 들락거리는 정도로 그 위험을 감지하지 못하도록 속인다. 그러나 하나님의 말씀을 받은 자들의 마음에 새끼 여우처럼 교묘히 침투하여 들포도를 맺어 놓도록 유도한다. 그리고 결국에는 믿는 자들 전체가 거룩을 도외시하는 풍조에 빠져 들도록 만든다. 거룩이 무너진 자들의 몸과 마음은 사탄의 놀이터가 될 뿐이며, 또 그런 자들의 모임은 하나님의 뜻을 거역하는 거짓 신자들만 양산하는 악의 단체가 될 뿐이다. 그렇기에 하나님은 사랑하는 자들에게 회초리를 드셔서 그런 풍조로부터 갈라져 나오게 하시는데, 그 때의 징계는 죄악과의 타협을 버리도록 돕는 하나님의 사랑의 손길인 것이다.

> 나 여호와는 포도원지기가 됨이여 때때로 물(말씀)을 주며 밤낮으로 간수(단련)하여 아무든지 이를 해치지 못하게 하리로다(사 27:3).

제6장

하나님의 구속사를 어지럽힌 들포도나무

이사야서는 구약의 복음서로 일컬어진다. 하나님이 그분의 위대한 생명사역(구속사)을 어떻게 열어 오셨으며, 또 어떻게 진행해 나가실 것인가를 시대적 배경과 여러 비유를 동원하여 구체적으로 말해주는 성경이다. 그런데 시작부터 고통스러운 하나님의 심경을 기록해 놓고 있다. 이집트에서 종살이로 신음하던 이스라엘 민족을 구출하여 하나님의 백성으로 세워 놓았더니 온갖 죄악 속에 파묻힌 추악한 무리로 전락했다는 탄식인 것이다. 하나님은 그것을 사랑하는 사람의 배신행위에다 비유하신다(사 5:7 참조).

> 나는 내가 사랑하는 자를 위하여 노래하되 내가 사랑하는 자의 포도원을 노래하리라. 내가 사랑하는 자에게 포도원이 있음이여 심히 기름진 산에로다. 땅을 파서 돌을 제하고 극상품 포도나무를 심었도다. 그 중에 망대를 세웠고 또 그 안에 술틀을 팠도다. 좋은 포도 맺기를 바랐더니 들포도를 맺었도다(사 5:1-2).

무릇 만군의 여호와의 포도원은 이스라엘 족속이요 그가 기뻐하시는 나무는 유다 사람이라. 그들에게 정의를 바라셨더니 도리어 포학이요 그들에게 공의를 바라셨더니 도리어 부르짖음이었도다(사 5:7).

위 본문 중 "사랑하는 자"란 생명의 근원이신 그리스도를, "포도원"은 이스라엘 백성을 가리킨다. 또 "극상품 포도나무"는 하나님의 생명 자체이신 그리스도이며, 또 그리스도를 통해 주어지는 진리의 말씀이다. 하나님은 이집트의 종살이로부터 구해내신 이스라엘 민족에게 큰 기대를 걸고 계셨다. 그렇기에 이스라엘 민족을 '성민'으로 칭하셨다. "거룩한 백성"이라는 의미이다. 그러나 그들이 정말 거룩함으로 살았기에 성민으로 칭하신 것은 아니다. 하나님이 친히 죄악의 땅으로부터 뽑아내신 자들이기에 그렇게 칭하셨고, 역사 안에서 거룩한 백성으로 살아가기를 원하셨기에 그렇게 칭하신 것이다. 이 얼마나 큰 은혜와 사랑을 입은 것인가?

그런데 그들은 700여 년이 지난 이사야의 시대까지도 죄악된 구습으로부터 떠나려 하지 않았다. 그들은 육신의 욕망을 이루기 위하여 거짓과 악행을 멈추지 않았을 뿐만 아니라, 하나님은 자신들을 돕는 신이 아니라며 이방신을 숭배하는 배도의 길을 걸었다. 더욱이 하나님의 기뻐하시는 포도나무로 일컬음을 받던 유다족속 조차도 그런 가증한 길을 걷고 있었던 것이다. 하나님은 이스라엘 백성의 그런 행위를 가리켜서 포악이요, 불의요, 배신이요, 하나님을 향한 원망의 부르짖음이라고 하신다. 그러면 하나님의 큰 은혜를 입은 이스라엘 백성이 그 지경까지 추락하게 된 근본 원인은 어디에 있었던 것일까? 하나님이 간곡히 부탁하시며 법으로 정해주신 거룩을 헌신짝처럼 버린 데에 있었다.

1. 포도나무를 향한 하나님의 소원

성경은 전체가 하나님이 행하신 일과 지금도 행하고 계신 일과, 또 반드시 성취해 내실 일들에 대한 기록이다. 에베소서는 그것을 '하나님의 은혜의 경륜,' '그리스도의 비밀'로 기록하고 있다. 그러므로 같은 주제의 기사라면 신구약을 구분하지 말고 그 주제의 맥락을 따라서 그리고 동일선상에서 살펴야 한다. 그러면 하나님이 하시려는 본래의 계획이 보인다. 그것이 성경 안에 감추어져 내려온 비밀이다(엡 3:1-4 참조).

> 내가 입을 열어 비유로 말하며 예로부터 감추어졌던 것(그리스도의 비밀)을 드러내려 하니 이는 우리가 들어서 아는 바요 우리의 조상들이 우리에게 전한 바라(시 78:2-3).

> 이 비밀은 만세와 만대로부터 감추어졌던 것인데 이제는 그의 성도들에게 나타났고, 하나님이 그들로 하여금 이 비밀의 영광이 이방인 가운데 얼마나 풍성한지를 알게 하려 하심이라. 이 비밀은 너희 안에 계신 그리스도시니 곧 영광의 소망이니라(골 1:26-27).

하나님이 감추어 놓으신 비밀은 그리스도와 그리스도의 사역에 관한 것이다. 그리스도는 영원한 때로부터 아버지와 하나로 계셨던 분이며, 창조의 근본이신 분이며, 에덴동산에서 사역하신 분이며, 역사 속에서 계속 일해 오신 분이며, 육신의 모양으로 오셔서 천국의 길과 천국을 실증하신 분이며, 부활과 승천 후 다른 보혜사로서 믿는 사람 속에 임하여 믿는 자를 천국의 존재로 창조하시는 그 생명사역을 끝 날까지 하실 분이다. 그것이 바로 하나님이 정하신 때까지 감추어 놓았던 비밀이다. 성경은 그러한 그리스도를 가리켜서 '참(거룩한)포도나무'로 소개하고 있는데, 이는 땅에 속한 포도나무가 아니라 하늘에 속한 포도나무이기에 그렇게 칭하시는 것이다.

나는 참포도나무요 내 아버지는 농부라(요 15:1).

나는 포도나무요 너희는 가지라. 그가 내 안에, 내가 그 안에 거하면 사람이 열매를 많이 맺나니 나를 떠나서는 너희가 아무 것도 할 수 없음이라(요 15:5).

하늘에 속한 이 포도나무는 완전하고 거룩한 포도나무, 즉 참포도나무이다. 하나님은 자신의 씨들을 죄악된 세상으로부터 불러내어 이 완전한 포도나무에 접붙이는 사역을 하신다. 그리고 결국 믿는 자들 하나하나를 그리스도처럼 완전함에 이른 포도나무로 세우고자 하신다. 그것이 창세전에 세우신 하나님의 창조설계(작정)로서 그 일의 완성은 하나님께 있어서 최대의 기쁨이 된다.

이제 그의 거룩한 사도들과 선지자들에게 성령으로 나타내신 것 같이 다른 세대에서는 사람의 아들들에게 알리지 아니하셨으니,... 영원부터 만물을 창조하신 하나님 속에 감추어졌던 비밀의 경륜이 어떠한 것을 드러내게 하려 하심이라(엡 3:5, 9).

사람을 불러내어 참포도나무에 접붙이시고자 하는 하나님의 사역은 에덴동산에서부터 시작되었다. 에덴동산 중앙에 있는 '생명들의 나무'는 사실 하늘에 속한 포도나무인 그리스도를 가리킨다. 창세기 기자가 파라볼레(비유)로 기록하다보니 그리스도를 나무로 나타낸 것으로서 '인격의 사물화'의 기록이다. 첫 사람은 거룩한 영을 소유한 존재가 아니라 땅의 목숨만을 가진 존재(네페쉬 하야)로 지음 받았다. 그것은 지금도 마찬가지인데, 그 이유는 하나님의 지고한 계획이 사람 안에 들어 있기 때문이다. 하나님은 많은 사람 가운데 미리 정하신 자를 불러내어 참포도나무이신 그리스도와 접붙임 되게 하시므로 하늘의 사람으로 창조하려 하신다. '그리스도와 접붙임'이란 천국 복음을 들은 사람이 그리스도를 받아들이고, 그 후 그리스도와 연합을 이룬 다음 하나님의 진리 안에서 살아가는 삶이다.

그 날에는 내가 아버지 안에, 너희가 내 안에, 내가 너희 안에 있는 것을 너희가 알리라(요 14:20).

내가 아버지의 계명을 지켜 그의 사랑 안에 거하는 것 같이 너희도 내 계명을 지키면 내 사랑 안에 거하리라(요 15:10).

하나님을 사랑하는 것은 이것이니 우리가 그의 계명들을 지키는 것이라. 그의 계명들은 무거운 것이 아니로다(요일 5:3).

사람은 '생명들의 나무'에 접붙임이 되느냐? 일명 '선악나무'에 접붙임이 되느냐?에 따라 현재와 미래의 운명이 결정되도록 지음 받은 존재이다. 그렇기에 하나님은 땅의 먼지 성분으로 맨 처음 지으신 첫 사람 아담을 생명들의 나무에 접붙이시고자 하셨다. 그럼에도 첫 사람은 뱀(사탄)의 꼬임에 넘어가 결국 선악나무로부터 나오는 열매를 먹고 선악나무에 접붙임이 되고 말았고, 그때부터 사람은 선악나무의 열매를 좋아하므로 그 열매에 의해 욕망을 채우는 존재로서 역사를 이어오게 되었던 것이다.(일명 '선악의 나무'와 '생명들의 나무'의 본질이 무엇인가에 대해, 그리고 첫 사람이 그것을 먹을 수밖에 없었던 이유에 대해서는 필자의 저서 '다가오는 빛의 시대'에서 자세히 설명해 놓았다.)

---

*파라볼레(Parabole) - 헬라어의 여성명사 파라볼레(비유)는 '곁에'의 의미인 전치사 '파라'와 '보다'의 이미인 동사 '블레포'의 합성어로서 '보이도록 곁에 두다'라는 의미이다. 성경은 신구약을 무론하고 엄청나게 많은 파라볼레로 기록되어 있는데, 파라볼레에는 역사성과 신학이 들어가 있는 것이 특징이다(마13장).

*알레고레오(Allegoreo) - 헬라어 동사로서 '비유로 말하다'라는 의미이며, 사물의 특징을 가지고 진리를 설명하려는 방법으로서 성경에는 단 한 차례만 사용되었다. 보통 '풍유적' '우화적'이라고 말해지는 비유법에 속한다(갈4:22"26).

*네페쉬"하야(Nefesh"hya) - 히브리어의 목숨, 영혼의 의미인 "네페쉬'와 '살아 있는'의 의미인 하야의 합성어로서 '산 목숨(살아 있는 목숨)'의 의미이다(창2장).

2. 하나님을 노엽게 하는 들포도나무

출애굽 이후 이스라엘의 역사는 거짓 포도나무들이 우후죽순처럼 번식하는 시대였고, 하나님 앞에서 들포도만을 잔뜩 맺어 놓는 슬픔의 시대였다. 그것은 이사야로부터 말라기에 이르기까지 모든 선지자들이 적나라하게 밝히고 있다. 하나님을 기쁘시게 한 날수는 매우 적었던 반면에 하나님을 대적하는 날들로 점철되어 온 것이 이른바 성민 이스라엘의 역사이다. 실로 그들의 날들은 하나님의 노여움을 불러오는 죄악의 세월이었다.

> 밭이 황무하고 토지가 마르니 곡식이 떨어지며 새 포도주가 말랐고 기름이 다하였도다. 농부들아 너희는 부끄러워할지어다. 포도원을 가꾸는 자들아 곡할지어다. 이는 밀과 보리 때문이라. 밭의 소산이 다 없어졌음이로다. 포도나무가 시들었고 무화과나무가 말랐으며 석류나무와 대추나무와 사과나무와 밭의 모든 나무가 다 시들었으니 이러므로 사람의 즐거움이 말랐도다(욜 1:10-12).

이는 들포도를 맺어 놓는 자들이 맞이하게 될 재앙이다. 요엘 선지자는 슬픈 어조로 이스라엘 백성이 치르게 될 고통의 날들을 내다보며 그 참상에 대해 증언하고 있다. 문자적으로만 본다면 농사를 망친 농부들의 탄식을 기록해 놓은 것 같지만, 사실은 하나님과의 관계가 끊긴 이스라엘 백성의 불행에 대해 말해주는 내용이다. 이스라엘은 이방 민족의 침략을 많이 받았고 약탈도 많이 당했다. 또 가끔씩 찾아오는 흉년으로 인하여 고통을 받았던 것도 사실이다. 그러나 구약 시대에는 강대국이면서 기름진 땅을 가진 이집트 제국 외에는 대부분의 나라가 그런 고통을 받으며 살았다. 굳이 이스라엘의 흉년만을 부각시킬 이유가 없다. 요엘 선지자가 이스라엘을 향해 지적하는 바는 하나님을 배신한데서 받게 되는 재앙과 고통이다. 참포도를 충실히 맺히고 거기서 오는 복을 누리며 살아야 할 이스라엘 백성이 들포도만을 맺으므로 복에서 끊어지게 되었음을 말해주는 내용이다.

성경은 하나님의 약속을 믿고 따르는 사람들을 하나님의 백성, 하나님의 사람, 거룩한 무리 등으로 부른다. 그들은 삶의 중심에 하나님의 말씀을 담고 살도록 세상으로부터 뽑혀 나온 자들이다. 그들은 하나님 중심의 삶, 말씀 중심의 삶을 가꾸므로 하나님을 기쁘시게 해야 할 자들이다. 그때 하나님은 그들을 보호하시고 또 이 땅에서부터 복을 누리도록 혜택을 베푸시는데, 하나님은 죄악으로부터 불러내신 자들에게 그 삶을 약속하신다. 그런 삶이라야 하나님께 기쁨을 드리고 자신들도 진정한 기쁨과 복을 누리는 삶이 된다. 그런 복의 사람들은 비록 숫자는 적었을지라도 창세로부터 시작되어 면면히 역사를 이어오며 등장했었다. 셋, 에녹, 노아가 그런 복의 사람이었고 아브라함, 이삭, 야곱, 요셉이 그런 복된 인물이었다. 그들은 하늘의 거룩한 포도나무가 되어 참포도를 충실히 맺으므로 하나님께 기쁨을 드리고, 땅에서부터 하나님이 주신 복을 누린 자들이 되었다.

그런데 대부분의 이스라엘 백성은 이집트의 종살이에서 해방되어

가나안땅에 정착을 하게 되면서 슬금슬금 이방 민족의 죄악된 풍습을 받아들이기 시작했다. 그들은 외형상으로는 하나님을 섬겼다. 그러나 마음 중심으로는 땅의 풍요와 육신의 즐거움을 추구하므로 그것을 풍족히 준다는 이방신을 받아들여 음란히 섬겼다. 따라서 그들은 하나님의 백성의 생각과 삶이 아닌 이방 죄인들의 생각과 삶에 젖어 살게 되었으니, 그것을 가리켜서 '들포도를 맺었다'고 지적하는 것이다.

> 너희가 더러운 떡을 나의 제단에 드리고도 말하기를 우리가 어떻게 주를 더럽게 하였나이까? 하는도다. 이는 너희가 여호와의 식탁은 경멸히 여길 것이라 말하기 때문이라. 만군의 여호와가 이르노라. 너희가 눈 먼 희생 제물을 바치는 것이 어찌 악하지 아니하며 저는 것, 병든 것을 드리는 것이 어찌 악하지 아니하냐? 이제 그것을 너희 총독에게 드려 보라. 그가 너를 기뻐하겠으며 너를 받아 주겠느냐?(말 1:7-8).

위의 말씀은 이스라엘 백성의 마음속에 하나님이 없음을 단적으로 증언해 주는 기사이다. 그들은 하나님의 성전에 더러운 떡을 올렸다고 했다. 그것은 하나님 앞에서 우선시 되어야 하는 거룩을 짓밟은 행위가 된다. 그 행위를 지적하자 '우리가 어떻게 주를 더럽게 했느냐?'며 항변한다. 참으로 간교하고 뻔뻔스러운 태도이다. 그들은 아까운 마음에 눈 먼 가축과 병든 가축으로 하나님 앞에 제사를 했는데, 그것이 바로 하나님을 멸시했다는 증언이다. 그러나 조상의 전통을 따라 '하나님의 백성'이라는 형식은 갖추어야 했기에 하나님 앞에 제물을 드리되 병들고 비정상인 것, 가장 값어치가 없는 것으로 제사를 했던 것이다. 하나님은 '총독에게 그런 것을 선물로 준다면 과연 받겠느냐?'고 물으신다. 정말 총독에게 그런 것들을 선물로 보냈다면 아마도 자기를 모욕했다며 매질을 했을 것이다. 그것이 입으로는 하나님을 경외하지만 마음은 죄악에서 떠나지 아니하는 이스라엘 백성의 불경건이었고, 마음으로는 하나님의 백성이라고 자부했지만 거룩을 짓밟은 이스라엘 백성의 불신앙이었던 것이다. 하나님은 예나 지금이나 그런 자들을 가리켜 '들포도나무'라고 하시면서, 그런 불경건. 불신행위로부터 단호히 돌아설 것을 명하신다.

> 주께서 이르시되 이 백성이 입으로는 나를 가까이 하며 입술로는 나를 공경하나 그들의 마음은 내게서 멀리 떠났나니 그들이 나를 경외함은 사람의 계명으로 가르침을 받았을 뿐이라(사 29:13).

> 이르시되 이사야가 너희 외식하는 자에 대하여 잘 예언하였도다. 기록하였으되 이 백성이 입술로는 나를 공경하되 마음은 내게서 멀도다(막 7:6).

> 너는 이것을 알라. 말세에 고통하는 때가 이르러, 사람들이 자기를 사랑하며 돈을 사랑하며 자랑하며 교만하며 비방하며 부모를 거역하며 감사하지 아니하며 거룩하지 아니하며, 무정하며 원통함을 풀지 아니하며 모함하며 절제하지 못하며 사나우며 선한 것을 좋아하지 아니하며, 배신하며 조급하며 자만하며 쾌락을 사랑하기를 하나님 사랑하는 것보다 더하며, 경건의 모양은 있으나 경건의 능력은 부인하니 이같은 자들에게서 네가 돌아서라(딤전 3:1-5).

들포도나무를 향한 하나님의 진노

역사적 이스라엘은 하나님의 은혜를 크게 입은 사람들이다. 그럼에도 기나긴 세월에 걸쳐 하나님을 노엽게 했고, 끝내는 하나님의 은혜와 사랑을 배신으로 갚은 배은망덕한 백성이 되고 말았다. 그들의 죄악과 배신행위에 대해서는 성경 곳곳에 언급되어 있지만, 특히 선지서들에는 많은 분량을 할애하여 신랄히 지적하고 있음을 보게 된다. 그런 이스라엘의 배신행위는 하나님과의 언약을 송두리 채 짓밟는 데까지 이르게 되었고, 그 결과 하나님의 불같은 진노가운데 처해지게 되고야 말았다(시 78:17, 57, 24:20, 33:27, 59:13, 렘 5:23, 겔 2:3, 14:5, 습 1:6 참조).

> 너 인자야 주 여호와께서 이스라엘 땅에 관하여 이같이 말씀하셨느니라. 끝났도다. 이 땅 사방의 일이 끝났도다. 이제는 네게 끝이 이르렀나니 내가 내 진노를 네게 나타내어 네 행위를 심판하고 네 모든 가증한 일을 보응하리라. 내가 너를 불쌍히 여기지 아니하며 긍휼히 여기지도 아니하고 네 행위대로

너를 벌하여 네 가증한 일이 너희 중에 나타나게 하리니 내가 여호와인 줄을 너희가 알리라. 주 여호와께서 이같이 이르시되 재앙이로다. 비상한 재앙이로다. 볼지어다. 그것이 왔도다. 끝이 왔도다. 끝이 왔도다. 끝이 너에게 왔도다. 볼지어다. 그것이 왔도다(겔 7:2-6).

위 성경만을 보더라도 이스라엘 백성이 역사를 이어오며 하나님을 거역한 행위가 어느 정도였는지 가늠이 된다. 오죽했으면 인내의 하나님이 그분 자신이 친히 구출하여 성민으로 세워놓으신 이스라엘을 친히 국문(심판)하겠다고 하실까? 하나님은 이스라엘 백성을 더 이상 긍휼히 여기지 않겠고 불쌍히 여기지도 않겠다고 하신다. 그들의 살아온 날들이 너무 가증하기에 그들이 행한 대로 보응하시되 아예 끝을 내겠다고 하신다. 그것이 하나님의 사랑과 말씀을 배신한 자들에게서 느끼시는 하나님의 아픔과 환멸이며, 들포도나무에 대한 그분의 진노이다. 그 후 역사적 이스라엘은 실제로 하나님의 은총에서 끊어지게 되었고, 그들에게 주어질 구원과 천국의 복은 이방 민족에게로 돌아가게 되었다. 그러면 사랑의 하나님이 그들에게 진노하실 수밖에 없었던 이유에 대해 알아보고자 한다.

취하는 자들아 너희는 깨어 울지어다. 포도주를 마시는 자들아 너희는 울지어다. 이는 단 포도주가 너희 입에서 끊어졌음이니(욜 1:5).

포도나무가 시들었고 무화과나무가 말랐으며 석류나무와 대추나무와 사과나무와 밭의 모든 나무가 다 시들었으니 이러므로 사람의 즐거움이 말랐도다

(욜 1:12).

이스라엘 백성에게 닥친 곤고함과 수치스러움을 말해주는 내용이다. 요엘 선지자를 통하여 이 말씀이 주어질 당시 이스라엘은 죄악의 도성 애굽에서 갈라져 나온 지 800여 년이 넘었다. 그 정도의 세월이면 이미 약속의 땅 가나안에서 하나님으로부터 축복을 받아 그 복을 흡족히 누리고 있어야 할 때였다(레 26:3-13 참조). 그러나 '하나님의 백성'으로 불리고 있음에도 그 이름과는 달리 지금 이스라엘은 매우 비참하고 고통스런 지경에 처해 있는 것이다. 포도나무를 비롯한 모든 나무가 시들어서 즐거움이 말랐다고 했는데, 이는 모든 이스라엘 백성의 목숨이 매우 위급하게 되었고, 그럼에도 벗어날 길을 찾을 수 없는 막다른 골목에 갇히게 된 상황인 것을 가리킨다. 문자 상으로는 나라 전체가 큰 기근을 만나 배고픔의 고통을 겪고 있는 것만 같지만, 실상은 천재지변에서 온 재앙을 말하려는 것이 아니다. 하나님과의 관계가 끊어진데서 닥쳐온 전 방위적 재앙을 말하고 있다. 그것은 이른바 하나님의 백성으로서 하나님의 은혜와 도움을 구하는 통로가 완전히 차단되었고, 설상가상으로 하나님의 심판이 그들 위에 임하게 되어, 인간의 힘과 지혜로서는 피할 길이 없게 된 위급한 상황을 말해주는 내용이다(레 26:14-39 참조).

너희 절기를 애통으로, 너희 모든 노래를 애곡으로 변하게 하며 모든 사람에게 굵은 베로 허리를 동이게 하며 모든 머리를 대머리가 되게 하며 독자의 죽음으로 말미암아 애통하듯 하게 하며 그 결국은 곤고한 날과 같게 하리라(암

8:10).

주 여호와의 말씀이니라. 보라. 날이 이를지라. 내가 기근을 땅에 보내리니 양식이 없어 주림이 아니며 물이 없어 갈함이 아니요 여호와의 말씀을 듣지 못한 기갈이라(암 8:11).

하나님과의 관계가 끊긴 이스라엘 백성의 곤고함과 애통을 전하는 아모스 선지자의 부고와 같은 기사이다. 이스라엘은 가나안 땅에 들어간 얼마 후부터 하나님을 거역하는 쪽으로 고개를 돌리기 시작했고, 800여 년이 흐른 지금은 하나님을 완전히 배반하고 대적하는 상태가 되어 있었다. 어쩌면 그렇게도 하나님이 출애굽 직후에 경계로 주셨던 그 말씀과 똑같은 죄악을 범해왔는지 참 신기할 정도이다. 아래는 800년 전에 주신 말씀으로서, 만일 이스라엘이 하나님을 배신하게 될 경우 그 결과로서 받게 될 징벌에 대해 경고하신 말씀 중의 일부이다.

나는 너희를 애굽 땅에서 인도해 내어 그들에게 종된 것을 면하게 한 너희의 하나님 여호와이니라. 내가 너희의 멍에의 빗장을 부수고(노예로부터 해방됨) 너희를 바로 서서 걷게 하였느니라. 그러나 너희가 내게 청종하지 아니하여 이 모든 명령을 준행하지 아니하며 내 규례를 멸시하며 마음에 내 법도를 싫어하여 내 모든 계명을 준행하지 아니하며 내 언약을 배반할진대 내가 이같이 너희에게 행하리니 곧 내가 너희에게 놀라운 재앙을 내려 폐병과 열병으로 눈이 어둡고 생명이 쇠약하게 할 것이요 너희가 파종한 것은 헛되리니 너희의 대적이 그것을 먹을 것임이며 내가 너희를 치리니 너희가 너희의 대적에게 패할 것이요 너희를 미워하는 자가 너희를 다스릴 것이며 너희는 쫓는 자가 없어도 도망하리라. 또 만일 너희가 그렇게까지 되어도 내게 청종하지 아니하면 너희의 죄로 말미암아 내가 너희를 일곱 배나 더 징벌하리라(레 26:13-18).

이사야서와 예레미야서는 이스라엘의 죄악을 놓고 반복하여 고발하고 있는 성경이다. 거기에는 이스라엘의 배신과 그들이 받게 될 심판을 놓고 심장이 멎을 듯 탄식하는 장면이 계속 이어지고 있다. 그것은 신구약 시대를 무론하고 언약을 배신한 자들에 대한 하나님의 아픔이며 그분의 단호한 심판의 의지, 곧 들포도나무에 대한 진노인 것이다.

슬프다 범죄한 나라요 허물 진 백성이요 행악의 종자요 행위가 부패한 자식이로다. 그들이 여호와를 버리며 이스라엘의 거룩하신 이를 만홀히 여겨 멀리하고 물러갔도다. 너희가 어찌하여 매를 더 맞으려고 패역을 거듭하느냐? 온 머리는 병들었고 온 마음은 피곤하였으며, 발바닥에서 머리까지 성한 곳이 없이 상한 것과 터진 것과 새로 맞은 흔적뿐이거늘 그것을 짜며 싸매며 기름으로 부드럽게 함을 받지 못하였도다. 너희의 땅은 황폐하였고 너희의 성읍들은 불에 탔고 너희의 토지는 너희 목전에서 이방인에게 삼켜졌으며 이방인에게 파괴됨 같이 황폐하였고, 딸 시온은 포도원의 망대 같이, 참외밭의 원두막 같이, 에워싸인 성읍 같이 겨우 남았도다(사 1:4-8).

네 악이 너를 징계하겠고 네 반역이 너를 책망할 것이라. 그런즉 네 하나님 여호와를 버림과 네 속에 나를 경외함이 없는 것이 악이요 고통인 줄 알라. 주 만군의 여호와의 말씀이니라. 네가 옛적부터 네 멍에를 꺾고 네 결박을 끊으며 말하기를 나는 순종하지 아니하리라. 하고 모든 높은 산 위에서와 모든 푸른 나무 아래에서 너는 몸을 굽혀 행음하도다(렘 2:19-20).

이스라엘 백성은 애굽을 탈출한 후 시내산에서 굳은 언약을 체결했다. 언약이란 '사람이 하나님과의 약속을 진실히 믿고 따른다면 하나님께서 예비하신 최상의 복을 받아서 누리게 되고, 만일 불신하고 배반한다면 이생과 내세에서 망하게 된다.'는 양쪽의 불변하는 약속을 가리킨다. 이스라엘은 그 당시 땅의 수많은 민족 가운데 유일하게 하나님과 언약을 체결한 민족이다. 그래서 그들은 "언약 백성"이라는 명성과 자부심을 가지고 역사를 출발했다. 그런데 목숨처럼 소중한 하나님과의 언약을 저버린 죄악으로 인해 역사를 내려오며 엄청난 고통을 자초하여 받았다. 그들은 그 엄청난 고통을 받으면서도 하나님의 말씀에 대한 거역과 배신, 서로간의 악행, 거짓, 사술, 강탈, 우상숭배의 죄악을 회개하지 않다가 결국은 나라가 두 조각이 났고, 둘로 쪼개진 나라마저 사나운 이방 민족의 손에 들어가는 비극에 처해지게 되고야 말았다. 그것이 들포도나무를 향한 하나님의 진노이다.

북이스라엘은 기원전 722년 경에, 남 유다는 기원전 586년 경에 완전히 패망하여 포로로 끌려가 치욕과 고통을 받게 된다. 그리고 그

때부터 이방 왕의 통치하에서 설움을 받으며 겨우 명맥만 유지했고, 그나마 서기 1세기 이후로는 세계로 흩어진 나그네 민족이 되어 20세기 중반 독립국가로 회복될 때까지 나라와 주권 없는 떠돌이 민족으로 살아가게 되었다. 그 과정에서 겪은 아픔들, 특히 히틀러에게 600만 명이 희생당한 아픔은 전 인류사에서 조차 찾기가 쉽지 않은 비극이다. 하나님은 '언약을 배신한 자들이 과연 어떤 고통에 처해지게 되는가?'에 대해 역사적 이스라엘을 통하여 이 땅의 인생들, 특히 그리스도인들에게 똑똑히 보여주시고 있다. 그만큼 하나님의 은혜와 사랑을 입은 사람이 하나님의 말씀을 저버린 결과는 끔찍하다. 하나님이 그분의 언약에 관계하여 하시는 일은 구약 시대나 새 언약 시대나 똑같다는 그 점을 마음에 새겨야 한다. 하나님은 분명히 사랑의 하나님이시지만, 먼저 거룩을 요구하는 분이시기에 죄악을 좇는 삶에 대해서는 질투하는 하나님이시며, 결국에는 공의로 심판하시는 분이라는 사실을 알아야 한다. 하나님을 겉치레로만 믿는 사람, 죄악을 좇아 살아가는 사람, 즉 들포도나무로 살아가는 사람의 미래는 없다.

그것들에게 절하지 말며 그것들을 섬기지 말라. 나 네 하나님 여호와는 질투하는 하나님인즉 나를 미워하는 자의 죄를 갚되 아버지로부터 아들에게로 삼사 대까지 이르게 하거니와 나를 사랑하고 내 계명을 지키는 자에게는 천 대까지 은혜를 베푸느니라(출 20:5-6).

화 있을진저 외식하는 서기관들과 바리새인들이여 너희는 선지자들의 무덤을 만들고 의인들의 비석을 꾸미며 이르되 만일 우리가 조상 때에 있었더라면 우리는 그들이 선지자의 피를 흘리는 데 참여하지 아니하였으리라. 하니 그러면 너희가 선지자를 죽인 자의 자손임을 스스로 증명함이로다. 너희가 너희 조상의 분량을 채우라. 뱀들아 독사의 새끼들아 너희가 어떻게 지옥의 판결을 피하겠느냐?(마 23:29-33).

모세의 법을 폐한 자도 두세 증인으로 말미암아 불쌍히 여김을 받지 못하고 죽었거든, 하물며 하나님의 아들을 짓밟고 자기를 거룩하게 한 언약의 피를 부정한 것으로 여기고 은혜의 성령을 욕되게 하는 자가 당연히 받을 형벌은 얼마나 더 무겁겠느냐? 너희는 생각하라(히 10:28-29).

땅이 그 위에 자주 내리는 비를 흡수하여 밭가는 자들의 쓰기에 합당한 채소를 내면 하나님께 복을 받고, 만일 가시와 엉겅퀴를 내면 버림을 당하고 저주함에 가까와 그 마지막은 불사름이 되리라(히 6:7-8).

오늘날의 시대, 즉 새 언약시대는 '은혜의 시대'로 일컬어진다. 이는 하나님의 맏아들 예수 그리스도가 이미 구원을 받은 자들, 그리고 앞으로 구원받아야 할 자들의 죄를 친히 짊어지시고 대신 형벌을 받으셨기 때문이다. 그렇기에 믿는 자가 죄와 함께 살지라도, 그에 대해 인내하시면서 진리의 말씀을 듣고 돌이키기를 원하신다.

구약 시대는 구원받은 자라 할지라도 항상 죄를 지닌 채 살아야 했다. 죄가 청산되지 않았기 때문이다. 그럼에도 하나님을 경외하는 자들은 마음 중심으로 말씀에 순종하여 살았고, 그 결과 하나님의 은

총과 도우심 가운데 살아갈 수 있었다. 그것이 땅에서 누리는 진정한 복이다. 그러나 그런 복된 사람의 숫자는 매우 적었다. 나머지 사람들은 하나님의 엄한 추궁 속에서 겨우 생존해야 했고, 혹 하나님으로부터 징벌이라도 임할까봐 불안해하며 살아야 했다. 그것이 구약 시대 신자와 새 언약시대의 신자에게 베풀어지는 은혜의 차이이다. 지금은 구속사의 마지막 때가 가까워지는 시기이다. 거룩함으로 단장하여 감사의 삶 속에 참포도를 맺어야 하는 때다. 참포도를 풍성히 맺는 신자는 하나님을 기쁘시게 하고, 그분께 칭찬을 듣고, 이 땅에서부터 천국을 누리는 복 안으로 들어가게 된다.

제3부

믿는 자가 누려야 할 천국

제1장

참포도의 결실에서 오는 천국

지금까지 성경에 등장하는 참포도나무와 들포도나무에 관련된 기사들을 살피면서, 하나님의 생명 누림에 대해 그리고 그분의 혹독한 심판에 대해 알아보았다. 하나님의 말씀을 들은 자들은 좋은 마음으로 그 말씀을 받아서 믿고 삶에 적용함으로써 참포도나무가 되어야 하고, 참포도나무가 된 후에는 열매를 풍성히 맺는 사람이 되어야 한다는 것을 성경은 강조하고 있다. 그럴 때 그는 진정 하나님께 영광을 돌리는 사람이요, 하나님의 기뻐하시는 그리스도의 제자 된 사람이요, 참 된 복의 소유자로서 그 복을 누리며 살 수 있게 된다. 이것은 하나님이 성경을 통해 주시는 불변의 약속이다. 하나님이 사람을 죄악으로부터 건져내어 참포도나무로 세우시려 하는 이유는 그것이 하나님께서 최대의 역점을 두고 추진하시는 매우 고귀한 사역이기 때문이다. 그러므로 각 시대에 따라 숫자상의 차이야 있겠지만, 하나님의 사역에서 참포도나무가 나오지 않는 그런 시대는 있을 수가 없다. 무수히 많은 참포도나무가 나와서 풍성한 열매를 맺는 것은 하나님의 천지창조의 목적이며, 하나님 나라의 확장이며, 참포도나무가 된 자에게는 하나님의 나라의 누림과 영광에 참예하는 큰 복이 된다. 또 그것은 하나님의 구원 사역이 완성에 이르게 되는 일이다. 이번 장에서는 사람이 참포도나무가 되는 과정, 그리고 참포도나무가 된 자에게 주어질 복과 영광이 어떤 것인지에 대해 살펴보고자 한다(창 1:11, 사 5:1-4, 겔 17:8, 마 7:15-20, 요 15:1-9, 눅 8:15 참조).

1. 참포도나무가 되는 과정

1) 하나님 백성(아들)으로의 구속

성경은 하나님이 하늘의 사람들에게 주시는 복이야말로 최상의 복이며 완전한 복이 된다고 말한다. 그런데 하나님이 주시는 최고이며 완전한 복을 소유하여 누리게 되기까지는 반드시 거쳐야 하는 과정이 있다. 그것의 첫 번째 과정은 죄로부터 구속됨이다. 구속이란 멸망에 처해진 사람을 그리스도를 통하여 구출해 내고, 구출해 낸 그 사람을 하나님 나라의 백성(아들)으로 세우는 일이다. 이 구속은 하나님의 절대주권 가운데 이루어지는 생명사역으로서, 그 구속에 따른 하나님의 사역은 두 가지 안목으로 이해를 해 볼 수 있다.

첫째, 죄로 인하여 심판에 처해진 자들을 그 죄악으로부터 구속하여 하나님 나라의 구성원으로 세우고, 그들로 하여금 하나님께 영광을 돌리며 복을 누리도록 하는 나라, 즉 하나님의 나라를 완성시키기 위함이다.

둘째, 하나님이 영원한 때에 세우신 그분의 작정을 이루시는 일로서, 그것은 수많은 인생 가운데 하나님을 씨를 가진 자들(택정된 자들)을 죄악으로부터 구속하여 하나님의 백성(아들)으로 세우고, 그들로 하여금 장성함에 이르러 하나님께 감사와 찬양을 올리며 복을 누리도록 하는 나라, 즉 완성된 하나님의 나라를 성취시키기 위함이다.

이 두 가지 모두 하나님이 죄인을 죄와 멸망으로부터 구원하여 그분의 영광스런 백성(아들)으로 세우신다는 기본 줄기는 같다. 다만 전자는 사람의 노력이 포함된 넓은 의미에서의 구속이고, 후자는 하나님의 주권적 의지를 강조하는 좁은 의미에서의 구속이다. 두 가지를 종합하여 살필 때 고귀하고 장엄한 하나님의 구속 사역을 잘 이해할 수가 있다.

> 창세전에 그리스도 안(속)에서 우리를 택하사 우리로 사랑 안에서 그 앞에 거룩하고 흠이 없게 하시려고, 그 기쁘신 뜻대로 우리를 예정하사 예수 그리스도로 말미암아 자기의 아들들이 되게 하셨으니, 이는 그가 사랑하시는 자 안에서 우리에게 거저 주시는 바 그의 은혜의 영광을 찬송하게 하려는 것이라(엡 1:4-6).

---

*구속하다(가아르, 야솨: Gaarr, Yashaa) - 히브리어 동사들로서 무르다, 구해내다, 해방시키다 등의 의미.

*구속하다(뤼트로오, 아고라조: Luytro, Agorajo) - 헬라어 동사들로서 해방시키다, 건져내다, 사다 등의 의미.

* 구속(피드욤: Pidyom) - 히브리어 명사로서 속량, 속전 등의 의미.
* 구속(아폴뤼트로시스: Apolitrosis) - 헬라어 명사로서 해방, 속량 등의 의미.
* 나찰(Nachal) - 히브리어 동사로서 구원하다, 구조하다 등의 의미.
* 쏘조(Sojo) - 헬라어 동사로서 구원하다, 살리다 등의 의미.
* 예솨, 예슈아(yesha, Yeshua) - 히브리어 명사로서 해방, 구원, 구조 등의 의미.
* 쏘테리아(Soteria) - 헬라어 명사로서 구원, 구조 등의 의미.

노아 시대의 사건을 도입하여 하나님의 고귀한 구속사역을 이해해 본다면, 하나님은 노아의 세 아들을 불러내셨다. 땅의 인생들 모두가 하나님을 대적하고 죄악에 묻혀 멸망으로 치달을 때, 하나님은 노아의 세 아들을 세상 밖으로 이끌어 내신 것이다. 그때 노아의 세 아들이 하나님의 말씀을 듣고 죄악의 집단으로부터 나와서 방주 건조에 임하게 되었는데, 당시로서는 그것이 구속이다. 멸망당할 세상으로부터 빠져 나오고 죄악의 집단으로부터 갈라져 나와서 하나님의 사람이 되는 것, 그것이 구속이다. 노아의 세 아들은 어제까지는 같은 땅에서 악인들과 얽혀 살았지만, 어느 날 하나님의 부르심에 의해 죄악의 도성으로부터 이끌려 나오게 되었다. 물론 노아는 그 이전부터 구속의 은혜를 입은 의인이었지만, 노아의 세 아들과 자부들에 대한 기사는 그때부터 시작이 되니, 그들은 그때부터 구속의 은혜를 입은 것으로 보아도 무방하다.

> 그러나 너와는 내가 내 언약을 세우리니 너는 네 아들들과 네 아내와 네 며느리들과 함께 그 방주로 들어가고, 혈육 있는 모든 생물을 너는 각기 암수 한 쌍씩 방주로 이끌어 들여 너와 함께 생명을 보존하게 하되(창 6:18-19).

이제 노아의 세 아들은 사탄에게 속해 있던 신분에서 하나님에게 속한 신분으로, 멸망에 처해졌던 사람에서 구원 안에 들어간 사람으로 바뀌게 되었다. 그것이 하나님의 은혜 안에서 이루어지는 구속이며 신비스러운 사건이다. 하나님으로부터 부르심을 받았고, 부르심을 받음으로 하나님을 믿게 되었고, 하나님을 믿음으로 신분과 본질이 바뀌었고, 삶의 목적이 이전과는 전혀 다른 방향으로 바뀌었으니 그것은 하나님의 은혜로만 되는 일이다. 노아의 세 아들은 그때부터 하나님의 사람이 되었고, 하나님의 사람이 되고 나자 방주 건조 사역이 주어지게 되었다. 만약 그들에게 하나님의 구속의 은혜가 주어지지 않았더라면 방주를 건조하라는 하나님의 명령을 따를 리가 없는 것이다.

덧붙여서 출애굽 사건은 물론이고, 하나님이 아브라함을 갈대아 땅으로부터 불러내신 일, 기생 라합을 여리고 성중에서 갈라내신 일, 룻을 모압 땅에서 뽑아내신 일 등, 이 모두가 한 영혼 한 영혼을 소중히 여기시는 하나님의 구속사건이다. 구속은 사람이 하나님의 말씀을 듣고, 그 말씀을 받아들여 믿을 때 이루어진다. 또 구속이 이루어진 사람이라야 하나님의 말씀에 순종할 수가 있다. 그것이 죄인에서 하나님의 백성(아들)으로 바뀌는 구속인데, 하나님의 백성으로의 구속은 오직 하나님의 은혜로 되는 일이며, 사람의 노력과 결단만으로는 결코 될 수 없는 일이다. 그래서 성경에는 '하나님의 구속함을 입은 모든 자들은 그분을 찬양하라, 그분께 감사하라'는 말씀이 많이 나오고 있다(시편 참조).

여호와의 인자하심과 인생에게 행하신 기적(구속)으로 말미암아 그를 찬송할 지로다(시 107:15).

2) 구원의 완성을 향하여 성장해 가는 과정

구속과 구원은 서로 다른 것이 아니다. 그럼에도 순서상 구속이 된 자에게 구원이 이루어지도록 되어 있다. 구속은 실제 죄의 사람에서 의의 사람으로, 육신의 사람에서 하늘의 사람으로 신분과 본질이 바꿔지는 일이다. 그런데 구원은 그 구속과 아울러 실제 하늘의 복을 누릴 사람으로, 또 하나님을 기쁘시게 할 사람으로 장성하게 되는 일까지 포함되는 개념이다. 거지 무리 가운데서 한 사람이 선택되어 부잣집에 양자로 들어가게 되는 경우, 일단 부잣집 양자로 입양되었으면 그 집안의 대를 이어나갈 후손이 된 것이다. 신분이 완전히 바뀌었다. 누가 뭐라 해도 그 시간 이후 그 사람은 그 집안의 아들이다. 그럼에도 그 부잣집의 모든 것을 가질 권한, 모든 것을 누릴 권한은 아직 없다. 양아버지의 뜻에 따라 여러 가지를 배우고 익혀야 한다. 그 집안 주인으로서의 품격, 그리고 식솔과 재산을 관리할 지혜와 능력을 길러야 하고, 또 사회적으로도 인정을 받고 교류를 잘 할 수 있는 덕망과 역량을 배양해야 한다. 그때 비로소 부잣집 주인으로서의 누림을 갖되 준비된 만큼 누리게 된다. 구원이란 마치 그것과 이치가 같다. 양아들은 양아버지로부터 선택을 입어 그 집에 들어오는 시간, 분명히 '부잣집 아들'로 신분이 바뀌었지만, 그 집안의 모든 것을 관리하고 누리는 일은 시간이 필요하며, 길러낸 역량만큼 자신의 것으로 누릴 수가 있는 것이다. 그처럼 구속은 하나님의 절대 주권과 은혜에 의하여 단 시일에 일어나지만, 온전한 구원은 긴 시간을 필요로 한다. 그러므로 구원은 이제 막 출발된 구원이 있는가 하면, 장성하여 완성에 이른 구원이 있다(엡 4:13-16, 벧전 1:1-3, 계 4장 참조).

그러나 너희는 택하신 족속이요 왕 같은 제사장들이요 거룩한 나라요 그의 소유가 된 백성이니 이는 너희를 어두운 데서 불러내어 그의 기이한 빛(아들된 자의 복)에 들어가게 하신 이의 아름다운 덕을 선포하게 하려 하심이라(벧전 2:9).

그렇기에 하나님은 죄에서 구속하신 백성(아들들)을 점점 성장하도록 하여 구원의 완성에 이르도록 신령한 사역을 계속하신다. 구속이 확실히 된 사람은 이제 막 참포도나무가 된 사람이며 멸망으로부터 확실히 구조 받은 사람이다. 거기에다 참포도 열매를 맺기 시작하면 그는 구원이 확장되어 나가는 사람이요, 참포도를 풍성하게 결실하는 사람은 구원의 상태가 장성함에 이른 사람으로서 하늘 아버지께 영광을 돌리며 기쁨을 안겨드리는 사람이다. 그 사람은 그리스도 안에서 하늘의 복을 풍성히 누릴 사람이며, 성도의 영광에 들어갈 사람으로서 그리스도처럼 하나님을 영화롭게 하는 사람이다. 그 상태에 이른 사람은 여섯째 날의 빛, 일곱째 날의 빛 안에 들어간 사람이면서 그리스도의 장성한 분량에 이른 성도이다. 믿는 자들은 그 수준까지 성장하기를 사모해야 한다. 그 수준에 이른 자에게 주어지는 누림이 땅에서 누리는 천국이다(창 2:1-3, 마 5:48, 고후 13:9 참조).

너의 하나님 여호와가 너(구속함에 이른 자)의 가운데에 계시니 그는 구원을 베푸실 전능자이시라 그가 너로 말미암아 기쁨을 이기지 못하시며 너를 잠잠히 사랑하시며 너로 말미암아 즐거이 부르며 기뻐하시리라 하리라(습 3:17).

2. 결실하는 참포도나무로의 성장

사람이 하나님의 은혜를 입어 하늘의 백성(아들)이 되고 나면, 그는 영생을 소유한 사람이며, 구원 안으로 들어간 사람이며, 참포도나무가 된 사람이다. 그럼에도 처음의 상태는 땅에 막 심겨진 포도 묘목에 불과하다. 그렇기에 반드시 성장해야하고 성장함에 따라 열매를 조금씩 맺기 시작한다. 죄로부터 구속함을 받아 하늘의 백성이 되었고, 참포도나무가 되었으되 아직 열매를 맺지 못하고 있다면 그가 아직 어린 묘목 수준이기 때문이다. 그 때 그 사람을 성장시키시는 분은 하나님이시다(사 27:3, 마 20:1-8 참조). 사람이 묘목을 심고, 물을 주고, 거름도 주지만 열매 맺는 나무로 성장하는 것은 하늘에서 공급되는 햇빛에 의해서인 것처럼, 이제 막 구원 안에 들어간 사람이 성장할 수 있는 것은 창조자시며 구속자이신 하나님의 은혜와 그분의 말씀에 의해서이다. 성경은 구속의 은혜를 통하여 구원을 소유한 자는 하나님의 사람으로 자라되 예수 그리스도의 장성한 분량에 이르도록 성장해야 함을 권면하고 있다.

"나는 심었고 아볼로는 물을 주었으되 오직 하나님께서 자라나게 하셨나니, 그런즉 심는 이나 물주는 이는 아무 것도 아니로되 오직 자라게 하시는 이는 하나님뿐이니라(고전 3:6-7).

그러므로 모든 악독과 모든 기만과 외식과 시기와 모든 비방하는 말을 버리고, 갓난아기들 같이 순전하고 신령한 젖(말씀)을 사모하라. 이는 그로 말미암아 너희로 (완전한)구원에 이르도록 자라게 하려 함이라(벧전 2:1-2).

하나님은 성장해 가는 믿음의 사람에게 시련도 허락하신다. 너무 기름진 땅, 비닐하우스 같은 장소의 식물은 환경을 조절해주지 않으면 연약과 병충해로 인하여 열매를 맺지 못한다. 그때 주인은 통풍도 시키고 가지치기를 하는 등 강하고 실하게 자라도록 여러 방법을 동원한다. 그처럼 하나님은 구원받은 사람에게 여러 시련을 동원하여 탐심과 교만을 꺾으시고 게으름과 구태도 고치게 하신다. 하나님의 사람답게 자라도록 도우시는 것이다. 그러므로 삶 속에 시련이 있다고 하여 낙심하거나 뒤로 물러가면 소중한 시간을 낭비하게 되고 성장만 늦어지게 될 뿐이다. 나아가서 육신의 것들에 매료되어 장시간 세상의 풍속을 따른다면 성장하지 못할 뿐만 아니라 어린아이 상태로 생애를 마치게 되니 실로 부끄러운 일이다. 하나님이 주시는 진리의 말씀을 사모하고 그 말씀에 순종하는 사람은 결국 온전한 참포도나무로 성장하여 하나님께 영광을 돌리고, 자신이 누릴 열매를 풍성히 맺히게 되니 그것이 수준 높은 구원이다. 또 그것이 하나님이 창세전에 세우신 창조 계획의 성취이다.

잠시 잠깐 후면 오실 이가 오시리니(나타내시리니) 지체하지 아니하시리라. 나의 의인은 믿음으로 말미암아 살리라. 또한 뒤로 물러가면 내 마음이 그를 기뻐하지 아니하리라 하셨느니라(히 10:37-38).

사랑하는 자들아 너희를 연단하려고 오는 불 시험을 이상한 일 당하는 것 같이 이상히 여기지 말고 오히려 너희가 그리스도의 고난에 참여하는 것으로 즐거워하라. 이는 그의 영광을 나타내실 때에 너희로 즐거워하고 기뻐하게 하려 함이라(벧전 4:12-13).

우리가 다 하나님의 아들을 믿는 것과 아는 일에 하나가 되어 온전한 사람을 이루어 그리스도의 장성한 분량이 충만한 데까지 이르리니, 이는 우리가 이제부터 어린 아이가 되지 아니하여 사람의 속임수와 간사한 유혹에 빠져 온갖 교훈의 풍조에 밀려 요동하지 않게 하려 함이라. 오직 사랑 안에서 참된 것을 하여 범사에 그에게까지 자랄지라. 그는 머리니 곧 그리스도라(엡 4:13-15).

3. 결실하는 참포도나무에게 주어지는 영광과 누림

믿는 자들이 참포도 열매를 결실하게 될 때 그것은 창세전에 세우신 하나님의 원대한 계획의 성취로서, 창조주 하나님의 기쁨이며 자랑거리가 된다. 또 그 일은 하나님을 믿는 자들로 하여금 성도의 완성에 이르도록 하는 매우 값지고 귀중한 일이다. 성경에서 '열매 맺는 나무'를 말할 때는 하나님께 속한 나무 즉 참포도나무를 가리키는데, 참포도나무란 1차적으로는 예수 그리스도이시고, 2차적으로는 잘 성장하고 있거나 그리스도처럼 장성함에 이른 신자들을 가리킨다. 공생애 기간의 그리스도는 아버지의 인도하심에 순종하셨고, 아버지를 사랑함으로 공경하셨고, 모든 일을 아버지의 뜻에 따라 행하셨다. 그분은 아버지를 사랑하고, 공경하고, 순종하고, 아버지의 뜻을 이루는 그 일을 양식으로 삼으셨다. 따라서 그분은 세상의 육신적인 일에 대해서는 결코 부러워하지 않으셨고, 투기하지도 않으셨고, 미련을 두지도 않으셨다. 그분은 자기 안에 계신 아버지로 인하여 평안을 누리셨고, 아버지가 원하시는 사역을 하는 것에서 기쁨을 얻으셨다. 예수 그리스도는 하나님이 세우신 진정한 참포도나무로 사셨다. 하나님의 장엄한 창조 계획과 주밀하신 생명사역에는 그리스도와 같은 성도가 많이 나오는 데에 초점이 맞추어져 있음을 알아야 한다.

> 내 이름으로 불려지는 모든 자 곧 내가 내 영광을 위하여 창조한 자를 오게 하라. 그를 내가 지었고 그를 내가 만들었느니라(사 43:7).

> 나 여호와는 포도원지기가 됨이여 때때로 물(말씀)을 주며 밤낮으로 간수하여(단련시켜) 아무든지 이를 해치지 못하게 하리로다(사 27:3).

> 그러나 귀신들이 너희에게 항복하는 것으로 기뻐하지 말고 너희 이름이 하늘에 기록된 것으로 기뻐하라 하시니라. 그 때에 예수께서 성령으로 기뻐하시며 이르시되 천지의 주재이신 아버지여 이것을 지혜롭고 슬기 있는 자들에게는 숨기시고 어린 아이들에게는 나타내심을 감사하나이다 옳소이다. 이렇게 된 것이 아버지의 뜻이니이다(눅 10:20-21).

하나님이 그 일곱째 날(빛)을 복되게 하사 거룩하게 하셨으니 이는 하나님이 그 창조하시며 만드시던 모든 일을 마치시고(창조 설계도 완성) 그 날에 안식하셨음이니라(창 2:3).

1) 풍성한 결실은 하나님의 영광의 나타남이다

잘 자라서 탐스러운 포도를 결실하는 포도나무는 주인에게 큰 기쁨을 안겨준다. 그처럼 구원받은 자가 하나님이 기뻐하시는 사람으로 장성해 갈 때 그것은 곧 하나님의 영광의 나타남이며, 그 사람은 하나님이 이루어내신 영광 자체가 된다. 예수님은 믿는 자들이 열매를 많이 맺으면 하나님이 영광을 받으신다고 하셨다. 그처럼 장성해 가는 하나님의 사람은 그 자체로 하나님의 기쁨이 된다. 또한 그것은 믿는 자 자신을 영광스럽게 한다. 하나님은 믿는 자에게서 자신의 영광이 나타나는 것을 기뻐하시기에, 믿는 자 한 사람 한 사람을 영광스럽게 만드는 사역을 계속하신다. 하나님을 믿는 사람에게서 영광이 나타난다는 것은 그 사람에게서 그리스도가 나타나 보이는 그것이다. 그 사람의 성품, 인격, 행실 등 모든 영역에서 공생애 기간의 그리스도가 나타나 보이는 것이다. 그것이 하나님과 그리스도의 영광의 나타남이며, 또 그 사람의 영광이다. 그런 사람이 많이 나오는 것은 하나님의 창조사역과 구속사역의 풍성한 열매로서, 그런 사람이 별무리처럼 많이 나타날 때 그것은 우주적인 하나님의 나라가 완성점에 도달하고 있다는 증언이다. 예수님은 마가 다락방의 고별 강화에서 그분의 제자들에게는 이미 영광이 주어져 있다고 하셨다.

내게 주신 영광을 내가 그들(제자들)에게 주었사오니 이는 우리가 하나가(한 생명) 된 것 같이 그들도 하나가 되게 하려 함이니이다(요 17:22).

내가 택하신 자를 위하여 모든 것을 참음은 저희로도 그리스도 예수 안에 있는 구원을 영원한 영광과 함께 얻게 하려 함이로라(딤전 2:10).

너희가 열매를 많이 맺으면 내 아버지께서 영광을 받으실 것이요 너희는 내 제자가 되리라…내가 이것을 너희에게 이름은 내 기쁨이 너희 안(속)에 있어 너희 기쁨을 충만하게 하려 함이라(요 15:8, 11).

하나님의 사람들은 세상의 죄악된 풍조와 적당히 타협하므로 육신에 속한 일의 형통과 편안한 일생을 보내려는 데다 신앙의 목적을 두어서는 안 된다. 비록 고난이 많더라도 하나님의 눈에 '이 사람은 나의 영광이다'는 평가가 나오도록 살아야 하는데, 그리스도의 공생애는 하나님 자신의 활동이시며, 하나님의 영광의 나타남이었다. 일부 사람들은 영광이란 하나님에게만 있는 것으로 생각을 하는데, 믿는 자에게서 하나님의 영광이 나타나지 않으면 그 사람을 향한 하나님의 사역은 성공하신 것이 못된다. 믿는 사람에게서 공생애 기간의 그리스도의 삶이 나타나 보이는 것이 하나님의 영광이며, 하나님은 그런 사람을 기뻐하시고 그런 사람이 많이 나오게 되기를 소원하신다. 창세기 1장에서 '하나님이 여섯째 날의 만물을 보실 때 그들이 매우 선했다'고 했는데, '여섯째 날의 만물'은 죄인이 구원을 받은 후 성장을 거듭함으로써 거의 그리스도의 장성한 분량에까지 도달한 생명 수준을 의미한다. 그리고 '일곱째 날의 만물'은 흠 없이 완성된 하나님의 아들이 된 것을 가리킨다. 그들이 바로 하나님의 영광의 나타남이며, 하나님의 영광으로 채워진 신자, 곧 성도이다.

왜냐하면 당신(아버지)의 나라와 권세와 영광이 영원들(아이오나스: 영생을 소유한 자들) 안에 있기 때문입니다 아멘(마 6:13 저자 원문 직역).

선을 행하는(하나님의 뜻을 이루는) 각 사람에게는 영광과 존귀와 평강이 있으리니 먼저는 유대인에게요 그리고 헬라인에게라(롬 2:10).

자녀이면 또한 상속자 곧 하나님의 상속자요 그리스도와 함께 한 상속자니 우리가 그와 함께 영광을 받기 위하여 고난도 함께 받아야 할 것이니라. 생각하건대 현재의 고난은 장차 우리에게 나타날 영광과 비교할 수 없도다(롬 8:17-18).

2) 풍성한 결실은 성도 자신의 누림이다

구속의 은혜를 입어 하나님의 백성(아들)이 된 사람이라면 성경에 약속되어 있는 모든 복이 자신에게 임하기를 소원함이 마땅하다. 사후의 세계에서 누리게 될 복은 물론, 약속된 모든 복이 현재의 삶 속에 가득히 임하기를 사모해야 한다. 그것은 욕심을 부리는 것이 전혀 아니다. 하나님은 믿는 자들을 향하여 하나님으로부터 오는 복을 사모하고, 구하고, 소유하여 누리라고 권면하신다. 그것을 설명하기 위하여 성경 지면의 많은 분량을 할애하시고 있다. 그런데 믿는 자들을 위하여 준비된 복이 제아무리 많다 하여도 내가 그 복을 받지 못한다면 별 의미가 없다. 하나님이 성경을 통해 약속하시는 각종 은사(선물), 은혜와 사랑, 위급함에서의 구조, 내세에서의 영화, 현세에서의 복과 영광 등 그 모든 것들은 먼저 믿는 자 자신 안에 실제가 되어야 은혜가 되고, 감사가 되고, 기쁨이 된다. 하나님 앞에서 감사와 평안과 기쁨 속에 살도록 인도를 받는 것, 그것이 곧 진정한 복의 누림이며 그것이 클수록 큰 복의 누림이 된다. 그러므로 하나님이 주시는 좋은 것들을 받아 누리기를 소원하고 추구하되, 그 복 누림의 첫째 자리에는 자신이 세워지게 되기를 소원해야 한다. 진정 아끼고 사랑하는 사람에게 복이 가득히 임하고, 이 땅에서부터 그 복을 누리기를 바란다면 그는 참 귀한 마음의 소유자이다. 그럼에도 하나님으로부터 오는 복은 내가 먼저 받아서 누리는 것이 순서이다. 아직 복 누림의 실제가 어떤 것인지를 모르는 사람이 나 외에 다른 사람의 복을 먼저 구한다는 것은 허세이다. 바울 사도는 '내가 그리스도에게서 끊어질지라도 내 골육의 친척이 구원받기를 바란다.'고 했는데, 그 말은 바울 자신이 이미 구원의 복을 체험하고, 또 그 복을 누리는 가운데서 한 고백이다. 현재 나에게 없는 것을 타인에게 주는 것은 불가능하다(롬 9:3 참조).

> 나는 내가 사랑하는 자를 위하여 노래하되 내가 사랑하는 자의 포도원을 노래하리라. 내가 사랑하는 자에게 포도원이 있음이여 심히 기름진 산에로다(사 5:1).

여호와께 감사하여라. 그분은 선하시며 그분의 인애가 영원하시다… 주께서 목마른 영혼을 만족시키시며 주린 영혼을 좋은 것으로 채워 주시기 때문이다… 밭에 씨를 뿌리고 포도원을 경작하여 풍성한 수확을 거두었다(시 107:1, 9, 37, 바른 성경).

그런데 하나님으로부터 임하는 복 누림은 믿는 자가 참포도 열매를 맺는 분량에 정비례하여 오게 된다. 하나님이 주시는 복이란 많이 구한다고 오는 것이 아니며, 더구나 그 복을 누리는 일은 하나님이 귀히 여기시는 사람이 될 때 가능하다. 하나님은 언제나 참포도나무가 된 사람에게서 결실을 바라시며 사역을 하시기에 그분이 원하시는 열매를 풍성히 맺느냐 적게 맺는냐에 따라서 누림의 분량이 다를 수밖에는 없다. 요한복음 15장은 참포도의 결실에 대해 가장 구체적으로 말해주는 성경이다. 하나님은 친히 포도원의 농부가 되어 참포도나무를 가꾸시는 분이라고 했다. 하나님은 포도나무 가지들을 인내와 사랑으로 돌보신다. 그럼에도 어떤 가지가 열매를 계속 맺지 못한다면 단호히 잘라 내시고, 대신 열매를 맺는 가지에다 마음을 쏟으시는 분이시다. 사실 그것보다 더 두려운 일도 없다. 하나님은 믿는 자들을 사랑하시되, 각자가 맺어 놓은 열매에 따라 하나님의 영광과 성도의 누림이 나타나도록 하신다. 그것이 곧 가진 자에게는 더 주고, 없는 자에게는 그 있는 것 마저 빼앗아 내는 하나님의 생명사역의 방향이며 방식인 것이다. 믿는 자들은 이 시간에도 하나님이 행하시는 그 귀중하고 엄중한 사역을 놓고 감사와 찬양을 해야 하고, 한편으로는 두려움도 가지는 것이 마땅하다.

모든 은혜의 하나님 곧 그리스도 안에서 너희를 부르사 자기의 영원한 영광에 들어가게 하신 이가 잠깐 고난을 당한 너희를 친히 온전하게 하시며 굳건하게 하시며 강하게 하시며 터를 견고하게 하시리라(벧전 5:10).

그 세상(사람)도 지나간다. 그리고 그의 정욕도 지나간다. 그러나 오직 하나님의 뜻을 행하는 자는 영원(영원한 하나님의 생명)안에 거하게 된다(요일 2:17 저자 원문 직역).

3) 성도에게서 나타나는 영광

믿는 자에게 '풍성한 결실이 있다'함은 곧 그 사람에게서 하나님의 성품과 인격이 드러나고, 사랑과 신실성으로 가꾸어 낸 그의 삶을 가리킨다. 그것의 대표적인 예는 공생애 기간의 예수 그리스도의 삶이다. 그런 삶이 구현된다면 그 사람은 위로부터 주어지는 은혜와 사랑 안에서 시간 시간 하늘의 가치를 추구하며 살아가게 된다. 그것은 감사의 삶이며, 기쁨의 삶이며, 큰 소망을 안고 살아가는 삶, 곧 그리스도의 장성한 분량에 도달한 성도의 삶이다. 역시 그것이 하나님의 사람으로서 최고의 영광이며 누림이다. 요한계시록은 그런 성도의 모임에 대해 '믿는 자들이 항상 하나님을 높이며 찬양 속에 살아가더라.'고 기록하고 있다. 그것이 빛나는 세마포를 입은 자의 삶이며, 짐승과 음녀를 이긴 자의 삶이며, 하나님이 심히 기뻐하시는 여섯째 날, 일곱째 날을 이룬 자들의 삶이다(계 4장 참조).

우리가 다 수건을 벗은 얼굴로 거울을 보는 것 같이 주의 영광을 보매 그와 같은 형상으로 변화하여 영광에서 영광에 이르니 곧 주의 영으로 말미암음이니라(고후 3:18).

만국(믿는 자들)이 그 빛 가운데로 다니고 땅의 왕들(완성된 신자들)이 자기 영광을 가지고 그리로 들어가리라(계 21:24).

'수건을 벗고 주의 영광을 본다'는 것은 감겨있던 눈이 열려서 하나님의 신령한 사역의 결과를 밝히 보게 되는 것을 의미한다. 또 '영광에서 영광에 이른다.'는 말씀은, 이전에는 하나님의 은혜를 입어 가까스로 구속이 이루어진 수준이었지만, 이제는 열매를 풍성히 결실하는 참포도나무가 되었고, 하나님의 영광이며 복의 사람이 되었음을 가리킨다. 또 옆의 진실한 신자들이 곧 하나님의 영광이라는 사실을 알게 되었다는 그런 말씀이 된다. 그런 사람은 참포도나무가 된 옆의 신자를 귀히 여기게 되고, 자신이 하나님의 영광인 것을 밝히 알기에 넉넉히 하나님께 감사하며 기쁨으로 살아갈 수가 있다. 성경은 그런 복된 사람을 가리켜서 "왕"이라고 칭한다. 하나님도 왕이시고, 그리스도도 왕이시고, 하나님의 영광이 된 자들도 왕이다.

요한계시록은 새 언약시대의 마지막에는 만국이 빛 가운데 다니고, 땅의 왕들이 각기 자기 영광을 가지고 하나님의 왕국에 입성할 것이라고 전해준다. 그 말씀은 이 땅에서 결실하는 참포도나무들은 사탄의 세력을 넉넉히 이겨내기에 악과 죄를 다스리는 왕들이라는 의미이다. 또 만국이 빛 가운데 다닌다 함은 하나님의 사람들이 장성하여 항상 진리가운데 사는 것을 가리킨다. 그들은 어두움의 권세가 판치는 이 땅 위에 살고 있지만, 그리스도와 함께 사탄의 권세를 정복하므로 이기고 또 이기는 생애를 가꾸게 되고, 하나님의 영광을 드러내며 살게 되니 그들이 바로 '완성된 성도'이다. 그런 사람들의 삶은 그 자체가 하나님의 영광의 나타남이며 풍성한 복의 누림이다. 예수님은 그런 삶을 가리켜서 "천국"이라고 하셨고, 그런 삶을 누리는 신자를 가리켜서 '천국이 된 사람'으로 정의하셨다(마 5:2-10 참조).

천국은 마치 품꾼을 얻어 포도원에 들여보내려고 이른 아침에 나간 집 주인(천국을 누리는 사람)과 같으니(마 20:1).

예수께서 대답하여 이르시되 하나님의 나라는 볼 수 있게 임하는 것이 아니요 또 여기 있다 저기 있다고도 못하리니 하나님의 나라(천국의 누림)는 너희 안에 있느니라(눅 17:21).

비유를 들어 이르시되 천국은 마치 사람이 자기 밭에 갖다 심은 겨자씨 한 알 같으니(천국의 시작) 이는 모든 씨보다 작은 것이로되 자란 후에는 풀보다 커서 나무(확장된 천국)가 되매 공중의 새들(하나님의 씨들)이 와서 그 가지에 깃들이느니라(누림의 나눔)(마 13:31-32).

너희에게 이르노니 동 서로부터 많은 사람이 이르러 아브라함과 이삭과 야곱과 함께 천국에 앉으려니와(천국의 누림) 그 나라의 본 자손들은 바깥 어두운 데 쫓겨나 거기서 울며 이를 갈게 되리라(구원에서 제외된 인생살이) (마 8:11-12).

제2장

오는 천국, 가는 천국

포도를 주제로 하는 성경 안의 네러티브는 창세기로부터 요한계시록에 이르기까지 넓게 분포되어 있다. 어찌 성경에는 포도에 얽힌 기사가 그토록 많은 것일까? 이는 포도가 구원받은 자의 누림인 천국을 설명하기에 가장 적합하기 때문이다. 그런 연고로 포도를 도입하여 기록한 기사들의 대부분은 죄에 대한 심판과 구원에 대해 말하면서, 최종적으로는 천국과 천국의 누림에 초점을 맞추어서 말해 주고 있다. 특히 예수님이 포도를 도입하여 전하신 말씀을 보면, 천국과 천국의 누림에 대한 설명이 상당히 구체적이다. 그리고 그런 성격의 메시지들마다 강한 종말론적 성격을 띠고 있다. 즉 사람은 임박한 심판을 피하기 위해 그리스도와 연합하므로 구원 안으로 들어가되, 그 구원을 확장시켜서 누려야 함을 강조하고 있는 것이다. 확장된 구원을 누리는 삶이 천국이다. 그런데 지금도 상당수의 그리스도인은 천국에 대하여 각종 보석으로 꾸며진 공간에서 보석으로 된 관을 쓰고, 진기한 것들을 먹으며, 희귀한 것들을 구경하러 다니는 그런 세계로만 이해하려 한다. 그러나 현세와 내세에서 그리스도와 함께 구원의 복을 누리는 것이 천국이다. 그리스도와 떨어져 누리는 천국이란 있을 수가 없고, 특히 육신적으로 소원했던 것들을 마음껏 누리도록 해주는 그런 천국은 사람의 탐욕과 상상에서 나온 부산물일 뿐이다. 그리스도와 함께 누리는 세계가 천국이며, 따라서 그 천국을 소유하여 누리면 큰 복이지만, 천국을 끝내 소유하지 못한다면 그것이 저주이다. 천국을 소유한 자는 복의 사람이고, 천국을 극대화시키는 자는 지혜로운 사람이 된다. 그렇기에 구원자 예수 그리스도(천국 복음)에 대해 들은 사람이라면 반드시 구원을 얻기에 합당한 믿음을 가져야 하고, 그 믿음에 의하여 구원에 이른 사람이라면 극대화된 구원, 즉 이 땅에서 천국을 누릴 수 있기를 소원해야 한다. 그러면 사람이 천국을 소유한다는 것은 어떤 것이며, 그 천국의 누림이란 어떤 것인지에 대해 알아보고자 한다.

> 너희가 그 은혜를 인하여 믿음으로 말미암아 구원을 얻었나니 이것이 너희에게서 난 것이 아니요 하나님의 선물이라(엡 2:8).

1. 가는 천국(내세의 천국)

신구약 전반에 걸쳐서 소개되고 있는 내세의 천국은 믿는 자들이 장차 누리게 될 복된 세계이다. 그 복된 세계는 하나님이 그분의 약속을 믿고 따르는 사람들을 위하여 예비해 놓으신 영화로운 나라이다. 그러나 그 나라는 육신의 눈으로는 볼 수 없는 세계로서 육신을 벗어난 믿음의 사람들만 들어가서 누리게 되는 나라이다. 히브리서 11장에는 그 나라를 앙망했던 믿음의 선진들이 소개되고 있다. 구약 시대의 믿음의 선진들은 사후에 들어갈 복의 나라를 지극히 앙망하였기에 하나님을 경외하는 데서 오는 극한 시련도 두려워하지 않고 믿음을 지켰다. 또 어떤 믿음의 선진들은 사후에 나타날 영광을 너무도 사모한 나머지 그리스도(여호와 하나님)를 위한 고난을 자원하여 받기도 했다고 증언 된다. 그들은 사후의 천국에서 누릴 복과 영광을 진정한 보배로 여겼기에 하나님의 나라를 위하여 고난을 당하고 목숨을 내놓는 일까지도 망설이지 않았던 것이다(히 11:32-40 참조).

(에녹은)므두셀라를 낳은 후 삼백 년을 하나님과 동행하며 자녀를 낳았으며...에녹이 하나님과 동행하더니 하나님이 그를 데려 가시므로 세상에 있지 아니하였더라(창 5:22, 24).

내가 알기에는 나의 구속자가 살아 계시니 후일에 그가 땅 위에 서실 것이라. 나의 이 가죽, 이것이 썩은 후에 내가 육체 밖에서 하나님을 보리라(욥 19:25, 26).

만일 그리스도 안에서 우리가 바라는 것이 다만 이 세상의 삶(땅에 속한 가치)뿐이면 모든 사람 가운데 우리가 더욱 불쌍한 자이리라...육의 몸으로 심고 신령한 몸으로 다시 살아나나니 육의 몸이 있은즉 또 영(신령한)의 몸도 있느니라(고전 15:19, 44).

오늘날 그리스도와 연합을 이루므로 구원에 이른 자들은 천국의 씨가 심겨진 하늘의 사람이다. 누구도 그들이 소유한 구원을 취소시킬 수 없고, 누구도 그들 안에 심겨진 천국의 씨를 없이하지 못한다. 그들은 하나님의 백성(아들들)으로서 이 땅의 삶을 그리스도와 함께 가꾸다가 위에서 부르실 때 본향을 향하여 떠나가게 된다. 그때는 이 땅의 모든 불법과 불의, 거짓과 유혹, 핍박과 억압, 아픔과 고통에서 벗어나 하나님 아버지의 위로와 사랑 안에 들어가는 승리의 날이 된다. 그렇기에 바울 사도는 그날을 진정으로 사모한다고 고백했고, 만약 하나님의 사람들의 사는 날이 단지 이생뿐이라면 너무 불쌍한 사람들이 되는 것이라고 했다. 그만큼 내세에서 누릴 나라는 복과 영광의 나라이며, 영원한 생명 누림의 나라가 된다. 그 나라가 너무도 복되기에 에녹은 300년을 하나님의 기뻐하시는 사람으로 자신을 가꾸었고, 욥은 극심한 고난을 통과하는 중에도 육신이 끝나는 때에 보게 될 하나님을 영광을 앙망했다.

의인이 죽을지라도 마음에 두는 자가 없고 진실한 이들이 거두어 감을 당할지라도 깨닫는 자가 없도다. 의인들은 악한 자들 앞에서 불리어가도다. 그들은 평안에 들어갔나니 바른 길로 가는 자들은 그들의 침상(천국)에서 편히 쉬니라(사 57:1-2).

너는 가서 마지막을 기다리라. 이는 네가 평안히 쉬다가 끝 날에는 네 몫(천국)을 누릴 것임이니라(단 12:13).

그들이 이제는 더 나은 본향을 사모하니 곧 하늘에 있는 것이라. 이러므로 하나님이 그들의 하나님이라 일컬음 받으심을 부끄러워 아니하시고 그들을 위하여 한 성(천국)을 예비하셨느니라(히 11:16).

이사야 선지자는 육신에 매여 사는 인생들을 향하여 '하나님이 예비하신 나라를 확신하지 못하는 미련한 자들'이라고 책망했다. 의인들의 삶과 죽음이 인생들의 눈에는 초라하고 딱해 보일지라도 하나님은 그들을 위하여 아름다운 도성을 예비하시고, 정하신 때에 부르셔서 그 나라를 누리도록 하신다. 하나님은 극한 환경 속에서 의로운 싸움으로 하나님을 증언하는 다니엘에게 편히 쉴 날이 예비 되어 있음을 알리셨다. 그리고 끝까지 선한 싸움을 할 것을 독려하셨다. 아브라함, 이삭, 야곱은 조상의 땅으로 회귀하여 노후를 편히 보낼 수도 있었지만, 비할 데 없이 평안하고 복된 내세의 천국을 명료하게 바라보았기에 이방 땅에서 고난 받는 의인의 삶을 살았다.

또 너희에게 이르노니 동서로부터 많은 사람이 이르러 아브라함과 이삭과 야곱과 함께 천국에 앉으려니와, 나라의 본 자손들은 바깥 어두운데 쫓겨나 거기서 울며 이를 갊이 있으리라(마 8:11-12).

이에 그 거지가 죽어 천사들에게 받들려 아브라함의 품(천국)에 들어가고 부자도 죽어 장사되매, 그가 음부에서 고통 중에 눈을 들어 멀리 아브라함과 그의 품에 있는 나사로를 보고(눅 16:22-23).

예수님은 천국 복음을 받아들여 그 안의 약속을 믿으며 살아가는 신자들의 고귀함과 그 복에 대하여 말씀하셨다. 그들은 육신적으로는 잠시 초라해 보일수도 있겠으나 장차 들어갈 나라는 지극히 복된 나라이며, 그들에게 주어질 영광이 크다는 점을 강조하셨다. 그 나라가 바로 '가는 천국'이다. 그렇기에 진실한 하나님의 사람이라면 장차 누리게 될 복과 영광을 응시하면서 믿음의 선한 싸움을 결코 포기하지 않는다. 믿음의 선한 싸움이란 각자가 자기 안에 거하시는 그리스도와 더불어 자신을 하나님이 기뻐하시는 사람으로 가꾸는 것이며, 그분께서 맡겨주신 일에 마음을 다하는 그런 삶이다.

> 나는 선한 싸움을 싸우고 나의 달려갈 길을 마치고 믿음을 지켰으니, 이제 후로는 나를 위하여 의의 면류관이 예비되었으므로 주 곧 의로우신 재판장이 그 날에 내게 주실 것이며 내게만 아니라 주의 나타나심을 사모하는 모든 자에게도니라(딤후 4:7-8).

> 주께서 나를 모든 악한 일에서 건져내시고 또 그의 천국에 들어가도록 구원하시리니 그에게 영광이 세세무궁토록 있을지어다. 아멘(딤후 4:18).

2. 오는 천국(임하는 천국)

구약 성경은 땅에서 누리는 천국에 대해서는 분명하게 말하지 않는다. 비유 또는 비유물을 통하여 암묵적으로 전하고 있고, 대신 '하나님 앞에서 의의 길을 걸었던 하나님의 사람들에게는 복된 미래가 예비 되어 있다'고 말하는 그 정도에서 그친다. 그런데 신약 성경은 땅에서 누리는 천국에 대해 구체적으로 설명할 뿐만 아니라, 현세에서 천국을 얻어 누려야 할 것을 강조한다. 세례 요한은 물세례를 받기 위하여 광야에 나온 유대인들을 향하여 '회개하라. 천국이 이미 가까이 왔다.'고 외쳤다. 예수님도 '이미 천국이 가까이 왔으니 회개하고 복음을 믿으라.'고 하셨다. 지금 말하는 천국은 내세에서 누릴 나라를 가리킴이 아니다. 믿는 자들이 이생에서 누려야할 복된 세계를 가리킨다(마 3:2, 4:17 참조).

세례 요한이 유대인들을 향하여 '이미 가까이에 와 있다.'고 선포했던 천국이란 첫째는 예수 그리스도이시고, 둘째는 그리스도와 함께 하는 누림을 가리킨다. 예수님이 회개를 촉구하시며 외치신 천국도 역시 그렇다. 그처럼 신약 성경에서는 초월적인 내세의 천국을 말하기에 앞서 현세에 임하는 천국에 대하여 말해 주고 있다. 그런데 선포되는 메시지가 종말론적이다. 지금 천국이 가까이에 있기에 그것을 받아들여 소유하면 복이고, 만약 외면한다면 심판에 처해진다는 그런 긴급성을 띠고 있다. 특히 오랫동안 신앙생활을 했음에도 열매가 없다면 심판하는 도끼가 발 앞에 놓여 있는 형국이라고 말해 준다. 그렇기에 천국이란 사람이 마음 내킬 때 손을 내밀어 붙잡을 수 있는 그런 성격의 것이 아니요, 하나님이 기회를 주실 때 붙잡아야 내 것이 되는 그런 성격의 보배이다. 세례 요한은 천국과 심판을 강렬히 선포하는 그 사역으로 생애를 마친 선지자이다. 그의 사역의 기간은 매우 짧았지만 너무도 중요한 사역이었기에 예수님은 '세례 요한이야말로 가장 큰 선지자'라고 하셨다. 세례 요한은 하나님이 가장 중점을 두고 이루시고자 하는 천국을 강력히 전한 선지자였기 때문이다. 그렇기에 하나님의 사역은 그분의 뜻을 살펴서 그 뜻에 맞도록 하는 것이 참으로 중요하다.

> 그 때에 세례 요한이 이르러 유대 광야에서 전파하여 말하되 회개하라. 천국(그리스도)이 가까이 왔느니라. 하였으니… 이미 도끼가 나무뿌리에 놓였으니 좋은 열매를 맺지 아니하는 나무마다 찍혀 불에 던져지리라...손에 키를 들고 자기의 타작마당을 정하게 하사 알곡은 모아 곳간(천국)에 들이고 쭉정이는 꺼지지 않는 불(심판)에 태우시리라(마 3:1-2, 10, 12).

그 시기의 유대인은 비참한 영적 암흑기를 맞고 있었다. 구원이 무엇인지조차 모르는 무지함과 진펄 같은 완악함에 붙잡혀 있었던 것이다. 유대인은 수백 년 전부터 외세의 억압에서 자신들을 해방시킬 메시아의 출현을 고대하고 있었다. 그런데 그들이 대망하는 메시아는 유대 민족을 로마의 압제로부터 해방시키고, 이스라엘로 하여금 세계 모든 민족을 다스리도록 할 그런 권능을 지닌 정치적 메시아였다.

세계인이 유대인을 부러워하며 율법을 배우러 예루살렘으로 모여들고, 짐승을 잡아 피의 제사를 올리던 이전의 돌 성전 예식을 회복시켜 줄 그런 메시아였다. 그 결과 유대인은 세계인의 왕적인 민족, 제사장 민족으로 우뚝 세워지게 되는 그런 것이었다. 그처럼 유대인은 억지와 허세로 채워진 메시아 관과 함께 현세의 안위와 부와 육신의 자랑과 삶의 편리를 추구하는 가치관으로 살아가고 있었다. 그것을 위하여 속임수, 거짓, 위선, 처세술, 편법, 강탈을 행하면서도 구원받은 '하나님의 유일 백성'으로 자처했다. 그들은 실상 하나님이 선지자들을 세워서 계속 경계해 오신 악한 무화과이며 들포도였던 것이다.

그때 그들의 잘못을 예리하게 지적하면서 지금까지 배운 것들을 모두 버리고 천국 복음을 받아들일 것을 촉구한 분이 있었으니 바로 예수 그리스도이다. 그분의 가르침의 핵심은 천국 복음을 받아들여 진실히 믿는 사람에게 천국이 임한다는 메시지였다.

그리고 천국의 복은 이 땅에서부터 누려야만 하는 것이라고 하셨다. 그때 육신적 부유와 세계의 으뜸 민족이 되는 것을 가장 큰 가치로 여기며 소원했던 유대인들이 과연 예수님이 전하시는 천국을 이해할 수 있었을 것인가? 그렇다면 오늘날의 그리스도인들이 바라보는 천국은 어떤 천국인 것일까? 새 언약시대에 이르러 하나님이 믿는 자들에게 촉구하시는 천국은 먼저 '땅에서 누리는 천국'이다. 예수님은 땅에서 천국의 문을 여는 자라야 내세의 천국 문도 열릴 수 있음을 알리셨다(마 18:18 참조).

> 내가 천국 열쇠를 네게 주리니 네가 땅에서 무엇이든지 매면 하늘에서도 매일 것이요 네가 땅에서 무엇이든지 풀면 하늘에서도 풀리리라 하시고 이에 제자들에게 경고하사 자기가 그리스도인 것을 아무에게도 이르지 말라 하시니라(마 16:19-20).

그러면 당시 베드로를 비롯한 제자들에게는 천국이 임했던 것일까? 아니다. 왜냐하면 그때는 예수님이 선포하시는 그 천국이 임하는 시기가 아니었다. 그들은 예수님이 죽음과 부활을 거치신 후 다른 보혜사로서 다시 오시는 그때에 천국을 얻어 누리게 될 자들이었다. 한 가지 분명한 것은 예나 지금이나 자기 안에 천국이 이루어져 가는 사람은 절대 그리스도를 배반하지 않는다. 제자들은 예수 그리스도를 항상 따라 다녔지만 상황에 따라 그분을 믿기도 했고, 때로는 의심하기도 했다. 심지어 베드로는 예수님의 눈앞에서 그분을 저주하는 말을 하기도 했다. 제자들에게는 천국을 소유하여 누릴 믿음도 아직 없었고, 천국을 얻어서 누릴 시기도 아직 이르지 않았다.

1) 천국이신 예수 그리스도

오늘날에도 상당수의 그리스도인은 육신의 모양으로 이 땅에 오셨던 예수 그리스도가 기실 천국이었다는 사실을 잘 이해하지 못한다. "천국"이란 "하늘들의 나라"(헤 바실레이아 톤 우라논: He Basileia-Ton Wranon)의 한자어 표기로서 또 다른 명칭은 '하나님의 나라'이다(마 4:17, 5:3, 막 4:3, 눅 4:3, 롬 14:17 참조). 예수님은 '하늘들의 나라'와 '하나님의 나라'라는 두 가지 명칭을 도입하여 하나님의 사람들이 누려야 하는 신령한 세계를 증언하셨다.

하늘들의 나라(천국)란 '하늘 존재들의 나라'라는 의미이다. 성경에는 신령한 존재를 가리켜서 '하늘'이라고 칭하는 기사가 종종 나온다. 그것은 진리에 대하여 그리고 사역하시는 하나님에 대하여 말할 때 가끔씩 사용되어온 대명사격 명칭이다. 또 성경에는 하나님과 사람과의 관계를 설명할 때 종종 하나님을 하늘로, 사람을 땅으로 묘사하고 있음도 발견할 수 있다. 인간은 태어날 때부터 죄악에 묶여 있는 존재이다. 첫 사람 아담이 하나님을 대적하고 떠난 이후로 모든 인간은 죄인이 되어 출생한다. 그에 반해 하나님은 죄가 없으시고, 창조하신 모든 피조물을 다스리신다. 또 전능하심으로 높은 곳에 계시면서 인생들을 하감하신다. 그런 면에서 하나님을 하늘로 부르기도 하는 것이다. 그뿐만 아니라 하나님의 은혜로 구원을 받고 나면, 그 사람을 가리켜서도 하늘로 칭한다. 하늘이신 하나님에게 속한 신령한 존재라는 의미이다. 그 대표적인 예가 '주님의 기도'다(창 7:11, 11:4, 19:24, 마 6:20, 막 10:21, 요 6:3, 엡 1:3, 빌 3:20, 살전 4:16, 히 6:4, 9:24, 12:23, 계 18:5 참조).

> 하늘들 안에 계신 우리 아버지여 당신(아버지)의 이름이 거룩하게 되셔야만 합니다(마 6:9 저자 원문 직역).

여기서 "당신"이란 하나님 아버지를 가리키고, "하늘들"이란 구원받은 자들을 가리킨다. 아버지는 단수로, 구원받은 사람은 숫자가 여럿이기에 복수로 말씀하셨다. 예수님이 믿는 자들을 가리켜서 '하늘들'이라고 칭하신 이유는 죄로부터 구속함을 입은 신령한 존재들이기 때문이며, 또 하늘이신 하나님에게 속한 존재들이기 때문이다. '하늘의 사람들'이라는 의미이다. 그러면 예수님은 어떻게 되실까? 당연히 그분도 하늘이시다. 하늘이실 뿐만 아니라 '하늘나라'도 되신다.

'하늘나라'는 거룩으로 채워지고 거룩이 우선시 되는 나라이다. 성경은 하나님에 대하여 말할 때면 그분의 많은 속성 중에 거룩성을 우선시하여 '하나님은 거룩하신 분이라'고 말한다. 성경은 '하늘'에 대해 자연계의 공간을 가리키기도 하지만 때로는 특화, 특정된 거룩한 장소, 거룩한 존재, 거룩한 일 등을 가리킬 때 '하늘'로 묘사한다. 그렇기에 하나님은 그분 자체가 하늘이시고, 하늘나라가 되신다. 그것을 확대한다면 '거룩하신 하나님이 거하시거나 활동하시는 모든 영역'은 '하늘나라'가 된다. 그분 자체가 천국이시며, 그분이 거하시는 곳이 천국이기 때문이다.

역시 예수님도 하늘이신 아버지와 항상 하나로 존재하시고 또 하나로 사역을 하시기에, 그분 자체가 하늘이시고 또한 하늘나라가 되신다. 성경에 "하늘나라"라는 말이 등장하면 자칫 구원받은 존재들이 머무는 어떤 특정 장소로만 여기기 쉬운데 성경에서 진리, 구원, 천국 등을 설명하기 위하여 등장시키는 "하늘나라"(헤 바실레이아 톤 우라논)란 하늘이 된 존재들의 누림을 강조하는 개념이다. 하나님의 것을 누리고 있으면 그 영역이 하늘 나라이고, 누림이 있는 그 사람 속이 하늘나라이다. 예수님은 고난을 받으며 공생애를 보내시는 중에도 자기 안에 계신 하나님과 성령에 의해 항상 기뻐하셨다. 그분의 속은 '완전한 하늘나라'였기에 그것이 가능했다. 성경은 하나님도 하늘나라, 예수님도 하늘나라, 성도도 하늘나라로 말해주고 있다. 예수님은 천국 자체이신 분으로 이 땅에 오셔서 천국에 대하여 증언하셨고, 지금은 그분과 연합된 자들 각자의 속에 '다른 보혜사'로 계시면서 그들 속에 임한 천국을 확장시키는 그 사역을 하신다(창 19:24, 요 14:17-23, 엡 1:23, 3:10 참조).

> 너희는 택하신 족속이요 왕 같은 제사장들이요 거룩한 나라(하늘나라)요 그의 소유가 된 백성이니 이는 너희를 어두운 데서 불러내어 그의 기이한 빛에 들어가게 하신 이의 아름다운 덕을 선포하게 하려 하심이라(벧전 2:9).

> 그의 아버지 하나님을 위하여 우리를 (하늘)나라와 제사장으로 삼으신 그에게 영광과 능력이 세세토록 있기를 원하노라. 아멘(계 1:6).

> 일곱째 천사가 나팔을 불매 하늘에 큰 음성들이 나서 이르되 세상 나라(죄인)가 우리 주와 그의 그리스도의 나라(하늘나라)가 되어 그가 세세토록 왕 노릇 하시리로다. 하니(계 11:15).

> 귀신들이 너희에게 항복하는 것으로 기뻐하지 말고 너희 이름이 하늘(나라)에 기록된 것으로 기뻐하라 하시니라. 그 때에 예수께서 성령으로 기뻐하시며 이르시되 천지의 주재이신 아버지여 이것(천국)을 지혜롭고 슬기 있는 자들에게는 숨기시고 어린 아이들에게는 나타내심을 감사하나이다. 옳소이다. 이렇게 된 것이 아버지의 뜻이니이다(눅 11:20-21).

2) 믿음의 사람 속에서 확장되는 천국

사람에게 임하는 천국은 하나님의 신비한 사역에 의해 이루어진다. 사람이 성경 진리의 지식을 따라 믿을 때 그 사람 속에 그리스도가 임하시게 되고, 그때 임하는 그리스도는 '다른 보혜사'로 불린다. 보혜사는 '곁에서 돕는 자' '변호자'등을 뜻한다. 공생애 기간의 예수님은 천국 복음을 전하시고, 천국에 대하여 알리시고, 병든 사람을 치료해 주시는 보혜사로서, 사람의 외부에서 일하시는 보혜사였다. 그런데 부활, 승천 후의 예수님은 믿는 자 각 개인 속에 임하시고, 그 안에 거하시면서 그를 천국 누림의 사람이 되도록 도우시기에 '다른 보혜사' 불린다. 그러므로 '다른 보혜사'란 다시 오신 그리스도에게 붙여진 이름이며, 이는 예수님이 친히 정해주신 이름이다. 이제 사람 속에 보혜사로 임하신 그리스도는 믿는 사람의 죄를 청산시키시고 그 사람과 연합을 이루시게 되는데 그것이 구원이다. 그 일은 오직 하나님만 하실 수 있는 사역으로서 참으로 신비한 일이기에 "신비적 연합"으로 말해지기도 한다. 그때부터 그 사람은 구원받은 사람, 하늘의 사람, 의로운 자, 거룩한 자 등으로 칭해진다. 그 구원은 창세전에 작정하신 하나님의 위대한 계획이 성취된 것으로서, 누구도 빼앗거나 무효화시킬 수 없는 가장 좋은 보배가 된다. 사람이 그리스도와 연합되므로 구원을 소유하게 되면 사실상 그것이 '하나님의 나라'의 임함이다(창 1:31, 마 13장 참조).

> 또 이르시되 하나님의 나라(천국)는 사람이 씨를 땅에 뿌림과 같으니 그가 밤낮 자고 깨고 하는 중에 씨가 나서 자라되 어떻게 그리 되는지를 알지 못하느니라(막 5:26-27).

여기서, 씨를 뿌리는 사람은 복음을 전하는 하나님의 일꾼이고, 뿌려지는 씨는 믿는 자의 속에 천국이 실현되도록 하는 그리스도(호 로고스: 진리의 말씀)이며, 씨가 뿌려진 땅은 복음을 받아들여 믿는 사람을 의미한다. 복음을 전하는 전도자는 자신이 전한 복음이 어떻게 될는지 알 수 없으나, 복음을 받아들인 사람이 그 복음을 진실히 믿게 되면 그 사람 속에 하늘나라가 싹트고, 시간이 가면서 그것이 점점 확장되어 마침내 천국을 누리는 하늘의 사람이 된다. 그렇기에 거듭난 사람이라면 계속 성장을 해야만 한다. 예수님은 사람이 하나님의 말씀을 믿고 순종하여 살 때 그 사람 속에 하늘나라가 태동하여 자라게 되고, 마침내 하늘나라를 풍성히 누리는 사람이 된다고 하신다. 사람이 겨우 구원에 들어간 상태로 머물러 있으면 실로 부끄러운 구원이요, 그 구원을 확장시켜서 누리면 그것이 천국의 삶이 된다. 그렇기에 천국이란 진실한 믿음의 소유자가 이 땅의 삶을 마친 후 들어가는 천국이 있는가 하면, 이 땅에서 반드시 성취해야만 하는 천국이 있다. 그런데 성경에서 강조하는 천국은 땅에서 누리는 천국이다. 땅에서 천국을 누린 사람은 내세에서도 누리는 것이요, 땅에서 누리지 못하면 내세에서의 누림도 기대할 수가 없다(마 16:19-20 참조).

> 그들이 새 노래를 불러 이르되 두루마리를 가지시고 그 인봉을 떼기에 합당하시도다. 일찍이 죽임을 당하사 각 족속과 방언과 백성과 나라 가운데서 사람들을 피로 사서 하나님께 드리시고, 그들로 우리 하나님 앞에서(하늘) 나라와 제사장을 삼으셨으니 그들이 땅에서 왕 노릇하리로다 하더라(계 5:9-10).

> 내가 천국 열쇠를 네게 주리니 네가 땅에서 무엇이든지 매면 하늘에서도 매

일 것이요 네가 땅에서 무엇이든지 풀면 하늘에서도 풀리리라 하시고 이에 제자들에게 경고하사 자기가 그리스도인 것을 아무에게도 이르지 말라 하시니라(마 16:19-20).

예수님은 제자들에게 천국 문을 여는 열쇠에 대해 말씀하셨다. 내세의 천국에 들어가려면 그 문을 열어야 하는데, 천국으로 입성하는 길(문)을 열쇠라고 하셨다. 그런데 땅에서 천국 문을 열지 못한 자는 내세의 천국 문도 열 수가 없는 것이며, 땅에서 천국 문을 연 자는 내세의 문도 열리게 된다고 하셨다. 예수님은 주기도에서 "당신의 뜻이 하늘 안에서 이루어진 것처럼 땅에서도 이루어져야만 합니다."라고 명령법 과거로 말씀하셨다. 그것을 달리 말씀하신 내용이 마태복음 16장의 천국이다. 마태복음 6장 9절 이하의 말씀은 '하나님이 누리시는 그 천국이 현재 믿는 자들에게 이루어지기를 간구하라'는 의미로서, 믿는 자들은 그 기도를 꼭 해야만 한다고 가르치셨다. 그러므로 믿는 자들은 이 땅에서 천국 누리기를 사모해야 하는데, 이생에서 천국을 누리다가 떠나는 것이 최상의 구원이며 복이다. 그것이 또한 하나님 아버지의 간절한 소원이시다.

역시 요한 사도에게 계시하신 내용도 같은 내용이다. 하나님이 그리스도의 피로 구속하신 자들을 나라와 제사장으로 세우셨다고 했다. 여기서 "나라"란 하늘나라를 의미하고, "제사장"이란 하늘나라를 전하여 또 다른 제사장을 만드는 거룩한 사역자들을 가리킨다. 그들은 각자의 속에 하늘나라가 이루어진 자들이며, 하나님 앞에서 거룩함으로 살아가는 자들이다. 그들이 이 땅에서 왕 노릇을 하는 복 된 자들이다. '땅에서의 왕 노릇'이란 믿는 자들 각자의 속에 남아 있는 불의, 거짓, 악성, 정욕 등을 그리스도와 함께 다스리고 몰아내는 삶이며, 역시 타인을 그런 거룩한 사람으로 만드는 일을 기쁨으로 수행하는 삶이다. 그가 바로 천국을 소유한 사람이며, 소유한 천국을 확장시켜서 누리는 사람이며, 땅에서 왕 노릇을 하는 사람이다.

제3장

노아에게 임한 천국

창세기 9장은 대홍수 후에 발생한 사건들을 예표로 하여 장차 구속사의 마지막 때에 있게 될 하나님의 생명사역에 대해 증언해 주는 성경이다. 그런데 그 안에 담겨 있는 내용은 성경 독자들로 하여금 신앙적 갈등과 의문에 붙잡히게도 한다. 노아가 포도로 빚은 술을 마시고 벌거벗었다는 기사, 또 술에 취하여 후손을 저주했다는 기사 등은 상당한 실망감을 갖게 한다. 과연 노아는 술에 취하므로 분별력을 잃고 후손에게 저주를 퍼붓는 그런 사람으로 전락했던 것일까? 아니면 고령으로 인하여 정신에 이상이 오므로 그처럼 망령된 행동과 저주의 말을 거침없이 쏟아냈던 것일까? 아니다. 노아는 하나님이 열어주시는 신령한 세계를 깊이 체험한 인물이요, 하나님이 펼쳐나가실 구속사의 미래를 내다본 인물이며, 또한 온전함에 이른 신자에게 주어지는 이생에서의 천국을 소유하여 그 복을 누린 사람이다.

1. 천국의 삶으로 안내 되는 길

노아는 인생의 날 950 년을 살았던 하나님의 사람이다. 그는 950 년의 세월에 걸쳐서 믿음의 삶을 살되 그 삶을 흠없이 가꾼 의인이었다. 창세기 9장을 예외로 할때 성경 어디를 보아도 노아가 실수를 했다거나, 믿음이 흔들렸다거나, 육신에 치우쳤다거나, 하나님의 뜻을 거역했다는 기록이 없다. 성경에서 노아에 대한 증언을 살피면 살필수록 그는 온전한 믿음의 사람이었고, 하나님의 말씀에 절대 순종한 사람이었으며, 극심한 고난 중에도 하나님의 뜻을 이루기 위하여 맡겨진 임무에 충실했던 인물로 두각이 드러나는 것이다. 노아의 삶의 실상이 그러했던 것을 어찌하랴?

그러므로 성경의 어느 한 부분만을 가지고 성경 속 인물의 생애를 과장하거나 평가절하를 해서는 안 된다. 성경 기록 중 이스라엘의 초대 왕 사울에 대한 증언을 보면, 그도 초기에는 매우 순수하고, 효성스럽고, 하나님을 경외하는 믿음의 인물인 것처럼 소개가 된다. 그러나 그것은 사울이 이스라엘 왕이 될 때까지 만이다. 왕이 된 이후의 많은 시간들은 하나님의 뜻을 대적하는 생을 보내다가 결국 최후를 비참하게 마치게 된다. 그런 사울을 하나님의 사람으로 인정할 수 있을 것인가? 아니다. 그는 결코 하나님의 사람이 아니었을 뿐만 아니라, 그의 영혼마저도 구원과는 거리가 먼 사람으로 끝났다. 그렇기에 성경은 전체를 통전적으로 자세히 살펴야만 한다. 그렇지 않으면 하나님이 말씀하시려는 진정한 의도를 놓치게 된다. 성경을 상세히 살펴본 결과, 노아는 대홍수 이후 하나님이 주시는 천국을 소유하여 그 복을 풍부히 누린 인물임을 알 수 있었다. 물론 노아가 누린 천국은 장차 완성될 하나님의 나라에 대한 예표적 세계였지만, 그 시대의 사람으로서는 이 땅에서 하나님의 나라를 풍부히 그리고 깊이 누린 인물이 된다. 그 점을 밝히기 위하여 지금까지 포도나무, 포도주, 포도원에 관계된 기사들을 살피면서 해설하는 시간을 가졌다.

> 노아는 그 땅의 사람이 시작되어지게 했다(히필 동사) 그리고 그가 포도나무를 심었다(창 9:20 저자 원문 직역).

대홍수가 끝난 후 노아가 들어간 땅은 약속의 땅이었다. 하나님의 약속을 굳게 믿고 인내한 결과로서 얻게 된 땅이니 그 땅이 바로 하나님이 주시는 약속의 땅이며 축복의 땅이 되는 것이다. 노아는 그 새로운 땅에서 농사하는 사람이 되었다고 증언된다. 노아는 그 땅에서 포도나무를 재배하게 되는데, 그때 그의 감격은 이스라엘 백성이 가나안에 들어갔을 때보다 더 큰 감격이 된다. 이스라엘 백성은 용장 여호수아를 필두로 하여 큰 어려움 없이 가나안에 입성했지만, 노아는 살아남을 확율이 거의 없는 환경, 즉 거센 파도 속에서 일 년여의 시간을 보내는 죽음의 과정을 거쳐야 했다. 그런 혹독한 과정을 통과한 후 바다 속에서 올라온 정화된 땅에 첫발을 들여 놓게 되었으니, 또 그 땅에서 포도나무를 재배하게 되었으니 어찌 감격스럽지 않았을 것인가? 그때 노아는 하나님이 주신 새 땅에서 아바드를 시작했고, 나아가서 아바드를 성공시킨 사람이 되었다. "아바드"란 '경작', '봉사', '섬김'이라는 의미로 쓰인다. 노아의 아바드는 하나님이 기뻐하시는 아바드였기에 그의 일생은 복 누림의 길로 인도되었다. 하나님은 아담에게도 아바드를 하라고 하셨다. 아벨과 가인도 아바드를 한 사람들이다. 단 아벨은 하나님의 뜻대로 아바드를 했지만, 아담과 가인은 육신의 욕망을 채울 목적 하에 하나님을 대적하는 아바드를 했다. 그 결과가 어떻게 되었는지에 대해서는 성경 여러 부분에서 잘 증언되고 있다.

---

*아바드(Abad)"히브리어 동사로서 경작하다, 봉사하다, 섬기다, 일하다 등의 의미.

*아바드, 아보다(Abad, Aboda)"히브리어 명사들로서 경작자, 예배자, 섬기는 자, 일꾼 등의 의미.

그러면 노아가 대홍수 후에 포도나무를 가꾸며 살아간 날들을 어찌 복의 누림, 천국의 누림이라고 말하는 것일까?

노아의 복은 약속의 땅에 들어가서 하나님의 뜻을 성실히 이행하는 삶으로부터 나왔다. 사람이 하나님의 뜻을 따라 살아갈 때 하나님이 예비하신 천국의 누림이 그 삶으로 연결되게끔 되어 있다. 노아 이전에도 그런 인물이 있었으니 그가 바로 에녹이다. 노아가 포도나무를 심어서 가꾸는 일은 그 당시로서는 하나님의 뜻을 온전히 이행하는 사역이었다. 또 그 일은 장차 하나님이 그리스도를 통하여 택정된 씨들을 불러서 구원시키고, 그들을 그리스도의 장성한 분량으로 키우실 고귀한 사역에 대한 예표였다. 하나님은 장차 이루어 내실 고귀한 생명사역에 대한 예표로서 노아에게 포도나무 배양을 맡기셨다. 그리고 그 사역을 충실히 수행하는 노아에게 하늘나라를 누리도록 하셨다. 그런 연고로 '노아는 포도나무 농부가 되었다'는 기사의 문장이 수동태로 되어 있다. 노아가 자신의 의지에 의하여 포도나무 농부가 된 것이 아니라, 하나님의 뜻에 이끌려서 포도나무 농부가 되었음을 알리는 대목이다. 하나님이 노아로 하여금 포도나무를 배양하도록 하신 일은 사람이 무엇에다 마음을 두고 살아야 할 것인가를 신구약 시대의 모든 믿는 자들에게 알리시기 위함이었다. 그렇기에 노아가 포도나무 농부로서 살았던 생애는 시대를 초월하여 모든 믿는 자들이 삶에 적용해야할 매우 중요한 일이 된다. 믿는 자들이 그처럼 하나님의 뜻을 깨닫고 그것을 이행하는 삶을 살 때 그 삶이 천국과 천국의 누림 안으로 연결되어지게 된다.

예수님은 산상수훈에서 천국의 복에 대하여 말씀하셨다. 성령에 의해 낮아지고 가난해진 자, 죄를 놓고 슬퍼할 줄 아는 자, 하나님의 말씀에 의해 순종의 사람으로 단련된 자, 하나님의 의로움으로 사는 자, 진정 영혼을 불쌍히 여길 줄 아는 자, 마음이 깨끗하게 변화된 자, 화평을 이루는 길을 추구하는 자, 그리스도를 위한 일로 인하여 핍박을 받는 자, 하나님의 나라를 이루는 일로 인하여 미움을 받고 욕을 먹고 불이익을 당하는 자 등등… 이런 사람들에게는 현세에서의 천국이 주어진다고 하셨다. 마태복음 5장의 본문에는 천국을 말할 때는 현재형으로, 앞으로 누릴 복들에 대해서는 미래형으로 기록하고 있다. 이는 천국의 복을 받기에 합당한 길을 가는 신자에게는 이미 현재의 시간 속에 천국이 임해 있으므로, 남은 시간들은 천국에 속한 복을 누릴 기회라는 것을 의미한다.

> 성령에 의해(성령과 함께) 가난한 자들은 복이 있다, 하늘나라가 그들의 것이기 때문이다… 의를 위하여 박해 받은 자들은 복이 있다, 하늘나라가 그들의 것이기 때문이다(마 5:3~10 저자 원문 직역).

요한일서 1장 15절에는 '그 세상도 그의 정욕도 지나가되 하나님의 뜻을 행하는 자는 영원 안에 거하게 된다.'고 약속하고 있다(저자 원문 직역). 여기서 말하는 "영원 안에(에이스 아이온: Ais Aion)"란 시간 개념을 넘어서 '하나님 안에' 또는 '하나님의 생명 안에'라는 의미이다. 하나님 자신이 "영원"이라는 존재시기 때문이다. 믿는 사람이 세상의 죄악에 합류하여 산 것, 또 육신의 욕망을 좇아 산 날들은 하나님 앞에서 허무와 후회로 남을 것이지만, 하나님의 뜻을 행하며 산 날들은 그분으로부터 칭찬을 듣고, 하나님의 생명을 누리는 복으로 남게 된다는 말씀인 것이다. 사실 이 땅에서의 천국이란 1차적으로는 '항상 그리스도 안에서 사는 삶'이며, 2차적으로는 '하나님의 생명을 풍부히 누리는 삶'이다. 혹 누군가가 천국에 대해 몸이 죽은 후에나 들어가는 세계, 온갖 보석으로 치장된 호화로운 세계로만 이해를 하려 한다면 영영 실현되지 않을 수도 있다. 성경은 이 땅에서 천국(누림)을 이루지 못하면 내세에서도 역시 이룰 수 없는 것으로 말해주고 있기 때문이다.

> 그 세상(사람)도 떠나가고 그의 정욕도 떠나간다. 그러나 현재 하나님의 뜻을 행하는 자는 영원(영원 자체이신 분)안에 거하게 된다(요일 2:17 저자 원문 직역).

내 사랑하는 형제들아 들을지어다. 하나님이 세상에서 가난한 자를 택하사 믿음에 부요하게 하시고 또 자기를 사랑하는 자들에게 약속하신 나라(천국)를 상속으로 받게 하지 아니하셨느냐?(약 2:5).

노아가 땅에서 천국을 소유하여 누렸다는 증언은 그는 처음부터 끝 날까지 하나님의 거룩으로 살았고, 그리스도의 모형인 포도나무 배양자로 살았으며, 또한 하나님의 뜻을 이루기 위한 아바드로서 일생을 가꾼 그의 신실한 삶에 근거한다. 예수님은 '내 아버지는 포도나무 농부시다'고 증언하셨는데, 노아는 하나님이 중점적으로 추진해 나가실 포도나무 배양 사역을 아주 오래전에 예표적으로 수행했던 복된 인물이다(요 15:1 참조).

2. 노아가 누린 천국

1) 포도나무 배양에서 온 누림

노아에게 임한 첫 번째 복은 포도나무를 가꾸는 사역에서 온 복으로서 노아는 그 복을 풍족히 누린 사람이다. 좋은 포도나무는 좋은 열매를 맺어 포도나무 주인을 기쁘게 해준다. 포도나무를 가꾸는 농부는 포도나무에 정성을 쏟은 만큼 수확을 거두게 되고, 수확을 거둔 분량을 따라 복을 누리게 된다. 그래서 지혜로운 농부는 좋은 포도를 심어 열매를 수확하되 보다 많은 량의 수확을 기대하면서 충실히 포도나무를 가꾼다. 포도나무 열매는 양식이 되어 줄 뿐만 아니라, 좋은 포도에서 나오는 맛과 향기와 즙은 사람에게 즐거움을 제공하고 병든 사람을 치료하는 기능도 한다. 성경은 그처럼 좋은 포도의 특성을 들어 하나님의 생명에 대하여, 믿음의 사람들이 땅에서 누리게 되는 복에 대하여 설명하고 있다.

예수님은 자신을 참포도나무에 비유하시고, 믿는 자들을 참포도나무의 가지에 비유하시면서 하늘의 복을 누리는 그 이치에 대해 설명하셨다. 예수님은 사망에 처해진 죄인들을 살려내는 생명나무이시고, 구원받은 사람들은 생명나무가 제공하는 진액으로 소생한 생명나무 가지들이다. 성경은 생명나무와 참포도나무를 동일선상에 놓고 진리를 설명한다. 생명나무는 상징적인 나무이며 포도나무는 자연식물이기에 본질에서는 완전히 다르지만, 두 나무 모두 비유로서 그리스도를 가리키고, 그 나무들의 가지는 그리스도와 연합된 신자들을 가리키고 있다. 포도나무와 가지가 하나의 생명체인 것처럼 그리스도와 믿는 사람은 연합된 한 생명체이다. 이제 그리스도와 연합된 사람에게는 하나님이 기뻐하시는 열매를 풍성히 맺어야 하는 일이 과제로 주어졌다. 자신과 믿음의 후배들이 생명(성령)의 열매를 잘 맺도록 조력하는 일이 하늘의 포도나무를 배양하는 사역이다(아 2:15, 요 15:16 참조).

천국은 마치 품꾼을 얻어 포도원에 들여보내려고 이른 아침에 나간 집 주인과 같으니 그가 하루 한 데나리온씩 품꾼들과 약속하여 포도원에 들여보내고 또 제3시에 나가 보니 장터에 놀고 있는 사람들이 또 있는지라. 그들에게 이르되 너희도 포도원에 들어가라. 내가 너희에게 상당하게 주리라 하니(마

20:1-4).

이는 천국의 복에 관한 예수님의 말씀이다. 포도원 주인은 큰 수입을 얻고자 하는 사람이고, 일꾼들도 역시 같은 노력으로 더 많은 임금을 받고자 하는 자들이다. 포도원 주인은 포도나무 배양이 큰 이익이 되므로 계속 일꾼들을 모아 자신의 포도원에 들여보낸다. 역시 일꾼들도 상당하게 대우한다는 말에 그 주인의 포도원에 들어간다. 이는 최고의 가치를 지닌 하늘의 존재들을 만들어 내기 위해 쉽 없이 사역하시는 하나님과, 그분으로부터 보다 큰 복을 받아 누리려는 믿는 자들에 관한 비유이다. 이 비유의 말씀은 죄인들을 불러서 거룩한 하나님의 사람이 되도록 돕는 그 사역이 가장 큰 복이라는 것을 알리려는 데 있다. '가장 큰 복'이란 신자가 하나님의 은혜로 얻은 천국을 확장하여 현세와 내세에서 흡족히 누리는 삶이다.

노아가 포도나무를 배양한 일은 훗날 하나님이 그리스도를 통하여 하늘의 사람들을 세우실 위대한 생명사역의 예표로 사용되었는데, 하나님은 그 일을 잘 수행하는 노아에게 땅에서 하늘 나라를 누리는 복을 주셨다. 그는 대홍수 후에 꿈에도 그리던 새 땅에 들어갔으니 하고 싶은 일이 무척 많았을 것이다. 후손과 더불어 살아갈 집을 짓고, 동물의 우리를 만들고, 여러 가지 씨를 파종하는 일을 해야 했을 것 같은데도, 성경은 '노아가 포도나무를 배양하는 사람으로 출발했다'는 그것 한 가지만 전하고 있다. 어찌 노아를 포도나무 배양자로만 기록하고 있는 것일까? 이는 어제나 오늘이나 하나님이 가장 기뻐하시는 일은 하늘의 포도나무를 배양하는 일이기 때문이다. 그 일은 곧 하나님의 씨들을 찾아내어 진리의 말씀을 전해주므로 하나님의 사람이 되도록 돕고, 또한 하나님의 사람이 된 자들을 온전히 성장하도록 조력하는 신령한 사역이다. 그것보다 하나님을 더 기쁘시게 해드릴 수 있는 일은 없다. 왜냐하면 하나님은 처음부터 그 일을 기뻐하셨기 때문이며, 그렇기에 지금도 하나님은 노아처럼 포도나무 배양하는 사역을 하신다고 성경은 증언하고 있다(창 1:31, 아 2:15, 막 1:38, 요 15:2 참조).

> 나 여호와는 포도원지기가 됨이여 때때로 물(말씀)을 주며 밤낮으로 간수(단련)하여 아무든지 이를 해치지 못하게 하리로다(사27:3).

> 셈의 계보는 이렇다. 셈이 백세 때, 곧 홍수 후 이년에 아르박삿을 낳았고… 아르박삿은 삼십오 세에 셀라를 낳았고… 셀라는 삼십 세에 에벨을 낳았고… 에벨은 삼십사 세에 벨렉을 낳았다(창 11:10, 16).

새 땅에 들어간 이후 노아의 후손은 기하급수적으로 늘어나게 된다. 노아의 세 아들을 통해 후손이 계속 출생하여 자라고 있었기 때문이다. 노아는 500세가 넘은 후에 셈, 함, 야벳을 낳아지만, 노아의 후대에서는 자녀를 출산하는 연령이 30세 정도로 갑자기 낮아지게 된다. 노아의 세 아들은 아버지와 함께 방주를 건축하는 사역으로 많은 세월을 보낸 자들이다. 위의 창세기 11장의 말씀을 참고한다면, 노아의 세 아들은 이미 방주 건축 기간에 자식들을 두었다고 할 수 있다. 그러므로 새 땅에 입성했을 당시 새 인류, 즉 노아의 가족 구성원은 최소 수십 명으로 늘어날 수도 있었다. 이는 어린애들은 숫자에 잘 넣지 않는 성경 기록의 특성상 그렇게 보아도 무방하다. 그때 노아는 무엇을 가장 큰 보화로 여기며 살았을 것인가? 첫째는 하나님이시고, 둘째는 하나님을 진실히 믿는 후손이 나오는 것이다. 노아가 하나님 앞에 진실하고 충성스러운 사람이었음을 생각할 때, 그는 자신의 후대를 하나님의 사람으로 확실하게 세우는 일을 최우선으로 했던 사람이다. 노아가 그의 후손을 하나님의 사람으로 세우는 그 사역은 훗날 전 인류 속에서 택정된 자들을 불러내어 하나님의 아들들로 구원시키는 그리스도 사역에 대한 예표가 된다. 독자는 성경 본문의 문장 안에 감추어진 것들을 볼 수 있어야 한다. 노아는 그의 후손을 하나님의 사람으로 세우는 일에 매진하는 동시에, 좋은 포도나무를 배양하는 그 일을 충성스럽게 수행한 믿음의 사람이다.

> 보라(믿음의) 자식들은 여호와의 기업이요 태의 열매는 그의 상급이로다. 젊은 자(새롭게 된 자)의 자식(후대)은 장사의 수중의 화살 같으니 이것이 그의 화살 통에 가득한 자는 복되도다. 그들이 성문에서 그들의 원수와 담판할 때에 수치를 당하지 아니하리로다(시 127:3-5).

노아에게 양육되는 그의 후손은 하늘의 포도나무들이다. 그리고 그가 배양하는 포도나무는 땅에서 삶의 보람과 기쁨을 얻게하는 하나님의 선물이다. 노아는 하늘의 포도나무와 땅의 포도나무를 함께 가꾸면서 복을 누리게 된다. 포도나무의 배양, 그것은 하나님이 맡기신 사역이면서 땅에서 복을 누리도록 해주는 터전이었다. 달리 말한다면 노아가 배양하는 포도나무는 훗날 참포도나무로 오시는 그리스도와 그분과 연합되어 하늘의 복을 누리게 될 새 언약시대의 믿음의 사람들에 대한 예표이다. 그리고 노아가 양육하는 그의 후손은 노아로 하여금 그 시대 그 땅에서 누림을 갖도록 해주는 하나님의 상급이었다(시 127편 참조). 노아는 하나님이 주신 약속의 땅에서 하늘의 포도나무를 배양하고, 땅의 포도나무를 가꾸되, 그 일을 진정한 가치로 여겨 그 사역에 최우선 순위를 두는 신실한 사람이었다. 그리고 하나님의 생명사역을 잘 감당하는 사람에게 공급되는 땅의 복과 하늘의 복을 흡족히 누린 사람이었다.

> 우리 하나님과 주 예수 그리스도의 은혜대로 우리 주 예수의 이름이 너희 가운데서 영광을 받으시고 너희도 그 안에서 영광을 받게 하려 함이라(살후 1:12).

2) 참포도 수확에서 온 누림

노아는 하늘의 포도와 땅의 포도를 수확하며 하늘나라를 누린 사람이다. 두 가지 수확 중에 노아에게 우선시 되는 것은 하늘의 포도 수확이었다. 하늘의 포도 수확이란 그의 후손이 하나님을 경외하는 가운데 온전한 믿음의 사람들이 되는 것이다. 그것은 노아가 거두어들이는 최고이며 최상의 가치를 지닌 수확이었고, 노아로 하여금 대홍수 이후 수 백 년의 생애에 복을 누리게 하는 원천이 되었다. 또 그것은 노아가 하나님의 뜻을 이루기 위하여 하나님과 동행하는 삶을 산 결과로서 나타난 수확물이었다. 에녹이 300년을 하나님과 동행하는 삶을 살았다면 노아는 450년을 하나님과 동행하는 삶을 살았다. 노아는 하나님이 가장 기뻐하시는 일이 무엇인지를 잘 아는 사람이었다. 대홍수 재앙 때 악인들의 비참한 최후를 똑똑히 지켜본 노아에게 있어서 가장 큰 가치와 소원은 무엇이었을까? 사람으로 태어나서 창조주 하나님을 바로 알고, 하나님의 기뻐하시는 뜻을 좇아, 하나님을 경외하는 삶을 가꾸는 그것이었다. 즉 그것은 하늘의 포도를 풍성히 맺어서 그 열매를 수확하는 삶인 것이다. 그렇기에 그는 하늘의 포도를 배양하여 수확하며 기뻐하고(노아의 후손), 역시 힘써 가꾼 땅의 포도를 수확하면서 즐거워하고(새 언약시대 성도의 예표), 하나님이 주시는 평안과 만족을 누렸으니, 그 삶의 시간들이 땅에서 누리는 천국이었던 것이다.

> 주께서 내 마음에 두신 기쁨(신령한 기쁨)은 저희의 곡식과 새 포도주(육신적인 누림)의 풍성할 때보다 더 하니이다. 내가 평안히 눕고 자기도 하리니 나를 안전히 거하게 하시는 이는 오직 여호와시니이다(시 4:7-8).

> 여호와께 감사하라. 그는 선하시며 그 인자하심이 영원함이로다(시 107:1).

> 광야가 변하여 못이 되게 하시며 마른 땅이 변하여 샘물이 되게 하시고 주린 자들로 말미암아 거기에 살게 하사 그들이 거주할 성읍을 준비하게 하시고, 밭에 파종하며 포도원을 재배하여 풍성한 소출을 거두게 하시며… 지혜 있는 자들은 이러한 일들을 지켜보고 여호와의 인자하심을 깨달으리로다(시 35-

37, 43).

위의 말씀들은 육신에 속한 복을 설명하는 내용이 아니다. 순전히 하나님이 주시는 기쁨과 평강을 가리킨다. 믿는 자가 진리 안에서 누리게 되는 하나님의 나라이다. 천국은 구원받은 자들이 임종 후 내세에서 얻게 되는 신령한 세계, 초월적인 누림의 세계도 되지만, 이 땅에 사는 동안 믿는 사람 속에 이루어지는 세계가 순서상 먼저이다. 믿는 사람이 현재 하나님의 나라를 소유하여 누리고 있다면 바로 그 삶이 천국이다. 노아는 대홍수 후 기하급수적으로 늘어나는 그의 후손을 하나님을 경외하는 길로 안내하는 전도자였고, 또 그의 후손을 자신처럼 온전한 하나님의 사람으로 성장하도록 돕는 사역자였다. 그 신령한 사역을 잘 감당하므로 진정한 감사, 기쁨, 보람, 만족, 소망, 평강을 받아 누린 사람이다. 그것들은 모두 위로부터 주어지는 하나님의 선물로서, 사람이 하나님의 선물을 흡족히 누리며 기뻐할 때 성경은 그것을 천국이라고 말해 준다. 천국은 환상적인 세계, 또 사람의 욕망을 마음껏 채우도록 해주는 그런 세계가 아니다. 또 초월적인 내세의 세계만을 가리키는 것도 아니다. 우리 하나님(그리스도)과 함께 살아가는 삶, 하나님이 주시는 신령한 선물을 누리는 삶이 천국이다.

내 사랑하는 형제들아 속지 말라. 온갖 좋은 은사(도시스: 선물)와 온전한 선물(도레마: 선물)이 다 위로부터 빛들의 아버지께로부터 내려오나니 그는 변함도 없으시고 회전하는 그림자도 없으시니라(약 1:16-17).

하나님의 나라는 먹는 것과 마시는 것이 아니요 오직 성령 안에 있는 의와 평강과 희락이라. 이로써 그리스도를 섬기는 자는 하나님을 기쁘시게 하며 사람에게도 칭찬을 받느니라(롬 14:17-18).

야고보 기자는 믿는 사람에게 누림을 주는 '좋은 선물'과 '온전한 선물'은 모두 하나님으로부터 내려오는 것이라고 했다. 예나 오늘이나 상당수의 그리스도인들은 천국에 대해 황홀감을 주는 열두 가지 보석과 황금으로 치장된 그런 장소인 것으로만 생각들을 한다. 그러나 요한계시록에서 소개하고 있는 황금과 각종 보석은 믿는 사람을 가리킨다. 황금과 열두 보석은 그리스도의 장성한 분량에 도달한바 완성된 성도에 대한 비유이다. 바울 사도는 자신이 하나님의 나라를 누리고 있다는 것을 여러 차례 고백했다. 그리고 하나님이 그에게 붙여준 진실한 성도들을 가리켜서 보석이라고 했다. 또 천국 복음을 전하여 하나님을 경외하는 성도로 양육한 후 그들을 '보배와 면류관'이라고 말하며 기뻐했다. 바울 사도에게는 그것이 하늘의 포도나무를 배양하여 수확하는 일이었고, 잘 성장한 믿는 자들은 거룩한 수확물이었다. 그것을 감사하고 기뻐하는 삶이 바울 사도의 천국이었던 것이다.

그러므로 나의 사랑하고 사모하는 형제들, 나의 기쁨이요 면류관인 사랑하는 자들아 이와 같이 주 안에 서라(빌 4:1).

우리의 소망이나 기쁨이나 자랑의 면류관이 무엇이냐? 그가 강림하실 때(나타내실 때) 우리 주 예수 앞에 너희가 아니냐?(살전 2:19).

제4장

포도주의 취함에 비유된 천국

이전 장에서는 새 땅에 입성한 의인 노아가 포도나무를 가꾸는 데서 얻은 누림에 대해 알아보았다. 이번 장에서는 노아가 포도주의 취함으로부터 얻은 누림에 대해 살펴보고자 한다. 노아가 포도나무 배양에서 얻은 누림은 새 언약시대의 신자들이 천국을 확장시켜 나가는 과정에서 얻게 될 누림에 대한 모형이다. 또한 노아가 포도주의 취함으로부터 얻게 된 누림은 새 언약시대의 장성한 신자들이 누리게 될 천국에 대한 모형이 된다. 노아가 누린 복은 비록 새 언약시대의 장성한 성도가 누리게 될 복에는 못 미치지만, 그럼에도 노아가 누린 신령한 복은 이 땅의 어떤 것에도 견줄 바가 아닌 진정한 복의 누림이었던 것이다. 그러므로 노아가 술에 대취하여 벌거벗는 수치를 범하고, 또 후손을 저주하는 어리석은 사람이 되고 말았다는 평가는 성경이 말하고자 하는 방향으로부터 벗어난 것임을 알아야 한다.

노아는 그 땅의 사람(농부)이 시작되어지게 했고(히필 동사) 그가 포도나무를 심었다. 그가 그 포도주로부터 마시고 취했고, 그는 그의 장막의 가운데서 자신을 벌거벗겨지도록 했다.(히트파엘 동사) (창 9:20-21 저자 원문 직역)

1. 새 포도주의 나라 실현에 관한 약속

노아의 술 취함과 벌거벗음은 단순 실수가 아니다. 그 사건 안에는 장차 이 땅에서 실현될 하나님의 크고 놀라운 계획이 들어 있었다. 노아가 포도주에 취한 것도 사실이며, 장막 안에서 벌거벗은 것도 사실이며, 후손을 저주한 것도 실제적 사건이다. 그러나 성경이 그 사건을 통하여 후 시대의 사람들에게 무엇을 전하고자 하는지를 살피는 일이 중요하다. 그리스도의 부활 이후 새 언약시대가 이르면 많은 하나님의 아들들이 나타나게 될 것인데, 그때 하나님이 그들에게 안겨주실 하늘의 신령한 복에 관한 예표이며 모형이다. 구체적으로 그것은 육신적 속성이 완전히 사라진 사람들, 그리스도와 연합되어 오직 하나님의 뜻을 이루며 살아가는 아들들에게 어떤 은혜와 누림과 권세가 주어지게 될 것인가에 대해 알리는 예언이다. 반면에 그 중차대한 하나님의 생명사역을 수치로 여기면서 조롱하고 방해를 할 경우, 과연 어떤 결과가 그 존재들 위에 임하게 되는지에 대해 알리는 준엄한 경고가 된다(마 6:10, 계 20:10 참조). 성경은 "포도주"라는 모티프를 도입하여 그처럼 중대한 일에 대하여 밝히고 있는데, 예수님이 하신 생명사역과 말씀을 놓고 깊이 살핀다면 오해함이 없이 그 비밀을 이해하게 될 것이다.

예수 그리스도는 본래 땅의 포도주를 드시는 분이 아니다. 그런 분이 육신의 모양으로 이 땅에 오셨고 공생애 기간에는 육신의 양식을 드시되, 땅의 포도주도 드셨다. 그분이 잡히시던 날의 만찬과 언약체결에서도 그 점이 잘 드러나고 있다(막 14:25 참조). 왜 하필 포도주를 마시면서 언약을 체결해야 했을까? 우유를 마시면서 하면 안 되는 것이었을까? 성경 전체를 살피지 않으면 그에 대한 답이 나오지 않는다. 여기서 "언약"이란 피를 뿌리며 쌍방 간에 맺는 계약으로서, 반드시 이룰 것에 관한 하나님과 사람간의 생명적 계약이다. 그렇기에 만일 그 계약을 어긴다면, 어기는 쪽은 계약을 파기한 대가를 피 흘림으로 치러야 한다는 조건이 들어 있었다. 그러므로 예수님이 포도주를 나누시며 새 언약을 체결하시고, 또 아버지 나라의 포도주에 대해 말씀하신 것은 포도주의 속성을 모티프로 하여 보이시고자 하는 중차대한 경륜이 있었기 때문이다.

> 그들이 먹을 때에 예수께서 떡을 가지사 축복하시고 떼어 제자들에게 주시며 이르시되 받아서 먹으라. 이것이 내 몸이니라. 하시고, 또 잔을 가지사 감사 기도하시고 그들에게 주시며 이르시되 너희가 다 이것을 마시라. 이것은 죄 사함을 얻게 하려고 많은 사람을 위하여 흘리는바 나의 피 곧 언약(디아떼케)의 피니라. 그러나 너희에게 이르노니 내가 포도나무에서 난 것을 이제부터 내 아버지의 나라에서 새 것(카이노스)으로 너희와 함께 마시는 날까지 마시지 아니하리라 하시니라(마 26:26-29) (막 14:25 참조).

＊디아떼케(Diatteke) - 헬라어 여성 명사로서 계약, 언약, 약속 등의 의미.
＊카이노스(Kainos) - 헬라어 형용사로서 새로운, 새로워진 등의 의미.

예수님은 제자들과 함께 그분의 대속의 피를 상징하는 포도주를 나누면서 그분의 피로서 새 언약을 맺겠다고 하셨다. 이는 예수님이 십자가에서 피를 다 쏟고 죽으실 때 그 죽음은 택정된 자들의 모든 죄악을 짊어지고 받는 심판이 된다는 말씀이었다. 제자들과는 부득이 땅의 포도주로 언약을 맺으셨지만, 그분이 십자가에서 피를 흘리는 그 시간 그분의 약속은 성취되기 시작하였다. 그 시간 이후 예수 그리스도를 죄의 대속자로 믿고 따르는 자는 누구든지 죄악에서 해방된 거룩한 백성이 되었던 것이다(히 10:10 참조). 그것이 그리스도의 피 흘림으로 맺어지는 새 언약시대의 생명에 관계된 계약이며, 목숨을 담보로 하는 변할 수 없는 약속으로서 그것을 언약이라고 부른다. 언약을 체결할 때 처음에는 깨끗한 짐승을 죽여 그 피를 뿌리다가, 후에는 남자의 생식기를 잘라 피를 흘리는 할례로 바뀌었고, 오늘날은 예수님이 흘리신 대속의 피를 믿고 고백하는 마음의 할례로 개혁되었다. 따라서 언약은 피 흘림으로 맺어지는 영원한 계약이며, 그 언약은 이미 노아 때부터 시작되어 구속사의 끝 날까지 이어지게끔 작정되어 있다(창 9:9-17 참조).

또 그 안에서 너희가 손으로 하지 아니한 할례를 받았으니 곧 육적 몸을 벗는 것이요 그리스도의 할례니라(골 2:11).

하나님의 나라는 먹는 것과 마시는 것이 아니요 오직 성령 안에서 의와 평강과 희락이라(롬 14:17).

그러면 예수님이 반드시 이루겠다고 하시며 맺으신 언약의 내용은 무엇일까? 바로 '그리스도와 믿는 자가 신령한 포도주를 마시면서 기뻐하는 하늘나라'의 실현이다. 그것은 믿는 자들이 하늘의 포도주에 취하므로 기뻐하고 만족해하는 신령한 누림을 가리킨다. 예수님은 그 나라를 '아버지의 나라'로 명명하셨는데, 아버지의 나라란 새 언약시대의 신자들에게 주어지는 하나님의 나라이며, '새 것'이란 새 포도주 즉 하늘의 포도주를 가리킨다. 하나님의 나라는 땅의 포도주로 양식을 삼고 또 땅의 포도주로 즐거움을 얻는 그런 세계가 아니다. 새 포도주를 마시면서 위로와 기쁨과 평안을 누리는 신령한 세계이다(엡 5:19-21 참조). 새 포도주를 마시며 누린다고 하니까 혹 구원받은 자들이 임종 후에 천상에 올라가서 즐거움을 위하여 마시는 어떤 포도주로 생각하면 안 된다. 그리스도와 연합된 자들이 이 땅에서 얻게 되는 하나님의 생명이며 그 생명을 풍부히 누리는 삶을 의미한다. 예수님은 그것을 '새 것'이라고 하셨다. '새 것'이란 '새로운 것'이라는 의미이며, 예수님의 시대까지는 아직 실재하지 않았던 것으로서, 예수 그리스도의 부활 이후부터 주어지게 된 신령한 선물이며 최고의 선물을 가리킨다. 새 언약시대에는 그 새로운 것인 하늘의 포도주로서 잔치를 배설하신다는 의미이며. 그 신령한 포도주 잔치에 참예하는 삶이 이 땅에서 누리는 하나님의 아들들의 천국이다. 또 하나님이 소원하시는 진정한 안식은 새 언약이 실현된 아들들 속에서 영원히 함께 하실 최상의 누림이다. 그것이 그토록 중차대한 일이기에 하나님은 이미 노아의 때에 특별히 세우신 의인 노아를 통하여 그 놀라운 생명 누림을 예표로서 나타내신 것이다.

2. 포도주의 취함으로 누리는 나라

성경은 믿는 자가 '새 것'을 마시면 술에 취한 상태가 된다고 증언하고 있다. 그 '새 것'을 마신 자들에게서 나타나는 특징에 대해 유대인들은 새 술에 취했다고 조롱하기도 했다.

> 다 놀라며 당황하여 서로 이르되 이 어찐 일이냐? 하며, 또 어떤 이들은 조롱하여 이르되 그들이 새 술이 취하였다 하더라(행 2:12-13).

'새 술'은 그것을 마신 사람으로 취기에 붙잡히게 하므로, 새 술에 취하게 되면 이전과는 다른 태도를 보이고, 전혀 다른 행동까지도 하게 된다. 그처럼 오순절 날 성령에 붙잡힌 제자들의 모습은 마치 술 취한 사람처럼 보였다. 물론 예수님이 제자들과 함께 마시겠다고 하신 새 포도주는 오순절 날 제자들에게 부어진 그 성령의 역사는 아니다. 오순절 날의 성령은 복음전파를 위하여 부어진 권능의 나타남이고(프뉴마 하기오스: 눅 24:49 참조), 부활 승천 후 다시 오시는 그리스도는 믿는 사람 속에 영구히 거하실 분으로서 '다른 보혜사' '기름부음' '진리의 영' '성령' 등으로 불린다(파라클레토스, 토 프뉴마: 요 14:16-17 참조). 예수님이 선언하신 "새 것"이란 그분이 다른 보혜사로서 믿는 사람 속에 오실 때 그 사람 속에 공급해 주시는 신령한 포도주, 즉 천국의 누림을 가리킨다. 그러면 하나님의 그 두 가지 사역 중에 어느 쪽이 더 중요하다고 할 수 있을까? 둘 모두 필요하며 매우 중요한 사역이다.

성령의 역사는 여러 가지 형태로 나타난다. 오순절 날의 성령 강림은 좀 특이한 경우인데, 그것은 믿는 사람에게 복음전파의 능력이 주어지도록 하기 위하여 특수한 때에 임하는 성령이다. 또 성령은 믿는 사람의 일상에서도 활동을 한다. 그때의 성령은 사람의 믿음에 따라 충만해지기도 하고 소멸되기도 한다. 그렇기에 성경은 성령을 소멸시키지 말고 항상 충만케 하라고 권면하고 있다. 사람이 성령 충만한 상태로 살아간다면 그것이 곧 천국의 누림이다(엡 5:18, 살전 5:19 참조).

한편, 다른 보혜사로 임하시는 그리스도를 가리켜서도 '성령'으로 부를 때가 있는데, 그것은 부활의 그리스도와 성령이 믿는 사람 속에 함께 임하여 함께 내주하는 것을 가리킨다. 그 시간에 사람이 구원에 이르게 되는 것이며, 그때의 성령은 그 사람 속에서 그리스도와 함께 사역을 하게 된다. 좀 헷갈릴 수도 있기에 성경을 신중히 살피는 것이 중요하다. 믿는 사람 속에 구원을 이루기 위하여 임하시는 그리스도는 다른 보혜사, 진리의 영, 기름부음, 성령 등으로 칭해지고 있다. 그때의 성령(파라클레토스, 토 프뉴마)은 믿는 자를 구원에 이르도록 한 후 완전한 성도로 성장할 때까지 그 사람 안에 거하는 것이며, 역시 보혜사 즉 그리스도와 함께 생명을 확장시키는 사역을 진행해 나간다.

그러면 성령이 둘이라는 말인가? 아니다. 정확히 성령은 아버지와 그리스도로부터 나와서 하나로 활동하는 하나님의 생명의 활동이다. 그런데 한 분 하나님이 그분의 생명사역을 성취하시기 위하여 성령으로 하여금 외부에 나타나는 사역을 하게도 하시고, 사람 속에 임하신 그리스도와 함께 사람의 내부에서 사역하게도 하신다. 한 예로서, 오순절 날에 임한 성령은 외부 사람들을 위한 외부에서의 사역이었다. 또 공생애 기간의 성령은 예수 그리스도안에서 일하는 내부에서의 사역이었다(행 2:2-4, 눅 10:21 참조). 지금 새 언약시대에는 성령이 그 두 가지 사역을 모두 하고 있다. 구원받은 사람 속에는 부활의 그리스도도 내주하시고 성령도 내주한다. 그 두 위격이 한 뜻과 한 목적 하에서 생명사역을 하는 것이기에 사람 속에서 일하시는 인격체를 가리켜서 그리스도, 다른 보혜사, 진리의 영, 기름부음, 성령 등으로 달리 부르는 것이며, 어떤 이름으로 칭하든지 사실상 모두 맞는 말이 된다(요 14:16-17, 요 15:26, 롬 8:26, 요일 2:27 참조).

다만 성령이 사람의 외부에서 일할 때는 외부 사람들을 살리는데다 목표를 두기에 사역의 강도가 더 강렬하게 느껴지는 것이고, 구원받은 사람 속에서 일할 때는 그 사람이 온전함에 이르도록 하는데다 목표를 두기에 조용하게 느껴지는 그 차이가 있을 뿐이다(행 2:2-4, 롬 8:15-16 참조). 하나님의 일하심을 살펴본다면, 공생애 기간의 예수 그리스도는 실로 엄청난 이적을 행하셨다. 그렇기에 보는 사람마다 크게 놀라워하며 그분의 뒤를 따랐다. 그것이 외부에서 하시는 사역이다. 그런데 부활하시고 믿는 사람 속에 임하시는 그리스도는 잔잔하게 일하시기에 그분의 사역이 거의 느껴지지 않는다. 그 점을 잘 이해하면 복이 된다.

오순절 날 성령에 붙잡힌 제자들은 '마치 독한 술에 취한 사람 같았다'고 말하고 있다. 그들은 성경의 약속이 성취된 것에 놀라면서 기쁨을 안고 담대하게 복음을 전할 수 있었고, 얻어맞고 감옥에 갇히는 것도 두려워하지 않았다. 또 그들에게서 복음을 듣고 믿게 된 사람들은 서로 간에 섬기며 재산까지도 내놓아 구제와 복음사역에 사용하도록 하였다. 그처럼 성령이 홀로 사역을 할 때도 놀라운 일이 일어났을진대, 진정 믿는 사람 속에 거하시는 그리스도와 성령이 함께 사역을 할 경우 하나님의 사역이 얼마나 더 완전하게 성취될 것인가? 하나님은 절대 실패하지 않는 분이시다.

볼지어다. 내가 내 아버지의 약속하신 것을 너희에게 보내리니 너희는 위로부터 능력으로 입혀질 때까지 이 성에 머물라 하시니라(눅 24:49).

그 후에 내가 내 영을 만민에게 부어 주리니 너희 자녀들이 장래 일을 말할 것이며 너희 늙은이는 꿈을 꾸며 너희 젊은이는 이상을 볼 것이며, 그 때에 내가 또 내 영(성령)을 남종과 여종에게 부어 줄 것이며(욜 2:28- 29).

선지자들에 대한 말씀이라. 내 마음이 상하며 내 모든 뼈가 떨리며 내가 취한 사람 같으며 포도주에 잡힌 사람 같으니 이는 여호와와 그 거룩한 말씀 때문 이라(렘 23:9).

위의 말씀들 중 누가의 증언은 그리스도의 부활 후 오순절 날에 임하게 될 성령의 능력을 가리킨다. 그리고 요엘과 예레미아의 증언은 부활. 승천하신 그리스도가 보혜사로서 믿는 사람에게 임하시는 시대에 발생하게 될 신령한 사역을 가리킨다. 오순절에 나타난 성령의 사역은 단회적인 것이었고, 보혜사와 함께 임하는 성령의 사역은 지속되도록 되어 있다. 예레미야는 신령한 술에 취하는 상태가 어떤 것인지에 대해 증언했다. 그는 임재하신 여호와 하나님에 의하여, 또 그분이 주시는 말씀에 의하여 자신이 마치 술 취한 사람과 같았다고 고백하고 있다. 그것이 새 언약시대가 도래할 때 진실한 신자들이 그리스도와 함께 마시게 될 새 포도주이다. 노아와 예레미야는 하늘의 포도주에 취했음에도 사실상 새 언약시대의 신자들이 새 포도주에 취함에는 못 미친다. 그럼에도 하늘의 포도주에 취하게 되자 마치 술 취한 사람처럼 되었던 것이다. 새 포도주에 취하게 되면 인생의 기쁨과 유익을 위해서가 아니라 온통 하나님의 뜻을 이루려는 데다 목적을 두고 살아가는 사람이 된다. 자기의 의지가 흔들리고 무엇에게 잡혀서 끌려가는 것과 같은 상태가 새 포도주에 취함이다. 예수님도 공생애 기간 중 거룩한 영(하기오스 프뉴마)에 의하여 기뻐하셨는데, 그런 삶이 새 포도주에 취함이다. 노아는 비록 구약 시대의 인물이었지만 그 시대에 걸 맞는 새 포도주의 취함 속에 살았던 사람이다. 노아는 두 가지 포도주에 취했다. 그의 겉 사람은 잠시 땅의 포도주에 취했다. 그러나 그의 속사람은 하나님이 선물로 주신 하늘의 포도주에 취해 있었다. 그리하여 의인 노아는 하나님이 장차 이루실 위대한 일을 몸으로 드러내고, 입으로 선포했던 것이다. 그렇기에 그의 술 취함에서 나온 언행은 전혀 실수가 아니며, 장차 하나님이 이루실 일에 대한 나타냄(예언)이었다.

좋은 포도주는 치료제가 되어 주고, 기쁨을 주고, 공동체에 화평과 즐거움이 일어나도록 하는 기능을 한다. 그래서 성경은 천국에 대하여 설명할 때면 종종 포도주를 등장시킨다. 예수님은 자신이 곧 천국이면서 믿는 자들을 천국으로 변화시키시는 분임을 확인시키기 위하여 혼인집에서 포도주를 만들어 주신 일이 있다. 혼인 잔칫집에 포도주가 모자라서 걱정들을 할때, 예수님은 빈 항아리 여섯 개에 물을 가득히 부으라고 하신 후 그 항아리의 물을 떠서 손님들에게 주라고 하셨다. 여섯 항아리의 물은 이미 좋은 포도주로 변화되어 있었는데, 그때 잔치를 주관하는 연회장이 그 포도주를 맛본 후 신랑에게 말했다. '어찌 이 좋은 포도주를 두었다가 이제야 내놓느냐?'고… 연회장은 그 포도주가 예수님에게서 나온 줄을 전혀 모른 채 잔치를 진행했을 것이다. 또 혼인집 손님들은 최고급 품질의 포도주를 마음껏 마시면서 신랑으로 더불어 가장 즐거운 시간을 보냈을 것이다.

> 연회장은 물로 된 포도주를 맛보고도 어디서 났는지 알지 못하되 물 떠온 하인들은 알더라. 연회장이 신랑을 불러, 말하되 사람마다 먼저 좋은 포도주를 내고 취한 후에 낮은 것을 내거늘 그대는 지금까지 좋은 것을 두었도다. 하니

라(요 2:9-10).

이제 성경 독자들은 어찌 그 일이 성경에 기록되게 되었는지를 헤아려 보아야 한다. 혼인 잔치에 제공된 여섯 항아리의 포도주와 그것에 대한 기사는 잔칫집에 온 손님들과 그 시대의 사람들을 위하여 기록된 것이 아니다. 오늘날 새 언약시대를 살아가는 믿는 자들을 위하여 기록되었다. 새 언약시대는 천국 복음을 받아들여 믿는 자들이 그리스도와 연합을 이루는 시대이다. 사람이 그리스도와 연합될 때 그것이 거듭남이며, 구원이며, 하나님의 아들 됨이다. 새 언약시대에 하나님의 아들 된 자들은 신령한 새 포도주로 항상 기뻐하며 살아야 함을 교훈하고 있다. 새 포도주에 의하여 기뻐하고, 새 포도주로 만족해하며, 새 포도주에 의해 평안을 누리는 그 삶이 땅에서 누리는 천국이다. 그러면 새 언약시대에 믿는 사람 속에 오시는 그리스도와 새 포도주는 어떤 관계 하에 놓여 있을까? 아주 밀접한 관계에 놓여 있다. 새 포도주는 부활. 승천 후 믿는 사람 속에 다시 오시는 그리스도로부터 주어지는 신령한 양식이기 때문이다. 그리스도는 죽음과 부활 후 아버지께로 가셨다가 다시 오시겠다고 하셨다.

내가 아버지에게서 나와 세상에 왔고 다시 세상을 떠나 아버지께로 가노라 하시니(요 16:28).

내가 너희를 고아와 같이 버려두지 아니하고 너희에게로 오리라. 조금 있으면 세상은 다시 나를 보지 못할 것이로되 너희는 나를 보리니 이는 내가 살아 있고 너희도 살아 있겠음이라. 그 날에는 내가 아버지 안에, 너희가 내 안에, 내가 너희 안에 있는 것을 너희가 알리라(요 14:18-20).

예수 그리스도는 자신을 참포도나무라고 하셨다. 그분은 본래부터 참포도나무이지만 믿는 사람 속에 보혜사로 임하시는 그때부터 참포도나무의 효력을 나타내신다. 즉 믿는 사람 속에 신령한 포도나무로 계시면서 그 사람에게 신령한 포도주를 공급하시는 것이다. 일반 잔치에서는 사람의 손으로 제조한 포도주를 마시기에 사람이 술에 취하여 실수도 하고, 다툼이 일어날 수도 있겠으나, 그리스도로부터 공급되는 신령한 포도주는 마시는 사람으로 하나님께 감사하고, 기뻐하며, 화목과 평안을 누리도록 해준다. 그 포도주는 슬픈 사람을 위로하고, 약한 사람을 강하게 하고, 기쁨과 만족과 평안을 공급하여 하늘나라의 누림 안에 들어가도록 해준다. 그 포도주에 취하게 되면 취한 사람 자신이 먼저 기쁨을 누리고, 다른 사람들도 기쁨을 누리도록 돕는 사역을 하게 된다. 그리고 자신에게서 하나님의 뜻이 완전하게 실현되기를 사모하는 가운데 삶을 가꾸어 가니 그 시간들이 천국의 누림이다.

노아는 비록 구약 시대의 사람이었지만 자기 속에 계시는 여호와의 영으로 더불어 그처럼 살았기에 그 시대의 천국을 누린 사람이 된다. 구약 시대에는 진실히 믿는 사람 속에 여호와의 영이 임하여 구원에 이르도록 돕고, 또 하나님을 뜻을 따라 순종하는 자에게는 하늘나라의 누림이 나타나도록 했다. 그럼에도 그 시대의 여호와의 영은 믿는 자가 불순종할 경우 떠나기도 했다. 반면에 새 언약시대에는 부활하신 그리스도가 신령한 부활의 몸으로 믿는 사람 속에 직접 들어오셔서 끝 날까지 함께 거하신다. 그리고 그리스도와 연합되어 살아가는 신자의 장성함의 정도에 따라 하늘나라를 누리도록 도우신다. 성경에 '있는 자는 더 주고 없는 자는 그 있는 것까지 빼앗는다.'는 말씀은 그것을 가리킨다. 그렇기에 새 언약시대의 신자들은 천국의 복을 풍성히 누리게 되기를 항상 사모하며 구해야 한다. 예수님이 제자들에게 '구하고 찾고 두드리라'고 하신 말씀은 신령한 포도주에 취하여 살기를 구하라는 말씀인 것이며, 결코 육신의 것을 구하라는 말씀이 아님을 알아야 한다(막 4:2, 눅 11:9 참조).

> 내가 이것을 너희에게 이름은 내 기쁨이 너희 안에 있어 너희 기쁨을 충만하게 하려 함이라(요 15:11).

> 지금까지는 너희가 내 이름으로 아무 것도 구하지 아니하였으나 구하라. 그리하면 받으리니 너희 기쁨이 충만하리라(요 16:24).

> 이것을 너희에게 이르는 것은 너희로 내 안에서 평안을 누리게 하려함이라. 세상에서는 너희가 환난을 당하나 담대하라. 내가 세상을 이기었노라(요 16:33).

> 지금 내가 아버지께로 가오니 내가 세상(땅)에서 이 말을 하옵는 것은 저희로 내 기쁨을 저희 안에 충만히 가지게 하려 함이니이다(요 17:13).

예수님이 제자들에게 신중히 가르치신 것은 하늘나라의 누림에 관한 것이고, 찾고 구하라고 하신 것도 하늘나라의 누림이며, 제자들에게 넘겨주시겠다고 하신 것도 하늘나라의 누림이다. 또 제자들을 향하여 '속히 이루어지기를 하늘 아버지께 구하라'고 하신 것도 하늘나라의 누림, 즉 믿는 자 안에 실현되는 천국이다. 예수님이 전하시고, 부탁하시고, 꼭 이루도록 명하신 것들은 결국 믿는 사람이 이 땅에서 꼭 누려야 하는 천국을 가리킨다. 그것이 '새 것'에 취함이며, 하늘 포도주에 취함이며, 새 포도주에 취함이며, 신령한 포도주에 취함이다.

제5장

벌거벗겨진 자에 비유된 천국

노아는 그 땅의 사람(농부)이 시작되어지게 했고(히필 동사) 그가 포도나무를 심었다. 그가 그 포도주로부터 마시고 취했고 그는 그의 장막의 가운데서 자신을 벌거벗겨지도록 했다(히트파엘 동사) (창 9:20-21, 저자 원문 직역).

본문은 믿음의 사람 노아가 포도주에 취하여 벌거벗었다고 전하는 기사이다. 이 기사를 단지 문자적 의미만을 가지고 이해하려 한다면 의인 노아에 대하여 크게 실망하게 된다. 그는 땅의 모든 인생이 멸절당하는 대홍수 심판에서 특별히 구조 받은 사람이다. 또 하나님이 예비하신 새 땅에 들어가서 포도나무를 배양하는 가운데 그의 후손이 번성해 나가는 모습을 지켜보며 하늘의 복과 땅의 복을 누린 사람이다. 나아가서 그는 하나님의 주권적 사역에 의해 먼 미래를 내다보며 믿음의 후손들을 축복한 사람이다. 요약하여 그는 하나님으로부터 부르심을 입어 특별 사역자로 일한 사람이며, 출생 시로부터 하나님의 사랑을 입은 사람이며, 에스겔서에서 의인중의 의인으로 인정되고 있는 사람이다. 그런데 그런 모범적인 인물이 평생의 삶을 결산하는 말년에 포도주에 대취하므로 수치스러운 행동을 하고 말았다는 말인가? 또 벌거벗음을 밖에 알렸다고 하여 자신의 후손을 저주하는 못난 사람으로 전락했다는 말인가? 진정 성경을 사랑하는 독자라면 성경 전체를 상세히 살피는 가운데 하나님이 열어 주시는 본문안의 메시지를 들을 수 있어야 한다(창 5:29, 6:9, 9:26-7, 겔 14:14, 20, 히 11:7 참조).

1. 옷 벗겨짐(벌거벗겨짐)의 양면성

사람은 자신을 적대시하는 자들로부터 옷 벗김을 당할 때 그것을 극한 수치로 여긴다. 진리의 경전인 성경도 그런 실례들에 대해 말해 주고 있다. 사무엘하 10장에는 사신으로 갔던 다윗의 신하들이 상대국의 왕에게 하의를 잘림 당하므로 하체를 드러낸 채 귀국해야했던 수치를 전하고 있다. 또 남 유다가 멸망당할 때 포로로 잡힌 유대인들이 옷을 벗김 당한 채 바벨론으로 끌려가야 했던 치욕을 전하고 있다. 그뿐만 아니라 천국 복음으로 인하여 옷 벗김을 당한 일에 대해서도 전해 주고 있는데, 사도행전 16장에는 바울과 실라가 옷이 벗겨진 채 많이 얻어맞고 감옥에 갇힌 일을 기록하고 있다. 심지어 예수님도 로마 군병들에게 옷 벗김을 당하신 후 십자가 형틀에 못 박히셨다. 이 모두는 치욕스러운 쪽의 옷 벗기움이다.

반면에 하나님의 나라를 소유한 자들을 가리켜서 옷이 벗겨진 사람으로 묘사하는가 하면, 하나님의 나라를 얻기 위해서는 이전의 옷이 벗겨져야 한다고 교훈하기도 한다. 그렇다면 노아가 포도주에 취하므로 장막 가운데서 벌거벗겨진 일은 과연 어느 쪽에 속하는 사건인 것일까?

> 라멕은 백 팔십 이세에 아들을 낳고 이름을 노아라 하여 이르되 여호와께서 땅(아다마: 사람)을 저주하시므로 수고롭게 일하는(고난 받는) 우리를 이 아들이 안위(나함: 위로)하리라 하였더라(창 5:28-29).

노아가 자신의 처소에서 옷이 벗겨지게 된 사건은 '장차 육신이 끝나고 완전한 하늘의 사람으로 변화되어질 새 언약시대 신자들에 대한 예표'이다. 이는 당 시대로서는 거의 완전함에 이를 만큼 장성한 사람이었던 노아를 통하여 하나님이 장차 이루실 위대한 생명사역에 대해 말해 주는 비유적 말씀이다. 이것을 창세기 1장의 예를 도입해 볼 때 곤충, 물고기, 새, 짐승이 창조되고 난 후 사람이 창조된 것과 같은 이치이다. 창세기 1장 26절의 사람이 되었다는 것은 사람이 하나님의 은혜 안에서 구원을 받은 후 성장하여 완전함에 이르게 된 상태임을 뜻한다. 오직 땅의 것에다 가치를 두고, 땅의 보화만을 찾던 존재가 하늘 보배의 가치를 알게 된 후 하늘의 것을 힘써 찾는 사람이 된 것을 가리킨다. 또 신약 성경에서 증언하는 것처럼 유아, 아이, 소년, 청년을 거친 후 아비와 선생이 되는 이치와 같은 일이 된다. 요약하여 이전의 죄의 사람은 말끔히 종식되고 온전한 하늘의 사람으로 탈바꿈 된 존재가 창세기 1장 26절의 사람이다. 사도 요한은 그런 성도를 가리켜서 '불 섞인 유리바다를 통과한 자', '새 하늘 새 땅이 된 자', '거룩한 성 새 예루살렘이 된 자'로 말하고 있다(계 15:1-4, 21:1-2 참조).

또 내가 새 하늘과 새 땅을 보니 처음 하늘과 처음 땅이 없어졌고 바다도 다시 있지 않더라. 또 내가 보매 거룩한 성 새 예루살렘이 하나님께로부터 하늘에서 내려오니 그 예비한 것이 신부가 남편을 위하여 단장한 것 같더라(계 21:1-2).

사람이 그 수준에 이르게 되면 어려운 환경이나 다른 사람의 이목. 평가 등에 대해 전혀 요동하지 않는다. 예수 그리스도처럼 오직 하나님 아버지만 바라보고 그분의 생명사역과 안식에 동참하기를 소원하는 것이다. 그때 속에서 올라오는 기쁨은 이 땅의 어느 것에도 견줄 수 없는 기쁨이며, 어느 것과도 비교가 안 되는 만족이며 평안이다. 예수님은 공생애 기간에도 많은 고난을 겪으셨는데, 그런 중에도 아버지가 주시는 기쁨과 평안을 누리신 분이다. 그것이 하나님의 나라의 누림, 즉 천국의 누림이다. 예수님은 그분을 따르는 제자들에게 자신이 누리는 그 나라를 주시겠다고 약속하셨다. 그 나라를 얻어 누리는 신자가 바로 그리스도의 장성한 분량에 이른 사람, 즉 성도이다. 또 그런 신자에게 주어지는 누림이 땅에서 누리는 천국이다(시 4:7, 요 14:2-3, 27 참조). 노아는 그 시대의 사람으로서는 그 수준에 이른 사람이었다. 그렇기에 하나님은 육신의 속성이 모두 사라진 성도임을 보이기 위하여 노아의 몸이 벌거벗겨지도록 하셨다. 포도주를 마시고 옷을 벗은 장본인은 노아지만, 그렇게 되도록 노아의 의지를 움직이신 분은 하나님이셨던 것이다.

여호수아가 더러운 옷을 입고 천사 앞에 서 있는지라. 여호와께서 자기 앞에 선 자들에게 명하사 그 더러운 옷을 벗기라. 하시고 또 여호수아에게 이르시되 내가 네 죄악을 제거하여 버렸으니 네게 아름다운 옷을 입히리라 하시기로(슥 3:3-4).

또 그 안에서 너희가 손으로 하지 아니한 할례를 받았으니 곧 육의 몸을 벗는 것이요 그리스도의 할례니라(골 2:11).

스가랴 시대의 대제사장은 여호수아였다. 대제사장은 이스라엘 백성에게 지극히 우러름을 받는 직분이었다. 그러나 하나님이 스가랴 선지자에게 보여주신 대제사장 여호수아는 더러운 옷을 입고 있었고, 그의 모습은 마치 불에 그을린 나무처럼 초라하기 그지없었다. 하나님은 천사들에게 여호수아에게서 더러운 옷을 벗겨내고 거룩한 옷을 입히라고 하셨다. 거룩한 옷이란 하나님이 사랑하는 자들에게 주시는 영광의 옷이며, 더러움이 전혀 없는 신령한 옷을 가리킨다(계 18:5 참조). 바로 그것이 성경에 등장하는 빛나는 세마포이다.

하나님은 육신의 정욕이 다 정리된 신자들을 거룩하다고 칭찬하시고 그들에게 세마포 옷을 입히신다. 믿는 사람에게 세마포 옷이 입혀진다는 것은 하나님 앞에서 영광스럽게 되는 것이며, 하나님께 기쁨을 드리는 사람이 된 것이며, 칭찬 듣는 성도가 된 것을 의미한다. 하나님의 천지창조의 목적은 그런 성도가 많이 나오는데 있다(창

41:42, 계 7:9, 19:8 참조). 고린도전서 15장에는 땅에 속한 영광이 있는가 하면 하늘에 속한 영광이 있다고 했다. 또 육의 몸이 있듯이 신령한 몸도 있다고 했다. 바울 사도는 로마교회를 향하여 육의 옷을 벗고 빛의 갑옷을 입으라고 했는데, 빛의 갑옷을 입은 사람이 신령한 몸이며, 영광의 몸이다. 성경은 사람의 영적이며 생명적인 상태, 또 정결함과 부정함을 말할 때면 옷을 들어서 설명한다. 구원받은 자의 생명 상태와 그 수준이 너무 어리면 아직도 어두움의 옷을 걸치고 있는 것으로 묘사하고, 하늘의 생명상태가 장성했으면 빛의 갑옷을 입은 것으로 묘사한다. 그렇기에 죽음과 부활 후의 예수 그리스도는 항상 세마포를 입으신 분, 빛나는 옷을 입은 분으로 나타나시는 것이다. 그런데 세마포가 입혀지기 위해서는 여호수아처럼 이전의 옷이 벗겨져야만 한다. 아직 죄악의 때가 남아 있는 옷 위에 세마포를 입힐 수는 없다.

그렇기에 성경은 육신의 정욕이 남아 있는 옛 사람 곧 죄성이 남아 있는 이전 사람을 단호히 벗어버려야 한다고 교훈한다. 노아의 벌거벗겨짐은 이전 사람이 다 벗겨진 상태임을 의미한다. 대홍수 후의 노아는 죄의 정욕이 모두 사라진 자이기에, 또 하늘의 옷으로 갈아입을 자이기에 벌거벗겨진 사람으로 기록되어 있다. 죄의 속성이 다 제거된 사람은 죄와 정욕으로부터 벌거벗겨진 사람이다. 그러므로 노아의 벌거벗겨짐은 죄악의 사람으로의 벌거벗겨짐이 아니요, 하나님 앞에 흠이 없음을 증명하기 위한 벌거벗겨짐이 된다.

창세기 2장의 아담과 하와는 이 땅에 오실 그리스도와 거룩한 성도에 대한 예표로서 등장시키고 있다(롬 5:14 참조). 그들은 벌거벗었지만 부끄러워하지 않았다고 했는데, 그 이유는 창조 직후의 그들에게는 아직 죄의 욕망이 없었기 때문이다. 창세기 2장의 아담과 하와는 그리스도와 믿는 자가 연합을 이룬 후 완전함에 이르러 하나님의 영광을 드러내며 살아갈 새 언약시대의 성도에 대한 모형이다. 그처럼 노아의 벌거벗겨짐도 노아의 거룩성과 생명 상태가 온전한 수준에 이르렀다는 것을 드러내시기 위한 하나님의 일하심이었다. 성경은 육신의 옷이 다 벗겨진 자에게 신령한 옷이 입혀지는 것이라고 말해준다. 신령한 옷이 입혀진 사람은 이미 그의 속에 임한 천국이 확장되고 있는 사람이다.

> 우리가 즐거워하고 크게 기뻐하여 그에게 영광을 돌리세. 어린 양의 혼인 기약이 이르렀고 그 아내가 자신을 준비하였으므로, 그에게 빛나고 깨끗한 세마포를 입도록 허락하셨으니 이 세마포 옷은 성도들의 옳은(의로운) 행실이로다 하더라(계 19:7-8).

2. 육신의 옷이 벗겨진 자에게 영광의 옷이 입혀진다

하늘의 사람들은 반드시 하늘의 옷을 입어야 한다는 것을 성경은 말해 주고 있다. '하늘의 옷'이란 하나님이 사람을 향해 거룩하고 선하고 크게 의로워졌음을 인정하시고, 그를 기뻐하시며, 욥처럼 자랑거리로 여기시는 사람이 되는 것이다. 그런 사람은 오직 하나님의 진리를 따라서 살아간다. 마지막 때는 그처럼 하나님 앞에 완성을 이룬 하늘의 사람들이 별무리처럼 나오게 되는데, 성경은 그들을 가리켜서 사탄과의 전쟁에서 이긴 자들이며, 땅에서 왕 노릇을 하는 자들이라고 말한다. 하나님이 영광 자체이신 것처럼 그들도 영광의 존재가 되어, 이 땅의 여생을 보배롭게 가꾸며 살아가게 된다. 하나님의 사람 창조의 목적과 소원은 그런 성도가 우후죽순처럼 나타나는데 있다.

하늘의 옷과 반대되는 옷은 어둠의 옷이며 정욕의 옷인데, 그것은 죄악을 좇아서 살아가는 것을 의미한다. 또 어둠의 옷과 정욕의 옷이란 단지 죄악 속에 살아가는 것뿐만 아니라, 믿는 사람이 땅의 것을 모으는 일을 우선으로 하고, 여전히 땅의 것에다 더 많은 가치를 부여하며 사는 삶이다. 그래서 성경은 그것을 "어두움의 일", "육신의 일"이라고 하면서 단호히 벗어 던질 것을 권면하고 있다. 성경은 사람의 죄를 두 가지로 말한다. 첫 번째 죄는 사람이 구원받기 이전에 가지고 있던 모든 죄로서, 그 죄는 예수 그리스도와 연합되는 그 시간에 모두 제거된다(히 10:10, 벧후 1:3 참조). 두 번째 죄는 구원 받은 후 연약함에서 나오는 허물로서, 그 죄는 원죄에서 나오는 것이 아니라 이전의 죄의 습관에서 나오는 것들이다. 그럼에도 엄연히 죄인 것이며, 그처럼 죄의 습관을 따라 살아가는 것이 이른바 어두움의 옷을 입고 사는 것이 된다. 어두움의 옷은 자신의 잘못을 인정하고 말씀으로 사는 사람으로 변화될 때 벗겨진다.

> 밤이 깊고 낮이 가까웠으니 그러므로 우리가 어두움의 일을 벗고 빛의 갑옷을 입자. 낮에와 같이 단정히 행하고 방탕하거나 술 취하지 말며 음란하거나 호색하지 말며 다투거나 시기하지 말고, 오직 주 예수 그리스도로 옷 입고 정

> 욕을 위하여 육신의 일을 도모하지 말라(롬 13:12-14).

> 이러므로 우리에게 구름 같이 둘러싼 허다한 증인들이 있으니 모든 무거운 것과 얽매이기 쉬운 죄를 벗어 버리고 인내로써 우리 앞에 당한 경주를 경주하며, 믿음의 주요 또 온전하게 하시는 이인 예수를 바라보자. 그는 앞에 있는 기쁨을 위하여 십자가를 참으사 부끄러움을 개의치 아니하시더니 하나님 보좌 우편에 앉으셨느니라(히 12:1-2).

> 그가 빛 가운데(진리 자체로) 계신 것 같이 우리도 빛 가운데 행하면 우리가 서로 사귐이 있고 그 아들 예수의 피가 우리를 모든 죄에서 깨끗하게 하실 것이요, 만일 우리가 죄가 없다고 말하면 스스로 속이고 또 진리가 우리 속에 있지 아니할 것이요(요일 1:7-8).

그렇기에 비록 지난날에는 연약함으로 인해 어두움의 옷을 입고 살았다 할지라도, 이제부터는 반드시 빛의 갑옷을 입고 살게 되기를 소원해야 한다. 진정 빛의 갑옷이 입혀지기를 사모하며 사는 사람은 항상 말씀의 거울에 자신을 비춰보는 것이요, 그는 점차 빛의 갑옷이 입혀진 자로 변화되어 가게 된다. 그런 사람은 하나님의 영광에 이르게 될 사람이며, 땅에서 천국을 누리게 될 사람이다. 예수님은 이 땅에서 하나님의 뜻을 이루는 사람이라야 내세의 천국이 열리게 된다고 하셨다. 참 무섭고도 따끔한 일침이다(마 16:19-20 참조). 그것은 땅에서 천국을 누린 사람이라야 내세에서 진정한 천국을 누릴 수 있다는 말씀이 된다. 그렇다면 믿는 자가 땅에서 천국을 누리지 못한 채 떠나는 경우에는 어찌해야 할 것인가? 분명한 것은 하나님은 구원받은 자들과 관계된 일이라면 절대 외면하시거나 실패하지 않는 분이라는 점이다. 혹 믿음의 사람으로서, 하나님의 뜻 가운데 또 하나님의 주권 가운데 그의 한평생이 고통 속에 끝나게 되는 그런 예도 있을 것이다. 또 너무 늦게 돌아온 나머지 이생에서의 천국을 누리지 못한 채 떠나는 예도 있을 것이다. 혹 그런 경우라면 내세의 천국도, 내세의 상급도 예비 되어 있으리라 본다. 그러나 그런 경우일지라도 어디까지나 하나님의 주권에 의해서라는 점을 새겨야 한다. 성경은 믿는 자들에게 이 땅에서 살 동안 '그리스도 안에서 누리는 삶을 구하고 찾으라.'고 권면하고 있다. 그점을 마음에 새기는 사람은 복이 있다.

> 나더러 주여 주여 하는 자마다 천국에 다 들어갈 것이 아니요 다만 하늘에 계신 내 아버지의 뜻대로 행하는 자라야 들어가리라(마 7:21).

> 밤이 깊고 낮이 가까웠으니 그러므로 우리가 어두움의 일을 벗고 빛의 갑옷을 입자(롬 13:12).

> 우리가 다 수건을 벗은 얼굴로 거울을 보는 것 같이 주의 영광을 보매 그와 같은 형상으로 변화하여 영광에서 영광에 이르니 곧 주의 영으로 말미암음이니라(고후 3:18).

> 또 내가 새 하늘과 새 땅(새 사람)을 보니 처음 하늘과 처음 땅(옛 사람)이 없어

졌고 바다(사망)도 다시 있지 않더라(계 21:1).

믿는 사람은 이 땅에 사는 동안 두 종류의 몸으로 일생을 보낸다. 처음에는 흙에 속한 몸으로 출생하는 것이고, 거듭난 후 그리스도안에 들어가면 점차 하늘에 속한 몸으로 바뀌어가게 된다. 여기서 '흙에 속한 몸'이란 죄에 끌려서 살아가는 사람이며, '하늘에 속한 몸'이란 하나님의 말씀과 거룩한 영에게 이끌려서 살아가는 사람이다. 구원받은 사람이라면 엄연히 하나님의 사람이다. 그런데 소속은 하늘이면서 삶의 내용과 방식은 여전히 땅의 사람이라면 그 사람 안에 거하시는 분이 근심하신다(롬 8:26-27 참조). 그분은 구원을 주시기 위하여 믿는 자 속에 다시 오시는 그리스도이며, 보혜사이며, 진리의 영이며, 기름부음이다. 다시 오시는 그리스도가 보혜사와 진리의 영으로 구원받은 사람 속에 거하시는 이유는 그를 온전한 하늘의 사람으로 세우시기 위해서이다. 즉 하늘의 옷을 입히어 온전한 그리스도의 형상을 가지고 살아가는 왕을 만들기 위해서이다. 하나님은 그런 사람들이 계속 나타나기를 소원하시며 이 시간에도 하나님의 씨들을 부르고 계신다(히 9:28, 요일 3:9 참조).

하나님의 성령을 근심하게 하지 말라. 그 안에서 너희가 구원(완전한 구원)의 날까지 인치심을 받았느니라(엡 4: 30).

우리가 흙에 속한 자의 형상을 입은 것 같이 또한 하늘에 속한 자의 형상을 입으리라(고전 15:49).

내 이름으로 불려지는 모든 자 곧 내가 내 영광을 위하여 창조한 자를 오게 하라. 그를 내가 지었고 그를 내가 만들었느니라(사 43:7).

만국(믿는 자들)이 그 빛 가운데로 다니고 땅의 왕들(이긴 자들)이 자기 영광을 가지고 그리로 들어오리라(계 21:24).

창세기 2장의 아담과 하와의 삶은 죄가 정화된 몸으로 살아가는 새 언약시대의 신자들의 누림을 말해주는 예표이다. 범죄하기 이전의 아담과 하와는 그리스도와 순결한 신자와의 관계, 그리고 죄가 정리된 인간의 가장 순수한 본질과 모습이 어떤 것인지에 대해 말해주고 있다. 그런 삶이 바로 예수 그리스도와 연합을 이룬 후 장성함에 이른 자들에게 주어지는 복이며, 그것이 이 땅에서 누리게 되는 천국이다. 창조 직후의 아담. 하와는 벌거벗었음에도 부끄러워하지 않았다고 소개된다. 그 후에 죄를 범하게 되었고, 죄를 범하자마자 그들은 벗은 것이 부끄러워서 즉시 몸을 가렸다. 또 하나님도 그들의 몸이 가리워지도록 옷을 만들어 입히셨다. 어찌 죄가 없을 때와 죄를 범한 이후의 태도가 그토록 달랐던 것일까? 죄가 없는 사람은 하나님 앞에 부끄러울 것이 없다. 역시 두려울 것도 없고, 피하여 숨을 이유도 없다. 오히려 하나님께 감사하며 자신을 그분 앞에 드러내고 싶어 한다. 마치 아기가 벌거벗은 몸으로 부모 앞에 재롱을 피우듯이, 죄가 사라진 사람은 하나님 앞에서 살아가는 그 자체가 복인 줄 알고 감사할 뿐인 것이다.

아담과 그의 아내 두 사람이 벌거벗었으나 부끄러워하지 아니하니라(창 2:25).

물론 창세기 2장의 아담. 하와는 '새 하늘 새 땅'이 된 후에 성장하여 그리스도의 장성한 분량이 충만한 데까지 이른 하나님의 아들들에 관한 모형이며 예표지만, 실제로 믿는 자가 하나님 앞에 온전하게 되면 죄와 불법을 제외하고는 떳떳하고 당당해진다는 의미인 것이다. 그런 사람은 무거운 죄의 옷을 벗어던지고 하늘의 영광의 옷을 입었기에 세상을 대하여도 당당하고, 두려워하지 않으며, 하나님의 은총 안에서 사는 것을 기뻐하게 된다. 그에게는 타락전의 아담. 하와에게 동산의 각종 좋은 실과가 주어졌듯이 이 땅에서 하나님이 주시는 하늘의 실과를 먹으며 살아가게 된다. 그것이 하늘의 영광의 몸과 하나님의 영광의 옷을 입고 살아가는 하나님의 사람들의 삶이다. 노아의 벌거벗겨짐의 사건은 '믿는 사람이 정욕과 죄악된 옛 기질을 다 정리한 후에는 하나님의 지극한 사랑 속에 살아가게 된다.'는 것을 예표로 나타내준 사건이다. 노아는 육신의 정욕이 다 정리된 사람이었고, 따라서 그의 말년의 삶은 땅에서 누리는 천국이었다.

귀 있는 자는 성령이 교회들에게 하시는 말씀을 들을지어다. 이기는 그에게는 내가 하나님의 낙원에 있는 생명나무의 과실을 주어 먹게 하리라(계 2:7).

우리가 흙에 속한 자의 형상을 입은 것 같이 또한 하늘에 속한 자의 형상을 입으리라(고전 15:49).

제6장

새 언약시대에 열리는 천국

내가 너에게 하늘들의 나라(바실레이아스"우라논)의 열쇠를 넘겨 줄 것이니 만일 네가 땅에서 누구든지(훗스) 묶었다면(데오) 하늘들 안에서도 묶여졌을 것이며, 만일 네가 땅에서 누구든지 풀었다면(뤼오) 하늘들 안에서도 풀어졌을 것이다(마 16:19 저자 원문 직역).

천국 문을 여는 길에 대해 선포하신 예수 그리스도의 말씀이다. 예수님은 열정적이며 선두에 서기를 좋아하는 베드로를 새 언약시대의 대표자격 인물로 설정하시고 그를 향하여 하늘나라(천국)의 묶임과 풀림에 대해 설명하셨다. 그것은 새 언약시대의 모든 믿는 자를 향하신 선언으로서, 이 땅에서 하늘나라를 여는 사람이라야 내세의 하늘나라도 열리는 것이며, 땅에서 하늘나라를 막아놓게 되면 내세의 하늘나라도 막히게 된다는 말씀이다. 또 그분의 선언은 구원받은 자가 사후에 들어가게 될 하늘나라만을 가리키신 것이 아니다. 땅에서 하늘나라를 확장시키는 사람은 땅에서 그의 하늘나라를 누리게 되고, 반대로 땅에서 하늘나라 확장을 막는 사람은 땅에서 누려야할 그의 하늘나라도 막히게 된다는 말씀이다.

---

* 홋스(Hots) - 헬라어 관계대명사로서 누구, 무엇, 어떤, 무슨 등의 의미.
* 데오(Deo) - 헬라어 동사로서 묶다, 묶어놓다, 억압하다 등의 의미.
* 뤼오(Ryou) - 헬라어 동사로서 풀다, 풀어주다, 열다 등의 의미.
* 바실레이아 - 우라노(Basileia wrano) 천국을 나타내는 기본형으로서 '하늘나라(천국)'라는 의미이다.

'하늘'에 대해 마태복음 16장 19절에는 '바실네이아스-우라논'으로 되어 있고, 우라논 이 복수이기에 '하늘들의 나라'가 된다. 그러나 보통 '하늘나라'로 부른다. 한편 마태복음 6장의 주님의 기도 중 '하늘들 안에 계신 우리 아버지'에서의 하늘은 복수로, '하늘에서 이룬 것 같이'에서의 하늘은 단수로 되어 있다. 하늘이 각각 단수와 복수로 기록된 데는 그만한 이유가 있으며, 문장의 의미까지도 달라질 수 있다.

1. 함께 열리는 현세와 내세의 천국

마태복음 16장 19절에 담긴 선언은 '현세와 내세'라는 두 지평을 동시에 응시하시며 하신 예수 그리스도의 말씀이다. 그 선언은 천국복음을 받아들여 구원을 얻은 사람일 경우, 현재의 그 사람이 곧 사후에 있게 될 그 사람이라는 점을 일깨워 주고 있다. 한 예로, 누군가가 당장 오늘밤에 숨을 거둔다면 그 사람은 오늘 자신의 생명의 수준과 삶의 내용을 그대로 가지고 가서 영원히 존재하게 된다. 요약하여 오늘 하루의 그 사람이 곧 내세에서 존재하게 될 그 사람이다. 따라서 그가 잠시 후 맞이하게 될 운명과 누림은 그의 현재의 삶과 생명 수준에 따라 결정지어지게 된다. 그러므로 이 땅에서 천국을 누린 사람이라야 내세에서도 진정한 천국을 누릴 수 있게 된다.

1) 천국을 묶어 놓으면 자신의 천국도 묶이게 된다

> 내가 너에게 하늘들의 나라의 열쇠를 넘겨 줄 것이니 만일 네가 땅에서 누구든지(훗스) 묶었다면(데오) 하늘들 안에서도 묶여졌을 것이며, 만일 네가 땅에서 누구든지 풀었다면(뤼오) 하늘들 안에서도 풀어졌을 것이다(마 16:19 저자 원문 직역).

예수님은 먼저 천국을 묶어 놓는 폐단에 대하여 말씀하셨다. 혹자는 '어떻게 천국을 묶어 놓을 수 있느냐?'며 반문할 수도 있겠으나, 엄연히 믿는 사람들의 세계에 그 일이 자행되고 있다. 상당수의 그리스도인이 '나는 하나님의 은혜로 구원을 받았다'고 말한다. 그러면서도 천국을 소유하는 길에 대해서는 도무지 입을 열지 않으려 한다. 그들은 '천국은 믿음으로 가는 나라이며 거기에 갈 자는 이미 정해져 있기에 때가 되면 자연히 들어가는 나라'로만 생각을 한다. 또 '천국이란 믿는 사람이 숨을 거둔 후에 들어가서 영원히 낙을 누리는 장소'인 것으로만 여긴다. 그래서 이 땅의 여정을 놓고도 '이 땅의 삶이란 고난을 겪으며 통과하는 순례의 과정이기에 오직 내세의 천국을 사모하며 사는 것이 믿음이다'라고 생각한다. 그러나 그런 수준의 신앙들은 하나님의 구원 사역과 그분이 성취하시려는 일에 대해 절반만 알고 믿는 것임을 알아야 한다. 성경은 믿는 자들을 향하여 '열심을 품고 하나님과 형제를 섬기는 가운데 생명 길에 대하여 증언하라'고 권면하고 있기 때문이다.

> 하나님 앞과 살아 있는 자와 죽은 자를 심판하실 그리스도 예수 앞에서 그가 나타나실 것과 그의 나라를 두고 엄히 명하노니, 너는 말씀을 전파하라. 때를 얻든지 못 얻든지 항상 힘쓰라. 범사에 오래 참음과 가르침으로 경책하며 경계하며 권하라(딤후 4:1-2).

> 우리 주 예수 그리스도로 말미암아 우리에게 승리를 주시는 하나님께 감사하노니, 그러므로 내 사랑하는 형제들아 견실하며 흔들리지 말고 항상 주의 일에 더욱 힘쓰는 자들이 되라. 이는 너희 수고가 주 안에서 헛되지 않은 줄을 앎이니라(고전 15:57-58).

> 예수께서 이르시되 내가 다른 동네에서도 하나님의 나라 복음(천국 복음)을 전하여야 하리니 나는 이 일을 위해 보내심을 받았노라 하시고(눅 4:43).

> 예수께서 모든 도시와 마을에 두루 다니사 그들의 회당에서 가르치시며 천국 복음을 전파하시며 모든 병과 모든 약한 것을 고치시니라(마 9:35).

부활 승천 후의 그리스도는 산자와 죽은 자를 심판하실 분으로 임하시고, 현재도 오고 계신 분이다. 이 말은 이 땅의 인생들을 산자와 죽은 자로 갈라내는 그 사역을 위하여 계속 임하신다는 의미이다. 새 언약시대는 천국 복음이 준비되는 시대가 아니며 천국 복음이 직접 전파되는 시대로서 전파되는 복음을 진실히 받아들이는 자는 산자로 거듭나게 되고, 복음을 받지 못했거나 거부하는 자는 사망에 처해지는 시대이다. 새 언약시대는 그 일이 매우 다급히 일어나는 때이다. 그래서 세례 요한은 그를 따르는 군중을 향하여 외쳤다. '열매 맺지 못하는 나무를 찍기 위하여 도끼가 예비 되어 있고, 쭉정이를 태우기 위한 꺼지지 않는 불이 예비 되어 있다'고…

이런 시대에 누군가에게 천국 복음을 전해 듣고 구원을 받았다면 그는 실로 엄청난 은혜를 입은 사람이며, 동시에 하나님께 엄청난 빚을 진 사람이다(롬 8:12 참조). 그래서 새 언약시대에 구원을 받은 자들은 하나님께 빚진 자의 심정으로 천국을 전하라고 권면한다. 그럼에도 구원받은 것만 자랑하고 도무지 전하지 않는다면 그는 빚더미에 눌려 신음하는 사람과 다를 바가 없다. 구원이란 진리 안의 자유를 누리는 삶인데, 빚더미에 눌린 상태로 산다면 항상 힘들고 쫓기는 마음일 수밖에는 없다. 예수님은 더 엄히 말씀하신다. 그 빚을 다 청산하기까지는 결코 빚진 자의 감옥에서 나오지 못하게 되는 것이라고… 그 말씀은 '그는 결코 천국을 누리지 못할 것이라.'는 그런 의미의 말씀이다(마 18:23-34 참조).

예수님은 자신이 이 땅에 오신 이유에 대해 '잃어버린 하나님의 양들을 찾아서 구원시키기 위함이라'고 하셨다. 그리고 이후로는 그 사역을 그분을 따르는 자들에게 맡길 것이라고 하셨다(마 28:19-20, 막 16:15-16, 고전 11:25-26 참조). 그럴진대 진정 구원을 받은 사람이라면 어찌 천국 복음 전파 사역을 계속 외면할 수 있을 것인가? 끝까지 천국 복음 전하기를 기피한다면 그 사람은 구원받아야할 하나님의 씨들을 묶어 놓고 있는 사람이다. 주님은 그 행위를 매우 섭섭하게 그리고 괘씸하게 여기신다. 예수님은 달란트 비유에서 그 점을 놓고 분명히 말씀하셨다. 하나님의 은혜로 달란트를 받았으면 그 달란트의 수량을 늘려서 주인에게 돌려드려야지, 다른 사람보다 받은 수량이 적다고 불평하면서 땅에 묻어 놓는다면 그것마저 빼앗기고 밖으로 쫓겨날 것이라고 하셨다. 여기서 "땅"이란 은혜의 달란트(구원)를 받은 그 당사자를 가리키고, '땅에 묻어 두었다'는 것은 천국 복음을 자기 속에 감추고 받아야 할 사람에게 도무지 전하지 않는 것을 가리킨다.

> 무릇 있는 자는 받아 풍족하게 되고 없는 자는 그 있는 것까지 빼앗기리라. 이 무익한 종을 바깥 어두운 데로 내 쫓으라. 거기서 슬피 울며 이를 갈리라 하니라(마 25:29-30).

도대체 "슬피 울며 이을 갊"이란 무엇을 의미하는 것인지 잘 생각해 봐야 한다. 아마도 위의 말씀을 놓고 따지려 들 독자도 있을 것이다. 이미 구원을 얻은 사람이 어찌 그 구원을 빼앗길 수 있는 것이냐고… 그러나 '이미 얻은 구원을 빼앗길 수 있는 것이냐?'를 논하기에 앞서, 자신이 아직 구원에 이르지 못했음에도 혹 구원받은 자로 여기고 있는 것은 아닌지 자신을 돌아보아야 한다. 예수님은 하나님께 받은 복음은 감추어 두는 것이 아니며, 반드시 나누어야 한다는 그 점을 강조하시고 있다. 스스로 하나님의 아들이라고 자부하면서도 천국 복음을 감추어 두는 사람이라면, 하나님의 택정된 자들의 구원의 길을 막고 있다는 그 점을 알아야 한다. 그것이 땅에서 천국을 묶어 놓는 일이다. 그처럼 계속 천국을 묶어놓게 되면 결국 자신도 현세와 내세에서 묶이는 사람이 되고야 만다.

좀 극단적인 예이기는 하지만, 천국을 묶어 놓은 사람들 중에 대표적인 인물은 함과 가나안이었다. 그들 부자는 노아가 하나님의 나라의 기쁨에 젖어 있을 때 그것을 비웃고 조롱한 자들이다. 그들은 이미 하나님의 생명사역에 대해 듣고 배웠음에도 교활한 마음에서 하나님의 신령한 사역을 조롱했고, 하나님이 가장 귀히 여기시는 생명사역을 방해했던 것이다. 그것의 결과는 참으로 혹독했다. 함은 이미 구원을 받은 자이기에 저주에 처해지지는 않았으나, 땅에서 누려야 할 하늘나라가 그에게서 숨겨졌고, 그의 후손이 저주에 처해지는 불행을 지켜보아야만 했다. 또 함의 아들 가나안은 그 자신과 후손이 기나긴 저주 속에 함몰되는 하나님의 심판에 처해지고야 말았다. 성경은 그 점을 두려워하라고 경고한다(히 6:4-6 참조).

2) 묶인 자를 풀어줄 때 천국의 누림이 열린다

내가 너에게 하늘들의 나라의 열쇠를 넘겨 줄 것이니 만일 네가 땅에서 누구든지(훗스) 묶었다면(데오) 하늘들 안에서도 묶여졌을 것이며, 만일 네가 땅에서 누구든지 풀었다면(뤼오) 하늘들 안에서도 풀리어졌을 것이다(마 16:19 저자 원문 직역).

초림 때의 그리스도는 천국을 선포하고 택정된 자들의 죄를 대속하실 분으로 오셨다. 그런데 새 언약시대의 그리스도는 각 사람이 품고 있는 생각과 의지를 따라 심판하실 분으로 오신다. '새 언약시대'는 승천하신 그리스도가 다시 오시는 그때부터인데, 부활 승천 후 '다른 보혜사(파라클레토스)'로 오시는 그리스도는 하나님의 생명을 사모하는 자에게는 그 생명을 누리는 쪽으로 인도하시고, 유혹의 욕심을 따라 사탄의 가르침을 따르는 자는 영원한 사망에 이르도록 하신다. 그것이 이 시간에도 계속 일어나고 있는 산 자들과 죽은 자들에 대한 심판이다(딤후 4:1, 계 11:18 참조). 따라서 사람은 구원도 이 땅에서 부터이고 심판도 이 땅에서 부터이며, 천국의 누림도 이 땅에서부터이고 사망의 괴로움도 이 땅에서 부터이다. '천국의 누림'이란 그리스도의 영광과 복에 참예하는 은혜를 가리킨다. 또 '사망의 괴로움'이란 육신의 정욕. 지배욕. 명예욕. 물질욕 등을 채우기 위하여 스스로 고통 속으로 들어가는 것이며, 욕구불만, 실패, 원한, 미움, 시기, 질투, 죽음의 두려움 등에서 벗어나지 못하는 것이며 자책, 후회, 공허, 허무, 심판의 두려움 등에 붙들려 고통 받는 것이다. 그렇기에 사탄 권세에 붙잡혀 사는 자들에게 생명 얻는 길을 알리는 것이 묶임에서 풀어주는 일이 되며, 그 일을 잘 수행하는 사람은 이 땅에서부터 천국의 누림이 열리게 된다.

> 이를 놀랍게 여기지 말라. 무덤 속에 있는 자(사탄 권세에 붙잡힌 자)가 다 그의 음성을 들을 때가 오나니, 선한 일을 행한 자는 생명의 부활로, 악한 일을 행한 자는 심판의 부활로 나오리라(요 5:28-29).

여기서 "악한 일"이란 거짓과 악을 저지르는 행위이지만, 그것보다 더 큰 악은 하나님의 생명을 비웃고 대적하는 일이다. 어떤 사람이 사회에서는 비록 선량하게 살아간다 할지라도 속으로 하나님의 생명을 대적하고 비웃는다면 그는 이미 악한 일을 한 사람이다.

반면에 "선한 일"이란 하나님이 기뻐하시는 사람으로의 삶이지만, 그보다 더 큰 선은 죄악에 붙들려 사는 자에게 천국 복음을 전해주고, 하나님의 생명을 소유하도록 돕는 것을 가리킨다(막 3:4 참조). 대부분의 사람은 사회적 악을 저지르는 사람을 악인으로 규정하려 하지만, 하나님은 바울 사도 같은 사람을 악인으로 규정하신다. 그리스도를 만나기 이전의 바울은 악인 중의 악인이었다(행 8:3, 딤전 1:15 참조). 그런 악인이 하나님의 사람이 된 것은 하나님이 그를 죄악의 묶임에서 풀어준 은혜에 의해서이고, 그가 목숨을 내걸고 천국 복음을 전한 것은 이전의 자기처럼 사탄에게 묶여 있는 자들을 풀어주기 위함에서였다. 그처럼 하나님의 한결같은 소원은 악한 자들이 천국 복음을 듣고 묶임에서 풀려나고, 풀려난 자들이 성장해 가면서 또 다른 묶인 자들을 풀어주는 사람이 되는 그것이다. 따라서 하나님의 그 뜻을 이루는 삶이 최고의 선이다. 하나님은 그처럼 최고의 선을 이루는 사람에게 이 땅에서 부활생명을 누리도록 하신다고 약속하시는데, 이 땅에서 누리는 부활생명이 곧 천국이다. 혹자는 복음전파에 대해 이의를 제기할지도 모른다.

인간이 셀 수 없이 많거늘 어떻게 다 전해줄 수가 있단 말인가?

구원받을 자가 누구인지도 모르는데 어떻게 구원받을 자를 찾아낸단 말인가?

주위 사람들 대부분이 교회에 다니는데 도대체 누구에게 전한단 말인가?

천국 복음을 전하려 해도 방법을 몰라서 못하고 있다 등등…

사람이 교회에 출석하고 또 신앙고백을 한다고 하여 모두 구원을 받은 것은 아니다. 교회에 출석할지라도 상당수의 사람은 아직 구원받지 못한 기독교 종교인이라는 점을 직시하면서, 그들에게 천국 복음을 전해주어야만 한다. 또 천국 복음은 가까운 데부터 전해야 하는 것이며, 또 복음전파의 방법은 다양하기에 자신이 할 수 있는 방법을 찾으면 그 길이 보이도록 되어 있다. "때를 얻든지 못 얻든지 전파하라"는 명령은 그 점을 의미한다. 결코 포기하지 말고 인내와 함께 기회 있을 때마다 방법을 따라 전하라는 명령인 것이다. 그것이 묶인 자를 풀어주는 사역이며, 이기는 자의 길이며, 강한 그리스도인으로 사는 길이다. 성경은 묶인 자를 풀어주는 그 일을 하는 사람이 충성스런 하나님의 종이며, 현세와 내세의 천국이 열린 사람이라고 말해주고 있다. 새 언약시대는 그 일을 기쁨으로 하는 사람이 점점 숫자를 더해 가다가 구속사의 마지막 때는 우후죽순처럼 나오도록 되어 있다.

그들에게 이르시되 안식일에 선을 행하는 것과 악을 행하는 것, 생명을 구하는 것과 죽이는 것, 어느 것이 옳으냐(의로우냐)? 하시니 저희가 잠잠하거늘(막 3:4).

충성되고 지혜 있는 종(청지기)이 되어 주인에게 그 집 사람들을 맡아 때를 따라 양식(천국 복음)을 나눠 줄 자가 누구냐? 주인이 올 때에 그 종이 이렇게 하는 것을 보면 그 종이 복이 있으리로다(마 24:45-46).

2. 확장시켜 누리는 천국

오호라 너희 모든 목마른 자들아 물로 나아오라. 돈 없는 자도 오라. 너희는 와서 사 먹되 돈 없이, 값없이 와서 포도주와 젖을 사라(명령형) (사 55:1).

천국은 이 땅에서도, 내세에서도, 자신이 확장시킨 만큼 누리게 된다. 성경은 그 점을 계속 강조하고 있다. 오죽하면 '돈 없이 값없이 포도주와 젖을 사라'고 명령하고 있을까? 천국의 확장은 돈 없는 사람도 할 수 있는 일이기에 '돈 없이 값없이 포도주와 젖을 사라'고 하는 것이다. 포도주와 젖은 신령한 양식에 대한 비유이다. 이전에 밝힌 것처럼 포도주와 젖은 하나님으로부터 내려오는 선물로서, 포도주와 젖을 먹는다는 것은 하늘나라를 누리는 삶을 가리킨다. 곧 이 땅에서, 현세에서 누리는 천국이다. 그러면 어떻게 하여야 포도주와 젖을 사서 먹을 수 있을까?

1) 천국은 침노하는 자의 것

하나님은 성경을 대하는 자들에게 항상 적극성을 띤 말씀을 주신다. 그것의 첫 번째는 천국을 소유하라는 권면이다. 물론 천국은 소원한다고 하여 소유되는 나라는 아니다. 천국은 하나님의 주권적 사역에 의하여 인지되고, 그분의 주권적 사역에 의하여 얻어지고, 또 그분의 주권 하에서 누리게 되는 세계이다. 그럼에도 하나님은 사람 편에서 소원을 품고 구해야할 것을 강조하신다. 하나님이 믿는 자들을 위하여 예비해 놓으신 천국은 지극히 좋은 누림의 세계이다. 그럼에도 하나님은 소원하지 않는 자에게까지 억지로 주시지는 않는다. 천국의 가치를 알고 사모하며 적극적으로 찾는 자에게 주신다. 그 이유는 그분은 우선 하나님의 나라에 대하여 깨닫고 소원하여 구하는 자를 기뻐하시기 때문이다.

하나님의 나라의 법칙은 얻은 자에게는 더 얻게 하고, 소원하지 않는 자에게는 있는 것 마저 빼앗기게 하는 법칙이다. 일반인의 세계에서는 찾고 노력하지 않아도 이득이 주어질 때가 있다. 그것은 부모로부터 유산을 물려받는 경우이다. 그러나 하나님의 세계에서는 사모하지 않는 자에게는 어떤 것도 주어지지 않는다. 오히려 밖으로 쫓겨나게 된다고 경고하고 있다. 사람이 천국을 얻는 것과 얻은 천국을 누리는 이치는 그것과 같다.

세례 요한의 날로부터 지금까지 하늘들의 나라는 침노되어진다, 그리고 침입

자는 취한다(마 11:12 저자 원문 직역).

여기서 '하늘들의 나라'는 믿는 자들이 소유해야 할 천국이며, '침입자'는 천국을 사모하여 구하고 찾는 사람을 가리킨다. 어찌 천국을 '하늘들의 나라'라고 복수로 말하고 있을까? 이는 하늘인 존재들의 나라이기 때문이다. 하나님도 하늘이시고, 그리스도도 하늘이시고, 하나님의 아들들도 하늘이기에 '아버지와 그리스도와 믿는 자가 함께 누리는 나라'라는 의미이다. 세례 요한은 구약 시대의 마지막 선지자이면서 새 언약시대의 천국을 전한 첫 번째 선지자였다. 그 후에는 천국의 주인이신 그리스도가 직접 믿는 사람에게 임하여 그 사람 속에 천국의 씨를 심어 주시는 시대가 된다. 구약 시대에는 선지자들이 등장하여 '여호와 하나님을 믿고 그분의 말씀에 순종하라'고 전했다. 그때 그 메시지를 받아들여 믿고 순종하는 자에게는 하늘나라가 약속되었다. 즉 '죽은 후에는 하늘나라에 들어가게 된다.'는 약속이었다. 물론 구약 시대에도 몇몇 특별한 사람에게는 땅에서 누리는 하늘나라가 일시적으로 주어지긴 했다.

그것은 이 땅에서 하나님의 보호를 받는 가운데 땅의 것을 풍부히 누리는 것이며, 또 마음에 기쁨과 평안이 주어지는 혜택이었다. 그런데 하나님은 그 누림을 주기도 하시고 가져가기도 하셨는데, 한번 가져가시면 더 이상 주어지지 않았다. 그래서 그것을 잃지 않으려고 무던히 애쓰며 순종하려 했던 것이다. 아무튼 구약 시대에는 천국이 모형적이며 예표적으로 주어졌고, 새 언약시대에는 실제적으로 주어지고 있는데, 공통점은 그 나라를 사모하여 찾는 자에게만 열리게 되는 세계라는 점이다. 예수님이 찾고 구하라고 하신 보물은 믿는 자가 땅에서 누리는 천국이다. 땅에서 천국을 누린 사람에게 내세의 천국은 당연히 열리게 되는 것이기에, 땅에서 누릴 천국을 구하고 찾으라고 하신 것이다. 또 땅에서 누리는 천국은 타인에게는 보이지 않는 세계로서, 천국을 사모하고 구하는 그 사람에게 주어져 당사자만 알고 누리는 세계이다. 또 사람 속에 임하는 천국은 그것이 확장되어감에 따라 그가 소유한 땅의 것들도 누림의 자산이 되어준다. 많이 소유한 자는 많이 소유한 그것과 함께 누리고, 적게 소유한 자도 소유한 것 안에서 족하도록 누리게 된다. 그렇기에 그 나라를 "천국"으로 일컫는 것이며, 그 나라를 얻도록 해주는 복음을 "천국 복음"이라고 하는 것이다.

> 바리새인들이 하나님의 나라가 어느 때에 임하나이까? 묻거늘 예수께서 대답하여 이르시되 하나님의 나라(천국)는 볼 수 있게 임하는 것이 아니요, 또 여기 있다 저기 있다고도 못하리니 하나님의 나라(천국)는 너희 안에 있느니라 (눅 17:20-21).

2) 수확한 만큼 누리는 나라

하나님은 믿는 자에게 천국을 주시는 분이시며 또 천국 자체가 되시는 분이시다. 하나님은 천국 복음을 믿는 사람에게 그리스도를 통하여 천국의 씨를 주신 후 그 씨를 가꾸라고 하신다. 천국의 씨를 가꾸는 일이란 자기 속에 씨앗처럼 임한 작은 하늘나라를 점차 확장시켜 나가는 일로서, 하나님은 그 나라를 크게 확장시켜 누리기를 원하신다. 믿는 사람이 진정 이 땅에서 천국의 삶을 누리게 되는 때는 예수님이 죽음에서 부활하신 후 '다른 보혜사'로서 믿는 사람 속에 임하시는 그때부터이다. 그리스도가 '다른 보혜사(파라클레토스)'로서 믿는 사람 속에 들어오시면 그 사람 속에 천국의 씨가 심겨진 것이 된다. 천국 복음도 천국의 씨이고, 그리스도의 생명도 천국의 씨이며, 그리스도와 연합된 그 사람도 천국의 씨다(마 13:38 참조). 그 사람은 그때부터 천국의 씨를 소중히 돌보므로 촉이 활짝 터서 자라도록 해야 한다. 아무리 좋은 곡식도 씨 자체만으로는 수확을 못 거둔다. 씨에서 싹이 터서 자라도록 해야 한다. 사람이 소유하여 누리게 되는 천국도 그것과 이치가 같다. 이미 구원을 받은 사람은 천국의 씨가 심겨진 것이지만, 씨의 상태로만 머물러 있게 되면 이 땅에서 누림이 없는 사람으로 남게 되니 그것을 가리켜서 '부끄러운 구원'이라고 한다.

> 또 이르시되 하나님의 나라는 사람이 씨를 땅에 뿌림과 같으니, 그가 밤낮 자고 깨고 하는 중에 씨가 나서 자라되 어떻게 그리 되는지를 알지 못하느니라. 땅이 스스로(의지대로) 열매를 맺되 처음에는 싹이요 다음에는 이삭이요 그 다음에는 이삭에 충실한 곡식이라. 열매가 익으면 곧 낫을 대나니 이는 추수 때가 이르렀음이니라(막 4:26-29).

예수님은 천국에 대해 '밭에 씨를 심고 물을 주면 그것이 밤과 낮을 지나는 가운데 싹이 나고 성장하는 것과 같은 이치'로 말씀하셨다. 여기서 밭은 사람이고, 씨는 '호 로고스'(사람 속에 임한 그리스도의 생명)이며, 물은 생명의 양식인 말씀을 가리키는 비유이다. 사람이 진리의 말씀을 마음에 담아서 삶에 적용시키면 그 사람 속에 임한 천국의 씨가 싹이 터서 자라게 된다. 그리고 자라나서 열매를 맺은 만큼 누림으로 나타나게 된다. 그때 밭의 주인이신 하나님은 곡식이 자랄 때 기뻐하시고, 이삭이 나올 때 기뻐하시고, 수확기를 맞을 때 가장 크게 기뻐하신다. 또 밭(흙)으로 비유된 믿는 자는 수확을 풍성히 거둘 날을 내다보며 기뻐하고, 수확을 하면서 기뻐하고, 수확한 것을 먹으며 기뻐한다. 바로 그것이 믿는 자가 자기 속에 천국을 소유한 후 그것을 확장시켜서 누리는 이치이다.

> 너희는 넉 달이 지나야 추수할 때가 이르겠다 하지 아니하느냐? 그러나 나는 너희에게 이르노니 너희 눈을 들어 밭을 보라. 희어져 추수하게 되었도다. 거두는 자가 이미 삯도 받고 영생에 이르는 열매를 모으나니 이는 뿌리는 자와 거두는 자가 함께 즐거워하게 하려 함이라(요 4:35-36).

여기서 씨를 뿌리는 분은 하나님이시며, 거두는 자는 믿는 사람을 가리킨다. 이때 사람 속에 뿌려진 씨는 하나님의 은혜로 주어지는 '호 로고스'(천국 복음)이며, 부활 후에 다시 오시는 분의 생명(파라클레토스)이다(요 1:4, 14:18 참조). 사람이 그리스도와 연합을 이룬 후 하나님의 말씀을 따라 살아갈 때, 천국의 씨앗이 촉이 트고 성장하여 그 사람 전체에 가득 채워지게 되니 그것이 땅에서 누리는 천국이다. 구약 성경은 그 복을 누렸던 인물 중에 요셉을 모델로 보여주고 있다. 애굽에 팔려간 요셉이 큰 권세를 얻어 애굽 나라를 다스리며, 많은 백성에게 곡식을 나누어 주는 가운데 누렸던 그 복이 '땅에서 누리는 천국'이었던 것이다. 하나님은 요셉이 땅에서 누린 복에 대하여 포도나무의 무성함, 포도주의 풍성함, 우유로 이가 빛나는 것 등으로 묘사를 하셨다. 그러나 요셉이 땅에서 누린 복은 새 언약시대에 누리는 성도의 복에는 미치지 못한다. 그러므로 하나님이 새 언약시대의 믿는 자들을 위하여 준비하신 복이 얼마나 큰 것인지를 헤아려 그것을 풍성히 누리기를 사모해야 한다. 하나님은 사모하고 찾는 사람에게 '땅에서 누리는 천국'을 주신다.

> 그가(주께서) 사모하는 영혼에게 만족을 주시며 주린 영혼에게 좋은 것으로 채워주심이로다(시 107:9) (마 5:3 참조).

> 그의 나귀를 포도나무에 매며 그의 암나귀 새끼를 아름다운 포도나무에 맬 것이며 또 그 옷을 포도주에 빨며 그의 복장을 포도즙에 빨리로다. 그의 눈은 포도주로 인하여 붉겠고 그의 이는 우유로 인하여 희리로다(창 49:11-12).

> 요셉은 무성한 가지 곧 샘 곁의 무성한 가지라. 그 가지가 담을 넘었도다(창 49:22).

여기서 나귀와 암나귀 새끼는 믿는 사람을, 포도나무는 생명나무이신 그리스도를 가리킨다. 그들은 결코 생명나무이신 그리스도를 떠나지 아니하며 그리스도와 하나가 되어 살아가는 복된 사람들이다. 의복을 포도주와 포도즙에 빤다는 것은 하나님의 생명 안으로 들어가서 그 생명에 의해 살아가는 자의 복을 의미하고, 포도주로 눈이 붉다는 것은 노아에게 주어졌던 누림으로서 믿는 사람 속에 신령한 생명과 기쁨, 그리고 하늘의 총기가 가득함을 가리킨다. 우유로 이가 희어졌다고 했는데, 그것은 그리스도의 의와 생명이 가득한 사람임을 의미한다. 성경에서 흰 색은 주로 하나님의 생명과 빛을 나타낼 때 사용된다. 그래서 부활하신 그리스도는 항상 흰 세마포를 입으신 분으로, 빛 가운데 계신 분으로 자신을 나타내시는 것이며, 또 온전케 된 성도를 가리켜서 '흰 옷을 입은 자들'로 묘사하고 있는데, 그것은 천국의 빛 가운데서 살아가는 사람임을 뜻한다(마 17:2, 계 19:8 참조).

이런 사람들은 하나님의 뜻을 이루는 일에서 삶의 의미와 가치를 찾고 기뻐하게 된다. 또 그들은 자신이 누리는 천국을 타인에게 전하되 생명력 있게 전하므로 천국 복음을 받아들인 사람을 역시 천국을 누리는 산 자로 변화시켜 놓는다. 그런 신자는 자신의 천국을 누리면서 타인에게 천국을 소유하도록 조력하니 그가 참된 하나님의 사람이다. 그가 바로 담장을 넘은 가지로 묘사된 요셉의 복이다. 새 언약시대의 초기에 그런 사람들이 있었으니 빌라델비아 교회 신자들이다. 빌라델비아 교회 신자들은 하나님의 선물을 적게 받았음에도 그것을 나누고 전하는 삶을 살았다고 증언된다. 그 결과 그들에게는 하나님의 더 큰 선물인 '열린 문'이 주어지게 되었다. 열린 문이란 천국 복음으로 천국 문을 열어주는 능력이며 천국을 누리는 삶이다. 그들의 마음과 입에서는 항상 진리의 고백과 찬양이 나오니, 하나님을 영화롭게 하는 사람들로서 그들이 곧 성도이다.

빌라델비아 교회의 사자에게 편지하라. 거룩하고 진실하사 다윗의 열쇠를 가지신 이 곧 열면 닫을 사람이 없고 닫으면 열 사람이 없는 그가 이르시되, 볼지어다. 내가 네 앞에 열린 문을 두었으되 능히 닫을 사람이 없으리라. 내가 네 행위를 아노니 네가 작은 능력을 가지고서도 내 말을 지키며 내 이름을 배반하지 아니하였도다(계 3:7-8).

이기는 자는 내 하나님 성전에 기둥이 되게 하리니 그가 결코 다시 나가지 아니하리라. 내가 하나님의 이름과 하나님의 성 곧 하늘에서 내 하나님께로부터 내려오는 새 예루살렘의 이름과 나의 새 이름을 그이 위에 기록하리라(계 3:12).

이제부터는 물(가르침, 교리)만 마시지 말고 너의 위(속사람)와 빈번한 너의 유약함 때문에 포도주(기쁨, 자유, 누림)를 어느 만큼 공급하라(딤전 5:23 저자 원문 직역).

지금은 믿는 자들이 천국을 소유하여 땅에서부터 그것을 누리는 새 언약시대이다. 믿는 자마다 진리의 말씀을 사모하여 듣고, 새기고, 삶에 적용하므로 천국의 복을 풍성히 누려야 하는 때이다.

이런 복된 시대에

죄를 짓고 회개하기를 반복하는 삶으로만 이어진다면…

죽은 후에는 영혼만 올라가서 주님이 재림하시는 때를 기다려야 하는 것으로 믿는다면…

이미 장사지낸 믿는 자의 육체가 무덤에서 다시 살아나는 것으로 믿는다면…

참으로 딱하기 그지없는 신앙이다.

죄사함도 이 땅에서, 구원도 이 땅에서, 누림도 이 땅에서 일어나는 일이다. 또 휴거, 재림, 부활, 영광, 상급, 면류관 등도 각각의 믿는 사람 속에서 현재 발생되어지는 신령한 일인 것이다. 하나님은 항상 현재의 사람과 일하시고, 현재의 사람을 천국으로 만드시고, 현재의 시간 속에서 누림을 갖게 하시는 분이시다. 하나님의 말씀 성경을 옳게 이해하여 믿음으로써 천국의 실제가 나에게 성취되도록 해야 한다(마 22:29-32 참조).

밤이 깊고 낮이 가까웠으니 그러므로 우리가 어두움의 일을 벗고 빛의 갑옷을 입자. 낮에와 같이 단정히 행하고 방탕과 술 취하지 말며 음란하거나 호색하지 말며 다투거나 시기하지 말고, 오직 주 예수 그리스도로 옷 입고 정욕을 위하여 육신의 일을 도모하지 말라(롬 13:12-14).

제7장

땅에서 누리는 천국의 실제(1)

지금까지 천국에 대하여 증언하는 신구약 본문들을 중심으로 성경 전체를 살피는 가운데, 하나님이 믿는 자들에게 최상의 선물로 주시는 진정한 누림에 대해 알아보았다. 이제 마지막 단계로서 몇 차례에 걸쳐 '땅에서 누리는 천국'이란 실제로 어떤 내용의 누림인지에 대해 살펴보고자 한다.

> 나는 해 아래서 해로움(라아)이 존재하는 것을 보았으니 이는 사람에게 중한 것이라. 어떤 사람은 하나님이 그의 영혼(네페쉬)에게 부족함이 없도록 그의 소원되어지는 모든 것으로부터 부귀와 보물과 풍부함을 주셨으나, 하나님이 그것으로부터 먹는 것을(아칼) 허락하지 않으시기에 타인이 먹나니 그것도 헛되어(헤벨) 악한 재난이다. 사람이 만일 일백을 낳고 그가 많은 해를 장수하므로 그의 년 수의 날이 있을지라도 그의 목숨(네페쉬)에 누림(토브)이 족하지 못하고 또한 그 몸이 매장되지 못한다면 나는 유산한 자가 더 좋다고(토브) 말하겠다...저가 비록 천 년의 갑절이 있을지라도 누림을(토브) 보지 못하면 모

두 한 장소로 돌아가는 것뿐이 아니냐(얄라크)? (전 6:1-6 저자 원문 직역).

---

* 라아(Raa) - 히브리어 형용사로서 악한, 해로운, 재난 등의 의미.
* 아칼(Akal) - 동사로서 먹다, 소비하다, 삼키다 등의 의미.
* 네페쉬(Nefesh) - 명사로서 목숨, 영혼, 생명력 등의 의미.
* 헤벨(Hebell) - 형용사로서 헛됨, 텅빈, 덧 없음 등의 의미.
* 토브(Tove) - 형용사로서 선한, 좋은, 풍부한 등의 의미.
* 얄라크(Yalak) - 동사로서 떠나가다, 돌아가다, 데려가다 등의 의미.

성경은 땅에서 누림을 갖지 못한 채 떠나는 사람에 대해 일생을 헛되게 보낸 사람으로 평가한다. 위 전도서의 말씀은 그 점을 깨닫도록 일침을 주는 교훈이다. 이 땅에서 목표한 것을 이루고 또 땅의 것들을 풍부히 얻었다 할지라도, 누림을 보지 못한 채 떠나는 것이라면 차라리 유산된 자가 더 낫다고 말한다. 다소 극단적이기는 하지만 창조주 하나님의 관점에서는 아주 정확한 묘사이다. 여기서 "아칼"이란 사전적으로 '먹다'라는 의미로서, 성경에서는 소유와 누림을 나타낼 때 곧 잘 사용된다. 사람이 모든 것을 가졌어도 이 땅에서 누리지 못하고 있다면 그의 모든 것은 한낱 그림자에 불과하다는 점을 밝히고 있다. 또 이 땅에서 누리는 삶을 가꾸되 선을 이루는 그 일에서 누려야 함을 강조하고 있다. 이것을 달리 말한다면 '사람은 행복을 추구하되 하나님의 뜻을 이루는 삶에서 행복해야 한다.'는 의미이다. 나아가서 그 누림은 이 땅을 떠나는 날까지 지속되어야 하는 것으로

서 그런 삶이 '땅에서 누리는 천국'이다. 그런데 예나 오늘이나 상당수의 사람들, 이른바 그리스도인들은 성경이 밝히 말해주고 있음에도 땅에서 실현되는 천국에 대해서는 회의를 가진다. 그들은 '이 땅의 삶에는 죄가 나오고' 시험이 계속 닥치기에 천국을 누린다는 것은 사실상 불가능하며, 죽은 후 하늘나라에 가서 누리는 것이 아니냐?'며 반문한다. 혹 이 땅에서 천국을 누리는 길이 있다면 그것은 아주 특별한 조건들이 갖추어질 때만 가능하다고 생각한다.

첫째, 육체적 고통이 없이 장수해야 하고,
둘째, 속상한 일이나 고뇌할 일이 없어야 하고,
셋째, 환경적으로 안정되어야 하고,
넷째, 물질에서 풍요로워야 하고,
다섯째, 자식들이 잘되는 것을 보아야 하고 등등

사실 그것들은 대부분의 사람이 원하는 바로서 흔히 "오복"이라고 일컬어진다. 그런데 그리스도인들도 하나님으로부터 복을 받되 이른바 '오복'을 받아서 마음껏 누리기를 소원한다. 또한 그것들을 갖추고 풍족하게 사는 것이 이생에서 누리는 천국일 것이라고 생각한다. 결국 삶의 내용과 가치관이 일반인들의 것과 별 차이가 없음을 보게 된다. 다만 그런 조건들 위에 '하나님'을 살짝 추가시켜 놓고 있을 뿐이다.

과연 믿는 자가 땅에서 누리는 천국이란 그런 것일까?

똑바로 알아야만 남은 시간들을 누림의 시간으로 바꿀 수가 있는데, 땅에서 천국을 누리는 첫 번째 비결은 '그리스도와의 연합을 항상 마음에 새기고 떠올리며 감사하는 삶'에 있다.

1. 구원받은 근거가 확실해야 한다

구원이 확실하게 이루어진 사람이라면 그는 그리스도와 연합이 이루어진 사람이다. 역시 자신이 그리스도와 연합되어 있음이 분명하게 이해되고 믿어진다면 그는 구원이 성취된 사람이다. 예수 그리스도를 구원자로 고백하는 사람에게 있어서, 그리스도와의 연합은 상상외로 중요하다. 그럼에도 상당수의 그리스도인은 그것에 대해 바른 이해를 갖지 못하고 있다. 대부분 '나는 예수님을 구원자로 믿고 고백하므로 구원을 받았다'. 또는 '나는 예수님을 믿고 그분을 내 마음에 영접하였으므로 구원을 받았다.'고 말한다. 물론 성경을 문자적으로만 보는 사람이라면 '그런 고백들이야말로 성경적이다'고 생각할 것이다(롬 10:10, 요일 5:15 참조). 그러나 구원에 관계된 말씀을 올바로 이해하면서 하는 고백인지는 의문이다.

구원이란 하나님의 특별 선물로서 단지 사람 편에서 그리스도를 영접하고 신앙고백을 하는 그것만으로 성취되어지는 것은 아니다. "영접"이란 사람이 하나님 앞에서 마음 문을 여는 단계로 보면 맞다. 그렇기에 먼저 구원의 길을 알리는 말씀에 대하여 바른 이해를 가지는 것이 순서이다(롬 6:1-23 참조).

신약 성경 서신서에서는 그리스도의 죽음, 부활, 승천, 강림(다시 오심)을 하나로 묶어서 증언한다. 그 이유는 새 언약의 복음(천국 복음)을 들은 자들로 하여금 올바른 이해와 함께 확실한 믿음을 갖도록 하기 위해서이다(엡 4:13-14 참조). 구원에 관한 하나님의 말씀을 올바로 이해하고 믿는 사람에게는 실제로 부활하신 그리스도가 다른 보혜사로서 임하여 그 사람과 연합을 이루시게 되는데, 그리스도와 연합됨이 새 언약시대의 구원이다. '예수님을 믿으므로 구원받은 하나님의 사람'이라는 이해와 '나는 내 안에 오신 그리스도와 연합되어 살아가는 하나님의 사람'이라는 이해에는 천국을 누리는데 있어서 상당한 차이가 난다. 성경은 예수 그리스도의 부활 이후의 믿는 자들을 향하여 '다시 오시는 그리스도와의 연합', '그리스도와 연합되어 그 안에 사는 삶'을 계속 강조하고 있는데, 그 이유는 그리스도와 연합을 이룬 사람 속에는 천국의 누림이 점점 성취되어 나가기 때문이다. 아래의 말씀들을 잘 살펴볼 것을 권한다.

> 내가 아버지께 구하겠으니 그가 또 다른 보혜사(부활의 그리스도)를 너희에게 주사 영원토록 너희와 함께 있게 하리니, 그는 진리의 영(그리스도)이라. 세상은 능히 그를 받지 못하나니 이는 그를 보지도 못하고 알지도 못함이라. 그러나 너희는 그를 아나니 그는 너희와 함께 거하심이요 또 너희 속에 계시겠음이라(요 14:16-17).

> 이와 같이 그리스도께서도 많은 사람의 죄를 짊어지시려고 한 차례 드려진바 되셨고 구원을 위하여 죄 없이(죄와 관계없이) 자기를 바라는 자들에게 두 번

째 나타나지실 것이다(히 9:28 저자 원문 직역).

너희가 믿음에 있는 것이라면 너희 자신을 시험하고 너희 자신을 확증하라, 예수 그리스도께서 너희 안에 계신 줄을 너희 스스로 알지 못하느냐? 만일 그렇지 않다면 너희는 버려진 자이다(고후 13:5 저자 원문 직역).

이것으로서 하나님의 영을 안다, 곧 예수 그리스도께서 (믿는 자의) 육체 안에 오신 것을 시인하는 모든(믿는 자들의) 영마다 하나님으로부터 나와서 존재하고 있다. 그리고 (믿는 자의)육체안에 오신 예수 그리스도를 시인하지 않는 모든 영은 하나님으로부터 나와서 존재하는 것이 아니니 그가 적그리스도의 영이다, 그가(사탄의 영) 오리라고 한 것을 너희가 이미 들었으니 지금 세상 안에 (사람들 속에) 이미 존재하고 있다(요일 4:2-3 원문 스테판본, 저자 직역).

보라 그분께서 구름들과 함께 오시고 있다, 모든 사람(믿는 사람들)의 눈이 그분을 분명히 볼 것이며, 그분을 찌른 자 누구나 볼 것이며(바울 같은 자), 땅의 모든 족속(하나님의 씨들)이 그분을 대하여 애통할 것이니 그러하다 아멘(계 1:7 저자 원문 직역).

이것들을 증언하신 분이 '진실로 내가 속히 오겠다'고 하신다. 아멘 진실로 주 예수여 오시옵소서. 주 예수의 은혜가 너희 모두와 함께 있으라. 아멘(계 22:20-21 저자 원문 직역).

너희는 내가 너희에게 명한 모든 것을 지키도록 그들(믿는 자들)에게 가르쳐라, 보라 내가 세상(아이온: 하나님의 사람들)의 끝까지 모든 날을 너희와 함께 있겠다. 아멘(마 28:20 저자 원문 직역).

위의 말씀들은 너무도 분명히 그리스도의 다시 오심에 대해 증언해 주고 있다. 이는 부활 후 아버지께로 올라가신 그리스도가 '새 언약'을 굳게 믿는 사람 속에 오셔서 하나로 연합되어 함께 사신다는 증언이다. "새 언약"이란 "옛 언약"과 대비되는 계약으로서 '부활 승천하신 그리스도가 천국 복음을 믿는 사람 속에 보혜사로 오셔서 연합을 이루시고, 연합을 이루신 그 사람과 한 몸으로 거하신다.'는 내용의 약속이다. 또 어떤 경우라도 그리스도는 연합을 이루신 그 사람에게서 결코 떠나지 않으시고 그 신자의 생애 끝 날까지 함께 하시겠다는 약속인 것이다. 그 약속과 증언들을 올바로 이해하여 신뢰하는 것이 믿음이며, 하나님은 그런 믿음을 가진 사람에게 천국 누림에 대한 약속을 성취시켜 나가신다. 그럼에도 만일 그런 증언들이 믿어지지 않는다면 약속의 말씀들을 다시 신중히 살피면서 자신의 신앙 상태를 점검해 보는 것이 옳다. 그 사람 속에는 아직 그리스도가 계시지 않기 때문이다(고후 13:5 참조). 부활하신 그리스도가 자기 속에 임하신 것이 확실히 믿어지는 사람이라면, 자기 안의 그리스도를 의심 없이 신뢰하는 가운데 항상 그분과 하나로 살아가는 삶을 가꾸어야 한다. 그 삶이 이 땅에서 누리는 천국의 출발이다.

2. 천국은 그리스도와의 연합을 마음에 새기며 묵상하는 삶 속에 있다

천국은 하나님의 나라이며 그리스도의 나라이다. 그렇기에 가장 좋은 복락의 나라가 바로 천국이다(헬-바실레이아-우라노: 하늘나라). 또 '하나님의 나라'와 '하늘나라(천국)'는 동일개념이며 같은 내용이다. 사람들은 '하늘나라는 머나먼 저 하늘에 있는 것이 아니냐?'고 반문하지만, 본래 "하늘나라"란 하늘이신 하나님의 통치가 이루어지는 영역 또는 그런 장소를 가리킨다. 그러므로 하나님의 복된 통치가 이루어지는 영역은 그 어디나 '하늘나라'인 것이며, 하늘나라를 한자로 표기해 놓은 명칭이 '천국'이다. 예수님은 제자들을 향하여 '내가 죽음과 부활 후 아버지께로 갔다가 다시 오겠다'고 하셨는데, 그 이유는 하나님의 약속을 진실히 믿는 각각의 사람 속에 천국을 실현시키시기 위함이다. 믿는 사람 속에 천국이 실현되도록 하는 것, 거기에 예수 그리스도의 죽음, 부활, 승천, 강림(다시 오심)의 목적이 들어 있다.

그리스도가 이 땅에 다시 오시는 일, 이른바 '주의 재림'에 대해서는 여러 해석이 있어 온 것이 사실이다. 그럴지라도 그리스도의 재림(강림)의 목적은 분명히 한 가지로 집약되는데, 이는 천국 복음을 받아들여 진실히 믿는 사람 속에 천국을 실현시켜 주시기 위함이다. 진정 모든 믿는 사람 속에 천국이 실현된다면 하나님 아버지는 너무 기뻐서 춤을 추실 것이다. 그만큼 믿는 사람 속에 천국이 이루어지고, 그것을 누리게 되는 일은 하나님 아버지의 최대의 소원이 되신다. 믿는 사람에게 천국이 성취되면 그 사람의 내면이 곧 천국인 것이며 하나님이 영원히 안식하실 처소가 된다. 믿는 사람 속에 천국을 이루어 그와 더불어 안식하시는 것이 하나님의 천지창조의 목적이기 때문이다(창 2:1-3). 솔로몬 때는 돌로 지은 성전 안에 하나님이 임재하셨지만, 새 언약시대에는 약속을 진실히 믿는 신자가 곧 산돌 성전이므로, 그 산돌 성전 안에 누림이 나타나면 그 누림이 곧 천국이다.

> 내 아버지 집에 거할 곳이 많도다. 그렇지 않으면 너희에게 일렀으리라. 내가 너희를 위하여 거처(천국)를 예비하러 가노니, 가서 너희를 위하여 거처를 예비하면 내가 다시 와서 너희를 내게로 영접하여 나 있는 곳에(천국 안에) 너희도 있게 하리라(요 14:2-3).

> 내가 너희를 고아와 같이 버려두지 아니하고 너희에게로 오리라. 조금 있으면 세상은 다시 나를 보지 못할 것이로되 너희는 나를 보리니 이는 내가 살아 있고 너희도 살아 있겠음이라. 그 날에는 내가 아버지 안에, 너희가 내 안에, 내가 너희 안에 있는 것(신령하고 영원한 처소)을 너희가 알리라(요 14:18-20).

> 그 때에 솔로몬이 이르되 여호와께서 캄캄한 데 계시겠다 말씀하셨사오나 내가 주를 위하여 거하실 성전을 건축하였사오니 주께서 영원히 계실 처소로소이다(영원한 처소에 대한 모형적 처소) (대하 6:1-2).

> 너희 몸은 너희가 하나님으로부터 받은바 너희 속에 계신 거룩한 영의 전(처소)인 줄을 알지 못하느냐? 현재 너희는 너희의 것이 아니다(고전 6:19 저자 원

문 직역).

> 내가 들으니 보좌에서 큰 음성이 나서 이르되 보라 하나님의 장막(천국, 처소)이 사람들과 함께 있으매 하나님이 그들과 함께 계시리니 그들은 하나님의 백성이 되고 하나님은 친히 그들과 함께 계셔서(계 21:3).

이제부터가 더 중요하다. 사람이 그리스도와 연합을 이루게 되면 그것이 구원인데, 그것은 사람 속에 천국의 묘목이 심겨진 것과 같다(마 12:28, 13:38 참조). 여기서 '천국의 묘목'이란 그리스도와 연합을 이룬 그 사람 속에 들어온 '그리스도의 생명'을 의미한다. 그때부터는 그 묘목이 잘 자라도록 가꾸어야 하는데, 그 비결은 그리스도와 연합된 그 은혜를 항상 마음에 새기고, 고백하고, 감사하며 살아가는 일이다. 그것이 자신의 삶 전체에 하나님을 모시고 살고자 하는 신자의 마음가짐이며 자세이다. 성경읽기, 기도하기, 성경강해, 봉사, 헌금, 선행… 이 모두가 필요한 것들임에도, 내 안에 계신 그리스도를 마음에 새기고 떠올리고 진실히 고백하며 감사하는 삶이 더 중요하다. 그것이 하나님을 경외하는 삶이며, 하나님을 가까이 하는 삶이며, 그리스도와 동행하는 삶이 된다. 하나님이 그런 신자를 가까이 하시고 사랑하실 것은 당연한 일이다(시 91:14-16, 92:14 참조). 에녹은 그런 삶으로 하나님을 경외했기에 죽음을 보지 않고 하늘로 올라갔던 것이며, 이삭, 요셉, 다윗도 그런 삶에서 복 받은 자의 생애를 누렸던 것인데(시 91편 참조), 그들은 구약 시대의 인물이었음에도 여호와 하나님을 사랑하기에 항상 하나님의 말씀을 묵상하며 살았던 사람들로 증언되고 있다. 땅에서 누리는 천국은 그들처럼 하나님을 가까이 하고자 하는 참된 마음을 통해 열려 나가게 된다. 그와 반대되는 사람이 음녀인데, 성경은 하나님에게서 멀어지는 사람을 "음녀"라고 말하고 있다.

> 에녹은 육십오 세에 므두셀라를 낳았고, 므두셀라를 낳은 후 삼백 년을 하나님과 동행하며 자녀들을 낳았으며(창 5:21-22).

> 이삭이 저물 때에 들에 나가 묵상하다가 눈을 들어 보매 낙타들이 오는지라(창 24:63).

> 오직 여호와의 율법을 즐거워하여 그의 율법을 주야로 묵상하는도다(시 1:2).

> 나의 반석이시요 나의 구속자이신 여호와여 내 입의 말과 마음의 묵상이 주의 앞에 열납되기를 원하나이다(시 19:14).

> 무릇 주를 멀리하는 자는 망하리니 음녀같이 주를 떠난 자를 주께서 다 멸하셨나이다(시 73:27).

역시 믿는 사람 속에 묘목처럼 심겨진 천국은 하나님을 가까이 하는 삶에서 확장되어 나가게 된다. 그것은 구원받은 사람이라면 형편에 관계없이 누구나 할 수 있는 일이다. 그렇기에 하나님은 이사야를 통해 미리 말씀하시기를 '너희는 와서 사먹되 돈 없이 값없이 포도주와 젖을 사라'고 하셨다. "포도주와 젖"이란 천국 누림에 관한 구약적 묘사로서 사람 속에 포도주와 젖이 풍부해짐은 천국이 확장되고 있다는 증거이며 그것이 곧 천국의 누림이다. 천국 확장이 안 되면 누림이 거의 없으니 천국이 실감나지 않는 것이요, 천국이 확장되면 누리게 되니 그것이 땅에서 누리는 천국이다. 요약하여 자기 안에 계신 그리스도를 항상 의식하고 새기며 감사하는 삶이 땅에서 누리는 천국 확장의 비결이다. 또 그렇게 살아가는 것이 자기 안에 하나님의 임마누엘을 온전히 이루는 삶이다. 급하고 필요할 때만 하나님을 찾고 고백하는 일은 믿지 않는 사람도 할 수 있는 일이다.

> 하나님께 가까이 함이 내게 복이라. 내가 주 여호와를 나의 피난처로 삼아 주의 모든 행사를 전파하리이다(시 73:28).

> 그가 사모하는 영혼에게 만족을 주시며 주린 영혼에게 좋은 것으로 채워주심이로다(시 107:9).

> 하나님을 가까이 하라. 그리하면 너희를 가까이 하시리라. 죄인들아 손을 깨끗이 하라. 두 마음을 품은 자들아 마음을 성결하게 하라(약 4:8).

임마누엘이란 그리스도가 믿는 사람과 함께 활동하시거나, 믿는 사람 속에 계시면서 함께 사시는 것을 의미한다. 그래서 마리아의 남편 요셉에게 나타난 천사는 이사야서를 인용하며 '사람으로 오셔서 사람과 함께 활동하실 예수님은 곧 임마누엘이 되신다'고 알려 주었다. 에덴동산으로부터 예수님의 탄생 이전까지는 여호와 하나님(그리스도)이 특별한 몇몇 사람에게 오셔서 옆에서 동행해 주셨는데 그것이 임마누엘이었다. 그러나 새 언약시대의 임마누엘은 부활의 그리스도가 믿는 사람 속에 임하여 하나로 연합되시고, 언제나 그 사람과 함께 사시는 것을 가리킨다. 그리스도는 믿는 사람과 하나로 연합되어 계시고, 연합되신 그리스도 안에는 하나님이 영으로 계시고, 아버지와 그리스도에게서 나오는 성령은 그 사람 안에 머물면서 그 사람을 위하여 탄식으로 기도도 하고, 감동을 주기도 하니 그것이 믿는 자 안에 계신 삼위일체 하나님의 사역이며, 임마누엘의 역사이다. 그것을 시시때때로 떠올리고 고백하며 감사하는 삶이 이 땅에서 누리는 일차적 천국이다(시 19:14, 눅 17:20-21, 롬 8:26-27 참조).

임마누엘(Immanuel)-히브리어 고유명사로서 '하나님이 우리와 함께 계시다'라는 의미이며, 믿는 사람 속에서 항상 동행하실 그리스도에 대한 예표적 이름이다.

내가 그리스도와 함께 십자가에 못 박혔다. 그러므로 더 이상 내가 사는 것이 아니며 오직 내 안에 그리스도께서 사시는 것이다(갈 2:20상 저자 원문 직역).

아무 것도 염려하지 말고 다만 모든 일에 기도와 간구로, 너희 구할 것을 감사함으로 하나님께 아뢰라. 그리하면 모든 지각에 뛰어난 하나님의 평강이 그리스도 예수 안에서 너희 마음과 생각을 지키시리라(빌 4:6-7).

그런 사람은 항상 하나님과 그리스도를 의식하며 살아간다. 또 자기 안에 계신 그리스도가 자신의 길을 안내하실 것을 굳게 믿는다.

그는 유혹과 악으로부터 보호받기를 기도한다.

그는 성실히 일한 후 그분께 감사하며 모든 결과를 의탁한다.

그는 자신에게 주어진 그대로를 감사하며 살아간다.

그는 큰 것뿐만 아니라 작은 것에서도 감사한다.

그는 더 나은 미래를 그분께 의뢰하면서 감사한다.

그는 자신의 인생 여정이 참된 복 안으로 인도될 것을 믿고 감사한다.

그는 오늘 하루도 그분을 마음에 새기며 살았음을 감사한다.

이런 사람 속에는 천국이 점점 확장되어 나가게 되고, 시간이 가면서 천국을 누리는 사람으로 변화를 이루게 된다. 그가 바로 천국을 확장하고 있는 지혜로운 사람으로서, 현재도 얼마만큼 천국을 누리며 사는 사람이다. 그 사람 속에는 천국이신 그리스도가 항상 머물러 계신다.

> 항상 기뻐하라, 쉬지 말고 기도하라, 범사에 감사하라, 이는 그리스도 예수 안에서 너희를 향하신 하나님의 뜻이니라(살전 5:16-18).

> 사람에게는 버린 바가 되었으나 하나님께는 택하심을 입은 보배로운 산돌이신 예수께 나아가, 너희도 산 돌 같이 신령한 집으로 세워지고 예수 그리스도로 말미암아 하나님이 기쁘게 받으실 신령한 제사를 드릴 거룩한 제사장이 될지니라(벧전 2:4-5).

진정 자기 안에 연합되어 계신 그리스도를 떠올리며 묵상하고 감사하는 삶은 하나님의 뜻을 이행하는 신령한 일이기에 하나님이 그 사람을 주목하시며 사랑하시게 된다. 그런 삶이 곧 항상 기뻐하는 삶이며, 쉬지 않고 기도하는 삶이며, 모든 일을 놓고 감사하는 삶이며, 신령한 제사장으로서의 삶이다. 그런 신자는 하나님의 뜻을 이루어 나가는 일에서 참 가치와 보람과 즐거움을 얻으려 하기에 진정 하나님이 기뻐하시는 사람으로, 또 하나님의 사랑을 받는 사람으로 살아갈 수가 있다. 시간이 가면서 그 사람 속에는 '천국의 누림'이 확실히 실현되어지게 된다(시 91:14-16, 마 13:43 참조).

제8장

땅에서 누리는 천국의 실제(2)

천국은 하나님의 통치가 완전하게 실현되는 영역이다. 거기는 하나님의 권세와 하나님의 거룩, 선, 의가 자리 잡고 있기에 사탄의 세력이 침범하지 못한다. 사탄은 죄인(흙)을 양식으로 삼는 존재이기에 죄가 정복된 곳에서는 더 이상 활동을 하지 못한다. 사탄이 활동할 수 없는 영역이 천국이다. 천국은 죄가 정복되고 하나님의 뜻이 실현되는 영역으로서 하나님은 거기서 영광을 받으시고 또 영광을 나타내신다. 부활하신 그리스도는 그분 자체가 하나님의 성전이면서 천국이신 분이다. 그러므로 그분이 믿는 사람 속에 임하여 믿는 사람과 연합을 이루시고, 연합된 사람으로 더불어 생명사역을 하시는 중이라면 그 사람의 속은 이미 천국이 실현되고 있는 중이다(창 3:14, 계 21:3-4 참조). 또 사람 속에 천국이 이루어지면 그는 이 땅에서부터 그 나라를 누리면서 하나님의 영광된 아들로 살아가게 된다. 하나님은 그런 고귀한 성도가 우후죽순처럼 나오기를 소원하시면서 오늘도 하늘의 생명사역을 추진해 나가시는 중이다. 그렇기에 정녕 그리스도를 구원자로 믿는 사람이라면 지금 자기 안에 천국이 이루어지고 있는지에 대해 점검해 보아야 한다. 성경은 이생에서부터 천국을 누리는 사람이라야 구원이 확실히 성취된 자이며, 거룩한 성 새 예루살렘이 된 자이며, 이기는 자이며, 사후에도 천국을 누리게 될 사람으로 말해주고 있기 때문이다.

> 내 이름으로 불려지는 모든 자 곧 내가 '내 영광을 위하여 창조한 자'를 오게 하라. 그를 내가 지었고 그를 내가 만들었느니라(사 43:7).

> 또 내가 보매 '거룩한 성 새 예루살렘'이 하나님께로부터 하늘에서 내려오니 그 준비한 것이 신부가 남편을 위하여 단장한 것 같더라(계 21:2).

> 또 내게 말씀하시되 이루었도다. 나는 알파와 오메가요 처음과 마지막이라. 내가 생명수 샘물을 목마른 자에게 값없이 주리니, 이기는 자는 이것들을 상속으로 받으리라. 나는 그의 하나님이 되고 그는 내 아들이 되리라(계 21:6-7).

> '성(성도) 안'에서 내가 성전을 보지 못하였으니 이는 주 하나님 곧 전능하신 이와 및 어린 양이 그 성전이심이라. 그 성은 해나 달의 비췸이 쓸데없으니 이는 하나님의 영광이 비치고 어린 양이 그 등불이 되심이라(계 21:22-23).

이사야서 43장의 '하나님의 영광을 위하여 창조된 자'란 하나님의 창조의 목적에 도달한 사람, 즉 그리스도의 장성한 분량이 충만한 데까지 이른 사람이다(엡 4:13 참조). 또 요한계시록 21장의 '거룩한 성 새 예루살렘'도 하나님이 그 안에서 안식하실 수 있도록 완성된 성도를 의미하며, 역시 요한계시록 21:22의 '어린양이 등불이 되어 주신다.'는 사람도 '하나님의 성전'으로 완성되어진 성도를 의미한다. 그들 모두는 이 땅에서부터 천국을 누리게 될 복된 사람이다. 진정 하나님의 은혜로 구원을 받은 사람이라면 그 생명 수준에 이르기를 소원하며 추구해야 한다.

1. 천국 복음을 기뻐하고 천국 복음과 함께 살아가는 삶이다

이 땅에서 누리는 천국은 하나님을 진실히 믿는 사람 속에 이루어진다(눅 17:21 참조). 천국은 '나는 다른 보혜사로 임하신 그리스도와 연합된 하나님의 아들'이라는 확신과 함께 그 연합됨의 은혜를 마음에 새기고 떠올리고 고백하며 감사하는 삶에서 열리기 시작한다. 구원받은 사람이 현재 천국 복음과 함께 살고 있다면 그 사람은 이미 천국의 누림이 시작되었다. 이 땅에서 누리는 천국은 천국 복음을 믿는데서 출발되는데 "천국 복음"이란 하나님 앞에 나온 사람으로 하여금 하나님의 생명을 얻도록 안내하는 그리스도에게서 나오는 진리이다. 따라서 온 우주 안에 가장 값지고 귀한 보배는 역시 믿는 사람과 연합하여 함께 거하시는 그리스도와 그분에게서 나온 천국 복음이다. 그렇기에 천국 복음은 먼저 자신에게 적용시키는 것이 순서이다. 사람이 천국 복음을 받아들여 진실히 믿을 때 하나님의 생명이 주어지고, 천국 복음을 삶에 적용시킬 때 그 생명이 확장되어 나간다. 그 확장된 하나님의 생명을 누리는 삶이 천국이며, 그렇기에 그 천국은 자신이 먼저 누리도록 해야 할 것은 당연한 일이다. 나아가서 하나님의 은혜로 영원한 생명을 얻은 사람이라면 다른 사람도 하나님의 생명을 얻도록 천국 복음을 정확히 알리는 일을 해야 한다. 그것이 하나님 앞에서 자신이 빚진 사람임을 아는 삶이며, 진정한 하나님의 아들로 살아가는 길이며, 하나님과 이웃을 사랑하는 사람의 길이다. 또한 그것이 천국 복음 사역으로서, 그 천국 복음 사역 안에서 자신이 누릴 천국이 확장되어 나가게 된다. 그 점을 꼭 기억해야 한다(롬 8:12-14 참조).

너는 자신과 가르침을 굳게 붙잡아서 그것을 계속하라(천국 복음 전파). 왜냐하면 그것을 행함으로 네 자신과 너에게 듣는 자들을 구원할 것이기 때문이다(천국 누림의 구원) (딤전 4:16 저자 원문 직역).

이 예언의 말씀(천국 복음)을 읽는 자와 듣는 자와 그 가운데 기록한 것을 지키는 자는 복이 있나니 때가 가까움이라(계 1:3).

너희는 내게 배우고 받고 듣고 본 바(천국 복음)를 행하라. 그리하면 평강의 하나님이 너희와 함께 계시리라(빌 4:9 천국의 누림).

구원받은 사람이 구원의 길을 전하기 위해서는 먼저 천국 복음에 대해 확실히 알아야 하고, 또 천국 복음의 진리에 사로잡혀야 한다. 대충 아는 것으로는 거짓 신자, 거짓 선지자가 될 위험이 있기 때문이다. 따라서 그런 사람이 되기 위해서는 말씀을 이해하고 적용하는 훈련이 필요하다. 또 천국 복음을 전할 때는 사랑이 깃든 마음과 함께 시간, 돈, 수고 등이 투자되어야 한다. 그럼에도 참된 신자라면 오히려 그 부담들에 대하여 감사하고 기뻐하는 것이라고 성경은 말해준다(행 16:14-15 참조). 그런 사역 안에서 자신이 누릴 천국이 확장되어 나가게 된다. 성경은 새 언약시대에 천국을 누리게 될 복된 사람들을 소개하는데, 그 중의 하나가 '빌라델비아 교회'이다. 요한계시록에 등장하는 빌라델비아 교회에 대해 단지 2천 년 전 서아시아 지역에 있었던 한 교회공동체로만 이해한다면 참으로 곤란하다. 빌라델비아 교회는 그리스도가 다른 보혜사로 강림하시는 새 언약시대 전반에 걸쳐서 등장하게 될 참된 신자들의 모임을 가리킨다. 그뿐만 아니라 빌라델비아 교회는 천국 복음의 가르침대로 살아가는 각각의 그리스도인들이다.

구약 시대는 여호와 하나님을 주님으로 부르고 고백하는 이스라엘 공동체가 교회였지만, 새 언약시대는 그리스도와 믿는 자가 연합을 이룰 때 그 연합된 생명체, 즉 새롭게 된 신자 개인을 가리켜서도 교회라고 하기 때문이다. 하나님은 빌라델비아 교회가 된 각각의 성도에게 천국을 누리는 복을 주시겠다고 약속하신다(행 7:38, 고전 1:2 참조).

볼지어다. 내가 네 앞에 열린 문을 두었으되 능히 닫을 사람이 없으리라, 내가 네 행위를 아노니 네가 작은 능력을 가지고서도 내 말을 지키며 내 이름을 배반하지 아니하였도다(계 3:8).

내가 속히 오리니 네가 가진 것을 굳게 잡아 아무도 네 면류관을 빼앗지 못하게 하라. 이기는 자는 내 하나님 성전에 기둥이 되게 하리니 그가 결코 다시 나가지 아니하리라. 내가 하나님의 이름과 하나님의 성 곧 하늘에서 내 하나님께로부터 내려오는 새 예루살렘의 이름과 나의 새 이름을 그이 위에 기록하리라(계 3:11-12).

빌라델비아 교회는 하나님의 씨들에게 천국 복음을 전해 주어 그들로 구원에 이르도록 돕고, 또 자신이 누릴 천국을 확장시키는 사역에 충실한 새 언약시대의 복된 신자들이다(사 53:10, 마13:24, 요일 3:9 참조). 주님은 그 복된 사역을 결코 다른 사람에게 빼앗기거나 양보하지 말 것을 부탁하신다. 잃어서는 안 될 진정한 복의 사역이기 때문이다. 하나님은 빌라델비아 교회에게 열린 문을 주셨고, 또 새로 등장하는 빌라라델비아 교회들에게 계속 열린 문을 주시는 분이시다. "열린 문"이란 천국 복음을 효과적으로 전파하는 능력이며, 또 그런 신자에게 주어지는 천국 누림의 실제이다. 빌라델비아 교회도 천국 복음 사역에 있어서 처음에는 그리 대단하지 않았다. 그들이 하나님으로부터 받은 능력은 마치 한 므나를 받은 종처럼 작은 분량이었기 때문이다. 그럼에도 하나님이 맡겨주신 일에 감사하며 천국 복음을 확장시키는 사역에 마음을 쏟았다. 주님은 그런 빌라델비아 교회에게 면류관이 주어져 있다고 하신다.

면류관은 하나님이 주시는 상급으로서 믿는 자의 영광이며 복 누림을 가리키는데, 그것을 구체적으로 말씀하신 내용이 요한계시록 3장 12절이다. 먼저 성전의 기둥이 되도록 할 것이며, 또한 '하나님의 이름과 새 예루살렘의 이름과 주님의 새 이름을 그들 위에 기록하겠다.'고 하신 말씀이다. '성전의 기둥'은 귀중한 천국의 청지기임을 의미하고, '하나님의 이름'은 하나님의 생명을, '새 예루살렘의 이름'은 완전하게 된 성도의 생명을, 그리고 '나의 새 이름'은 부활 후에 임하신 그리스도의 생명을 의미한다. 그들에게 네 가지의 보배를 주시겠다고 하셨으니 그것들은 하나님이 사람에게 주실 수 있는 최상의 선물이자 상급이다. 그것은 믿는 사람에게 하나님의 생명이 가득 채워져 누리도록 해주는 것으로서 그것이 '땅에서 누리는 천국'이다. 또 '땅에서 누리는 천국'이란 천국 복음과 함께 만족해하며 항상 기뻐하는 믿는 자의 삶이다. 가장 모범적인 천국 복음의 사역자를 꼽으라고 한다면 그는 바울 사도이다. 바울 사도는 천국 복음 사역도 성공시켰고, 땅에서 누리는 천국도 성취했던 사람이다. 그럼에도 더 큰 목표를 향하여 계속 전진하겠노라고 고백하는데, 그 이유는 천국 복음 사역에서 오는 보람과 가치 그리고 복 누림은 그 어떤 것에도 비교할 수 없는 것이었기 때문이다.

> 형제들아 나는 내 자신이 얻은 줄로 여기지 아니하고 오직 한 가지, 뒤에 있는 것들은 잊어버리면서 앞에 있는 것들을 잡으려고, 목표를 따라 그리스도 예수 안에서 하나님의 부르심의 상급을(누림의 상급) 향하여 좇아가노라(빌 3:13-14 저자 원문 직역).

피조물이 고대하는 바는 하나님의 아들들이 나타나는 것이니, 피조물이 허무한데 굴복하는 것은 자기 뜻이 아니요 오직 굴복하게 하시는 이로 말미암음이라. 그 바라는 것은 피조물도 썩어짐의 종노릇 한데서 해방되어 하나님의 자녀들의 영광의 자유에 이르는 것이니라(롬 8:19-21).

성경은 증언한다. 지금 이 땅에는 구원을 애타게 기다리는 하나님의 씨들이 사방에 흩어져 있으며, 그들은 속히 구원을 받아 하나님의 아들들의 영광 안에 들어가기를 고대한다는 것이다. 여기서 "피조물"이란 자연 만물을 가리키는 것이 아니다. 구원을 받을 자로 미리 정해진 하나님의 씨들을 가리킨다(단 12:1-3, 마 13:23-38, 롬 8:29-30 참조). 그들은 아직 천국 복음을 듣지 못하여 죄 속에서 방황하고 있지만, 그들의 영은 죄악과 함께 사는 것을 괴로워하면서 속히 참된 복음을 듣고 믿어서 하나님의 아들들이 되기를 소원한다는 그런 말씀이 된다. 지금 그 하나님의 씨들은 멀리 외국 땅에 있는 것이 아니다. 현재 신자가 살아가는 주변에, 신자의 지인들 안에, 신자가 만나는 사람들 안에 섞여 살아가고 있다. 그들을 살려내는 일은 구원받은 자들이 할 수 있는 사역 중에 최고의 사역으로서 하나님의 소원이 성취되도록 하는 일이다. 이러한 사실을 똑바로 인지하고 자신을 통해 천국 복음이 확장되는 것을 기뻐하며 사는 삶이 땅에서 누리는 천국이다(빌 2:18 참조).

2. 완전하게 될 날을 바라보며 기뻐하는 삶이다.

성경은 그리스도와 연합되므로 구원에 이른 자들은 완전한데 까지 성장해야 할 것을 권면하고 있다. 믿는 자가 땅에서 장성하여 완전함에 이르는 것은 하나님의 최대의 소원이시며, 그 사람 자신에게는 최상의 복안으로 들어가는 길이 된다. 그렇기에 하나님은 그분의 씨들이 구원을 받은 후 겨우 그 수준에 머무는 것을 안타까워하시면서 완전한데 까지 성장할 것을 명하신다. 믿는 자가 자신을 성장시켜 나가는 가운데 완전하게 될 날을 소망하며 기뻐하는 삶이 땅에서 누리는 천국이다.

그러므로 하늘들 안에 계신 너희 아버지께서 완전하신 것처럼 너희도 완전하라(텔레이오스) (마 5:48 저자 원문 직역).

우리는 진리를 거스려 어떤 것도 할 능력이 없고 오직 진리를 위할 뿐이므로, 우리가 약할 때에 너희의 강력한 것을 기뻐하고 또 그것을 소원하니 곧 너희의 완전(카탈티시스)이다(고후 13:8-9 저자 원문 직역).

평강의 하나님이 친히 너희를 완전히(홀로텔로스) 거룩하게 하시고 또 너희의 완전한(홀로클레토스) 영과 혼과 몸이 우리 주 예수 그리스도의 강림하심 안에서 흠 없이 지켜지기를 소원한다(살전 5:23 저자 원문 직역).

* 텔레이오스(Teleios) - 헬라어 형용사로서 완전한, 온전한 등의 의미.
* 카탈티시스(Kataltidis) - 헬라어 명사로서 완전, 완전한 설비 등의 의미.
* 홀로텔로스(Holotelos) - 헬라어 형용사로서 완전한, 온전한 등의 의미.
* 홀로클레로스(Holokletos) - "헬라어 형용사로서 완전한, 온전한 등의 의미.

위의 말씀들처럼 구원받은 자들을 향하신 하나님의 소원은 그리스도안에서 성장을 거듭하므로 공생애 기간의 예수 그리스도의 분량에 이르기까지 장성하게 되기를 바라신다. 혹자는 '사람이 어떻게 예수 그리스도의 수준에 도달할 수가 있느냐'고 반문하겠지만, 그리스도와 연합된 자들은 할 수가 있는 것이기에 꼭 이루라고 명령형으로 말씀하시는 것이다. 그렇게 된 사람은 창세기 1장 26-28절의 사람이며, 요한계시록 21장 2절의 사람으로서 하나님은 그런 성도 안에서 안식을 누리시고, 그 성도 또한 하나님과 함께 복된 안식에 들어가게 되는 것이니 그것이 땅에서 누리는 천국이다.

1) 믿는 자가 완전한데 이르는 것은 하나님의 작정 속에 있었다.

하나님은 미리 정하신 자들을 구원하신 후 그들을 완성시키시는 일에 대해 두 차원의 사역으로 말씀하신다. 첫째는 창세기 1장에 등장하고 있는바 완전하게 창조된 사람이고, 둘째는 요한계시록 21장에 비유적으로 소개되는 있는바 완전함에 이른 사람이다. 그런데 창세기 1장의 '남자와 여자로 창조된 사람'은 하나님의 작정(설계도) 속의 인물이며, 요한계시록 21장의 '거룩한 성 새 예루살렘'은 실제적 인물로서, 그는 새 언약의 성취를 통해 완전함에 이른 새 언약시대의 성도를 가리킨다.

창세기 1장은 그리스도안에 들어온 사람이 어떤 과정을 거치면서 완성에 이르게 되는가에 대해 말해주는 성경이다. 그래서 창세기 1장 1절의 "하나님이 그 첫 열매 안에서(첫 열매와 함께) 그 하늘과 그 땅을 창조하셨다."(저자 원문 직역)는 말씀은 성경 전체에 대한 제목이면서 창세기 1장의 주제가 된다. 창세기 1장 1절의 첫 머리에 '레쉬트'가 나오는데, '레쉬트'는 첫 것, 첫 열매, 우두머리, 시초, 근원 등의 의미이며, 이는 아버지와 함께 창조사역을 하신 그리스도를 가리킨다. 또 창세기 1장 2절은 죄악에 빠진 인간을 천국 복음으로 불러내실 것에 관한 계획이고(성령의 사역), 첫째 날과 둘째 날은 불러내신 자에게서 죄악을 갈라내실 것에 관한 계획이며,

셋째 날은 빛 자체이며 천국 복음이신 그리스도를 통하여 마침내 하나님의 아들들이 출현하게 될 것에 관한 설명이다. 그리고 넷째 날과 다섯째 날은 구원받은 사람을 물고기, 기는 것, 새, 육축 등으로 비유하고 있는 바, 사람이 구원을 소유한 후에는 반드시 성장해야 할 것을 강조하는 내용이고, 창세기 1장 26절 이하에서는 마침내 완성된 하나님의 아들들이 나오게 될 것을 기록해 놓고 있다. 또 '하나님이 사람을 창조하시되 남자와 여자로 창조하셨다'고 했는데, 거기서의 남자는 그리스도에 대한 예표이고, 여자는 믿는 사람에 대한 예표이다. 새 언약시대가 이르게 되면 그리스도와 믿는 자의 연합체인 새로운 창조물이 나오게 되고, 그가 성장을 계속한 후에는 그리스도의 생명 수준에 이른 하늘의 사람이 될 것을 미리 알리는 기사이다. 그런 완전한 사람이 하늘의 별처럼 많이 나오도록 하시는 것이 하나님

의 천지창조의 목적이다(고후 5:17, 계 21:1-7 참조).

그리스도와 믿는 자가 연합을 이루게 되면 새로운 창조물이 된 것이다(고후 5:17 참조). 그리고 그 창조물이 완전하게 성장할 때 그는 하나님이 영원히 안식하실 처소이며, 일곱째 빛의 성전이며, 완성된 그리스도의 신부가 된다. 그래서 창세기 2장 2절의 '창조주 하나님의 안식'이란 그렇게 된 사람 속에서의 안식을 의미한다. 여기까지는 창세전에 세우신 '하나님의 설계도'이다. 조직신학에서는 그것을 '하나님의 작정'으로 말하기도 한다. 하나님은 만물창조 이전에 그 위대한 '생명 창조의 설계도'를 먼저 완성해 놓으셨다. 반도체를 도입하여 하나님의 창조사역을 이해해 본다면, 시스템 반도체는 설계를 하는 쪽과 그 설계를 따라 반도체를 제작하는 쪽, 이렇게 두 분야의 과정을 통하여 제품이 완성된다고 한다. 그처럼, 하나님의 위대한 생명창조도 역시 두 차원의 과정을 통하여 완성을 이루게 된다. 하나님은 창세전에 이미 인간 창조와 구원과 완성된 성도에 관한 설계를 마치셨고, 그 설계를 따라 역사 속에서 생명 창조의 경륜을 펼치고 계시는데, 성경은 그 '창세전의 하나님의 설계'를 가리켜서 '하나님의 비밀'로 말해 주고 있다(엡 3:1-11 참조).

그런데 하나님이 그분의 완전한 아들들을 설계하신 것도 창조였고, 실제로 그분의 완전한 아들들을 만들어 내시는 것도 창조이다. 하나는 영원한 때의 창조이며, 또 하나는 역사 안에서의 창조이다(엡 1:4-6, 고후 5:17 참조). 그런데 하나님이 실제 그분의 아들들을 창조해

내시는 일이 어려우시듯, 그 아들들에 관하여 설계하시는 일도 어려우셨다. 하나님이 비록 전능자이실지라도 완전한 하늘의 아들들에 관한 설계는 고난도의 사역이었다는 점을 알아야 한다. 초고층 빌딩은 설계하는 시간이나 건축하는 시간에 큰 차이가 없다고 한다. 그만큼 설계는 한 치의 어긋남이 없이 정확해야 하기 때문이다. 그렇기에 하나님은 그 위대한 설계 사역을 마치신 후 곧바로 안식하시게 되는데, 창세기 2장 2-3절의 내용이 바로 그것이다. 그리고 완전한 아들들이 나올 때 그들 각각의 아들들 속에서 진정한 안식을 누리시게 되는 것인데, 요한계시록 21장의 내용이 바로 그것이다. 하나님의 안식은 지친 몸과 마음을 쉬는 그런 안식이 아니라, 그분 자신이 성취하신 일에 대하여 극대화된 가치와 보람을 느끼시며, 크게 만족하시며, 기쁨에 겨워하시는 그런 내용의 누림이다. 하나님은 사랑하는 아들들이며 그리스도의 신부인 완성된 성도들로 더불어 최상의 안식 누리기를 소원하시기에, 오늘도 그 생명 창조 사역은 멈춤이 없이 계속되고 있는 것이다(요 5:17 참조).

> 하나님께서 그 지으신 것의 모두를 보시니 보라. 그것들이 심히 아름다웠다(매우 선했다), 저녁이 존재했고 아침이 존재했다, 여섯 째 날이다(창조의 완성품이다) (창 1:31 저자 원문 직역).

---

*비밀(뮈스테리온: Miusterion) - 헬라어 명사로서 새 언약시대까지 감추어져 내려온 '하나님의 생명 창조 계획'을 가리키다.

*경륜(오이코노미아: Oikonomia) - 헬라어 명사로서 섭리. 관리 등의 의미인데, 하

나님의 씨들을 구원하여 완전함에 이르기까지 인도하시는 하나님의 생명사역을 의미한다(엡3:9).

2) 천국은 완전하게 될 날을 소망하며 기뻐하는 삶이다

예수님은 제자들을 향하여 '외부에 나타나는 현상들에 매료되거나 기뻐하지 말고 오직 믿는 사람 속에 하나님의 나라가 실현되는 것을 기뻐하라'고 하셨다. 그것은 그분이 귀신들을 쫓아내시는 사역 중에 하신 말씀으로서, 하나님이 믿음의 사람들에게 주시고자 하는 진정한 복은 사람 외부의 것이 아니라, 사람 속에 세워지는 천국임을 선언하신 것이 된다. 예수님은 천국을 성취시키는 능력인 천국 복음이 계속 비밀로 내려오다가 자신의 때부터 열리게 되었다고 하셨다. 그때 그분의 말씀을 들은 제자들과 군중은 심한 갈증과 실망감에 붙잡혔을 것이다. 그들은 믿는 사람에게 주어지는 복이란 '땅의 것들이 잘되고 부유하며, 그것들이 안전하게 지켜지고, 사람들로부터 인정받고 부러움을 사는 삶'으로만 알고 오직 그것을 추구해 왔는데, 눈에 보이는 것은 진정한 복이 아니며 사람 속에 임하는 하나님의 나라가 진정한 복이라고 하시니 얼마나 실망이 컸을 것인가? 그들은 그 후에도 의문을 품고 지내다가 부활하신 예수님을 만나고, 또 마가 다락방에서 성령(하기오스-프뉴마)을 받은 후에야 그 말씀의 의미를 알게 되었다.

성령(토 프뉴마)으로 가난한 자들은 복이 있다, 하늘들의 나라가 그들의 것이기 때문이다… 의(의로움) 때문에 핍박 받은 자들은 복이 있다, 하늘들의 나라가 그들의 것이기 때문이다(마 5:3, 5:10 저자 원문 직역).

그분께서 대답하심으로 그들에게 말씀하셨다, 너희에게는 하늘들의 나라의 비밀을 아는 것이 허락되어졌으나 그들에게는 주어지지 않았다. (누구든지)소유한 그에게는 받아 넉넉해질 것이지만(천국 누림), (누구든지)소유하지 못한 자는 그의 가진 것까지도 치워져버릴 것이다(마 13:11-12 저자 원문 직역).

하나님의 나라는 먹는 것과 마시는 것 존재가 아니며, 오직 거룩한 영 안에서 의와 평화와 기쁨 존재이다(롬 14:17 저자 원문 직역).

우리가 소망으로 구원이 얻어졌으니 보이는 소망은 소망이 아니다, 누가 지금 보는 것을 소망하겠는가? 그러나 만일 우리가 보지 못하는 것을(천국의 누림) 소망한다면 인내에 의해 기다리게 된다(롬 8:24-25 저자 원문 직역).

위의 말씀들은 믿는 사람 속에 세워지는 신령한 나라, 의의 나라, 기쁨의 나라에 대한 증언이다. 한 과부가 원한 풀기를 소원하던 끝에 재판장에게 오래 간구하므로 마침내 소원을 이룬 것처럼, 천국도 사모하고 구하게 되면 결국은 소유하게 된다는 말씀이다(눅 18:1-8 참조). 그런데 구원과 천국은 육신의 눈으로 볼수 있는 세계가 아니다. 만약 천국이 보이는 세계의 것이라면 하나님의 사람들은 구하지 않을 것이라는 말씀이다. 보이는 세계의 것은 일시적이며, 변질되며, 낡아져 가기 때문이다. 한번 성취되면 영원으로 이어지는 참된 누림이 천국이다. 그것은 변화무쌍한 인간 세상에 세워지는 나라가 아니며, 영원 자체이신 하나님이 그분의 약속을 믿고 사모하고 구하는 사람 속에 세워주시는 나라이기에 '인내와 함께 추구하게 되면 결국 얻게 되는 나라'라고 하신다.

추측건대 오늘날에도 '천국이란 땅에서부터 누리는 나라지만 결코 눈에 보이지 아니하는 나라'라고 전한다면 대단히 실망들을 할 것이다. 천국이란 사후에나 들어가는 세계이기에 먼 미래의 일이고 지금은 타인보다 부유하고, 앞서가며, 지배하고 관리함으로써 타인이 모두 부러워하는 사회적 능력자로 사는 것이 믿는 사람의 덕이며 믿는 자의 성공으로 여기는 사람이라면, 하나님이 주시고자 하는 천국은 실망스러운 것이 되고 만다. 누가 이 땅에서 부유하고, 잘 되며, 앞서가는 사람으로 살고 싶지 않을까? 그러나 그것들을 우선시하는 사람 속에는 결코 천국이 임할 수 없다는 그 점을 직시해야 한다. 그래서 주님은 지식계층인 율법학자들, 그리고 사회적 인사인 바리새인들보다 오히려 세리, 창기, 고아, 과부들이 천국에 먼저 들어가게 될 것이라고 하셨다. 그러므로 진정 땅에서부터 천국을 누리고자 하는 사람은 사랑의 하나님이 이루어 내실 구원과 천국에 대해 똑바로 알고 믿어야 한다. 이른바 그리스도인들의 상당수는 지금도 성경이 말해주는 것과는 정반대의 천국관을 가지고 있다.

> 내가 너희에게 뱀과 전갈을 밟으며 원수의 모든 능력을 제어할 권세를 주었으니 너희를 해칠 자가 결코 없으리라. 그러나 귀신들이 너희에게 항복하는 것으로 기뻐하지 말고 너희 이름이 하늘에 기록된 것으로 기뻐하라 하시니라

(눅 10:19-20).

그 때에 예수께서 성령(토 프뉴마)으로 기뻐하시며 이르시되 천지의 주재이신 아버지여 이것을 지혜롭고 슬기 있는 자들에게는 숨기시고 어린 아이들에게는 나타내심을 감사하나이다. 옳소이다. 이렇게 된 것이 아버지의 뜻이니이다(눅 10:21).

너희는 내게 배우고 받고 듣고 본 바를 행하라. 그리하면 평강의 하나님이 너희와 함께 계시리라(빌 4:9).

누가복음 10장 19절 이하의 말씀은 '구원받은 사람에게서는 사탄의 세력이 이미 빠져나갔다'는 그런 의미이다. 그러나 그것으로 만족하지 말고 믿는 사람 속에 천국이 성취되어 가는 그것을 기뻐하라고 하신다. 사실 믿는 사람 속에 그리스도가 보혜사로 임하시면 사탄의 세력은 견디지 못하여 빠져나가게 된다. 그 후에는 그것들이 빠져나간 자리에 성령(하기오스-프뉴마)의 역사로 가득하도록 해야 한다.

성령은 아버지와 그리스도로부터 나오는 거룩한 영이기에, 아버지와 그리스도의 뜻대로 살아가는 아들들 속에 하늘의 것으로 채워주는 사역을 한다. 그 일의 열매를 가리켜서 '성령 충만'이라고 한다. 따라서 성령으로 충만한 사람은 항상 기뻐한다. 자기 안에 천국이 이루어지고 있음을 감지하기에 항상 기뻐하는 것이다. 예수님은 그것의 증거로서 성령에 의하여 기뻐하시는 자신을 보여 주셨다. 그분이 기뻐하신 것은 외부의 조건에 의해서가 아니라 그분 안에 계신 아버지께서 성령으로 그분의 마음을 감동시킴에 의해서였다. 그러면 어찌 그분 안에만 성령의 감동이 있었던 것일까? 어찌 제자들 모두를 감동시키지 않았을까? 예수님은 항상 아버지의 뜻대로 일하시고, 아버지의 뜻대로 사셨기 때문이다. 그러므로 예수님처럼 성령으로 항상 기뻐하기 원한다면 그분처럼 하늘 아버지의 뜻을 따르는 삶을 열어 나가야 한다.

그것이 자기 안에 계신 그리스도와 협력하여 선을 이루는 삶이다.

그것이 그리스도안에서 완성을 지향하는 신자의 삶이다.

그것이 자신의 완성을 바라보며 기뻐하는 신자의 삶이다.

그런 신자는 완성을 이룰 때가 오게 되고, 그 때를 바라보며 기뻐하니 그것이 땅에서 누리는 천국이다.

주 안에서 항상 기뻐하라. 내가 다시 말하노니 기뻐하라. 너희 관용을 모든 사람에게 알게 하라. 주께서 가까우시니라. 아무 것도 염려하지 말고 다만 모든 일에 기도와 간구로, 너희 구할 것을 감사함으로 하나님께 아뢰라. 그리하면 모든 지각에 뛰어난 하나님의 평강이 그리스도 예수 안에서 너희 마음과 생각을 지키시리라(빌 4:4-7).

너희 안에서 착한 일을 시작하신 이가 그리스도 예수의 날(믿는 자의 완성)까지 이루실 줄을 우리가 확신하노라(빌 1:6).

내가 기도하노라. 너희 사랑을 지식과 모든 총명으로 점점 더 풍성하게 하사, 너희로 지극히 선한 것을 분별하며 또 진실하여 허물없이 그리스도의 날(믿는 자의 완성)까지 이르고, 예수 그리스도로 말미암아 의의 열매가 가득하여 하나님의 영광과 찬송이 되기를 원하노라(빌 1:9-11).

제9장

땅에서 누리는 천국의 실제(3)

믿음의 사람에게도 이 땅의 여정에 고난이 다가올 수 있다. 그런데 '고난을 겪는 중에도 천국을 누리는 일이 가능할까?'하는 것인데, 성경은 얼마든지 가능한 것으로 말해 준다. 사실 성경에는 고난 속에서 하나님의 사역을 감당하고, 고난과 함께 하나님의 나라를 누린 인물들이 소개되고 있다. 그럼에도 현재 자신이 고난을 겪는 중이라면 동의하기가 쉽지만은 않을 것이다. 성경도 고난을 받는 것 그 자체를 복이라고 말하지는 않는다. 오히려 실수나 죄에서 온 고난이라면 즉각 돌이켜 회개할 것을 촉구하고 있다. 다만 그리스도로 인하여 고난이 온다거나 그리스도를 위한 일에서 고난을 받게 되는 경우, 그 때는 자신이 그리스도의 고난에 동참하는 것으로 알고 인내 속에 잘 감당할 것을 당부하고 있다. 그러면 그 같은 고난을 잘 감당해 내는 믿음의 사람에게는 어떤 누림이 오게 되는 것일까?

사랑하는 자들아 너희의 훈련(페이라스모스)을 위하여 일어나는 불 시련에 낯

선 일을 당하는 것처럼 이상히 여기지 말고, 오직 너희가 그리스도의 고난(파떼마)에 동참하는 것으로 즐거워(카이로)하라. 이는 그의 영광을 드러내실 때에 너희로 즐거워(카이로)하고 심히 기뻐하게(아갈리아오) 하려 함이라(벧전 4:12-13 저자 원문 직역).

---

* 페이라스모스(Perasmos) - 헬라어 명사로서 훈련, 역경, 유혹, 도전 등의 의미.
* 퓔로시스(Filosis) - 헬라어 명사로서 정화, 융해, 시련 등의 의미.
* 파떼마(Pattema) - 헬라어 명사로서 고난, 고통, 고생 등의 의미.
* 파스코(Pasco) - 헬라어 동사로서 고난당하다, 고통받다 등의 의미.
* 카이로(Kairo) - 헬라어 동사로서 기뻐하다, 행복하다, 유복하다 등의 의미.
* 아갈리아오(Agaliaos) - 헬라어 동사로서 크게 기뻐하다, 매우 기뻐하다 등의 의미.

---

1. 시련을 위한 고난 후에 오는 위로와 누림이다

성경은 사람이 하나님의 은혜를 입으므로 구원을 소유한 후에는 꼭 천국을 누려야 한다고 말한다. 그런데 그렇게 되기까지는 반드시 인내의 과정이 필요하다. 사람이 그리스도와 연합하여 구원에 이르렀다 할지라도 그 즉시 천국을 누리게 되는 그런 일은 없다. 그 이유는 아주 명백하다. 천국이란 일차적으로 사람 속에 그리스도의 속성이 채워지므로 하나님의 의와 평강과 기쁨의 은혜를 누리는 것이다(요 14:27, 롬 14:17 참조). 그런데 이제 막 그리스도와 연합이 이루어진 그 수준에서는 이전 육신의 기질과 습관을 그대로 지니고 있기에 천국의 복을 누리기가 어렵다. 그 사람의 상태는 성화되는 면에서 볼 때 사실상 구원받기 이전과 달라진 것이 거의 없다. 그래서 거의 매일 마음속에서 죄의 욕망이 올라오는가 하면 그것에 끌려 다니기도 한다. 그 사람은 그리스도의 피의 구속으로 모든 죄를 사함 받고 또 거룩한 존재로 인정받았음에도 불구하고, 그의 마음은 여전히 죄의 욕망에 끌려 다니는 죄인 상태인 것이다. 하나님은 구원받은 자 모두를 귀중히 여기시는 것이 사실이지만, 의로움 자체이신 그분께서 현재 죄의 욕망에 끌려 사는 사람에게 천국의 누림을 주실 수는 없는 일이다(롬 7:14-24, 고전 3:1-3 참조). 이제 막 구원이 이루어진 사람의 경우, 그의 생명 수준은 그 사람 속에 천국의 묘목이 심겨진 정도로 보면 맞다. 제아무리 우수한 품종일지라도 이제 막 심겨진 묘목은 절대로 열매를 맺지 못하는데, 믿는 자가 천국을 누림에 있어서도 그것과 이치가 같다. 그렇기에 사랑의 하나님은 그에게 여러 시험을 겪게 하심으로써 육신적인 욕망들을 정리하도록 인도하신다.

> 내 형제들아 너희가 여러 가지 시험을 당하거든 온전히 기쁘게 여기라. 이는 너희 믿음의 시련(도키미온)이 인내를 만들어 내는 줄 너희가 앎이라. 인내를 온전히 이루라. 이는 너희로 온전하고 구비하여 조금도 부족함이 없게 하려 함이라(약 1:2-4).

> 우리 주 예수 그리스도와 우리를 사랑하시고 영원한 위로와 좋은 소망을 은혜로 주신 하나님 우리 아버지께서 너희 마음을 위로하시고 모든 선한 일과 말에 굳건하게 하시기를 원하노라(살후 2:16-17).

> 그리스도의 고난이 우리에게 넘친 것 같이 우리가 받는 위로도 그리스도로

말미암아 넘치는도다(고후 1:5).

---

* 시험(페이라스모스: Peirasmos) - 헬라어 남성 명사로서 역경, 유혹, 도전, 간청 등의 의미.
* 시련(도키미온: Dokimion) - 헬라어 중성명사로서 시련, 단련, 훈련 등의 의미.
* 고난(파떼마: Pattema) - 헬라어 중성 명사로서 고난, 고통, 고생 등의 의미.

하나님은 그 사람을 점차 천국을 누릴 사람으로 변화시켜 나가시는데, 성경은 그 과정을 시련(연단)이라고 말하고 있다. 시련은 풀무불에 쇠덩이를 녹이고 망치로 때려서 쓰기 편리한 연장을 만드는 것과 같은 과정이다. 그렇게 해야만 천국을 누릴 사람으로 변화가 일어나게 된다. 그리고 그 사역을 주도 하시는 분은 창조주이시며 절대주권자이신 하나님과 그 사람 속에 내주하시는 구속자 그리스도이시다. 그때 그리스도와 연합된 사람이 하나님의 말씀에 순종하여 살아가게 되면, 시간이 가면서 잘 훈련된 하나님의 사람이며 하나님께 기쁨을 드리는 아들이 되고, 따라서 그에게는 하나님의 칭찬과 영광과 상급이 주어지도록 되어 있다. 하나님의 칭찬 영광 상급이란 잘 훈련되고 온전해진 사람에게 주어지는 하나님의 위로와 누림이다. 구약 시대에는 셋, 에녹, 노아, 이삭, 욥, 요셉, 다윗, 다니엘 같은 사람들이 그 복을 누리다가 떠났다. 예수님이 사람으로 오신 시대에는 시므온과 안나 같은 사람들이 그 복을 누린 사람이 된다. 또한 그런 삶이 하나님과 동행하는 삶으로서 하나님은 그들을 기뻐하시고 그들 안에 큰 위로와 평안을 주신다. 그러나 그 '시련의 과정'에는 육신과 마

음에 고통이 따른다. 그렇기에 분명히 거듭난 사람임에도 그 길 가기를 기피하므로 하나님의 마음에 합한 사람으로 단련되지 않는다. 그 결과 이 땅에서 누려야할 하나님의 위로와 평안의 때를 놓치고, 심지어 거역하는 자에게 임하는 징계의 고통을 겪기도 한다. 그렇기에 믿는 자들은 성경을 잘 살피면서 이유를 알 수 없는 고난, 즉 주님의 뜻 가운데 오는 고난이 있다는 사실을 알아야만 한다. 요한복음 9장에는 출생 시로부터 소경된 사람이 소개되고 있다. 예수님은 그가 소경으로 태어나서 당한 고난은 누구의 실수나 죄 때문이 아니라 그를 통하여 하나님의 영광을 나타내시려는데 있다고 하셨다. 그와 비슷한 또 한 사람이 있는데, 그는 부자의 대문 앞에 버려진 채 고난 받은 나사로이다. 그들은 하나님의 뜻 가운데 오는 고난을 잘 감당해 내었고 마침내 구원의 은혜와 기쁨과 평안을 선물로 받게 되었다. 그것이 하나님의 뜻대로 고난을 받되, 그 고난을 잘 감당한 자에게 주어지는 하나님의 위로와 누림이다(요 9:3, 눅 16:25 참조).

> 자녀이면 또한 상속자 곧 하나님의 상속자요 그리스도와 함께한 상속자니 우리가 그와 함께 영광을 받기 위하여 고난도 함께 받아야 될 것이니라. 생각하건대 현재의 고난은 장차 우리에게 나타날 영광과 족히 비교할 수 없도다(롬 8:17-18).

> 이것을 너희에게 이르는 것은 너희로 내 안에서 평안을 누리게 하려함이라. 세상에서는 너희가 환난을 당하나 담대하라. 내가 세상을 이기었노라 하시니라(요 16:33).

마지막으로 말하노니 형제들아 기뻐하라. 온전하게 되며 위로를 받으며 마음을 같이 하며 평안할지어다. 또 사랑과 평강의 하나님이 너희와 함께 계시리라. 거룩하게 입맞춤으로 서로 문안하라(고후 13:11).

너희가 그리스도의 이름 안에서(이름과 함께) 비난(오네이디조) 받아진다면 복(마카리오스)있는 자이다, 영광의 영 곧 하나님의 영이 너희 위에 머물러 있기 때문이다(벧전 4:14, 저자 원문 직역).

---

*오네이디조(Oneidijo) - 헬라어 동사로서 욕하다, 중상하다, 비난하다 등의 이미.
*마카리오스(Makarios) - 최고의 복, 행운, 행복 등의 의미.

하나님이 사랑하는 자들에게 시련을 허락하시는 이유가 여기에 있다. 비록 구원받은 사람일지라도 시련이 없으면 죄악을 따르는 습관과 불순종으로부터 도무지 돌이키려 하지 않는다. 지금까지의 그릇된 삶의 방식, 가치관, 생각 등을 고수하려 하는 것이다. 그런 사람이 시련을 통해 잘못을 깨닫고 돌이키므로 진정한 하나님의 사람으로 변화를 이루어 가게 된다. 또 순종의 훈련을 통하여 하나님의 온전한 사람으로 성장을 이루게 된다. 온전한 하늘의 사람으로 장성하게 되면 그간 시련의 과정에서 겪은 고통에 대하여 하나님의 위로와 누림이 주어지게 되니 그것이 땅에서 누리는 천국이다.

그리스도께서 이미 육체의 고난을 받으셨으니 너희도 같은 마음으로 갑옷을 삼으라. 이는 육체의 고난을 받은 자가 죄를 그쳤음이니, 그 후로는 다시 사람

(육신)의 정욕을 따르지 않고 하나님의 뜻을 따라 육체의 남은 때를 살게 하려 함이라(벧전 4:1-2).

모든 은혜의 하나님 곧 그리스도 안에서 너희를 부르사 자기의 영원한 영광에 들어가게 하신 이가 잠간 고난을 당한 너희를 친히 온전케 하시며 굳건하게 하시며 강하게 하시며 터를 견고하게 하시리라(벧전 5:10).

2. 고난 속에서 장성해 가는 자에게 주어지는 누림이다

예수님은 공생애 기간 중 그분을 따르는 제자들을 향하여 고난 받을 각오를 하라고 하셨다. 제자들은 이미 세상에 속한 자들이 아니며, 또 세상을 거부하고 그리스도만을 따르기로 각오한 자들이기에 세상이 그들을 미워하고 박해하고 심지어 죽이고자 할 것이라는 말씀이다. 예수님이 하신 그 말씀은 당시의 제자들에게만 해당되는 것이 아니다. 오히려 예수 그리스도의 부활 이후의 시대, 즉 새 언약시대의 믿는 자들에게 주시는 말씀이 된다. 따라서 새 언약시대의 진실한 신자들은 그리스도로 인하여 미움을 당하는 것은 물론 여러 가지 불이익과 따돌림 등을 각오하면서 그리스도를 따라야 한다. 그 이유는 그리스도를 따르는 길에는 반드시 비난과 방해, 핍박이 오도록 되어 있기 때문이며, 또 그 길만이 생명길이 되기 때문이다(딤전 4:12 참조).

너희가 세상(코스모스)에 속하였으면 세상이 자기의 것을 사랑(필레오)할 것이나 너희는 세상에 속한 자가 아니요 도리어 내가 너희를 세상에서 택하였기(에클레고마이)때문에 세상이 너희를 미워하느니라. 내가 너희에게 종이 주인보다 더 크지 못하다 한 말을 기억하라. 사람들이 나를 핍박하였은즉 너희도 박해할 것이요 내 말을 지켰은즉 너희 말도 지킬 것이라. 그러나 사람들이 내 이름(무 오노마)으로 말미암아 이 모든 일을 너희에게 하리니 이는 나를 보내신 이를 알지 못함이니라(요 15:19-21).

---

* 코스모스(Kosmos) - 헬라어 명사로서 세상, 인간 사회, 지역주민 등을 의미하지만, 더 깊게는 악인과 의인 두 방면의 사람을 키리킨다.
* 필레오(Filleo) - 헬라어 동사로서 사랑하다, 좋아하다 등의 의미이며, 동료간, 집단간의 사랑을 뜻한다.
* 에클레고마이(Ekllegomay) - 헬라어 동사로서 선택하다, 택하다 등의 의미이다.
* 무 오노마(Mou Onoma) - 헬라어 인칭대명사와 명사로서 '내 이름'을 뜻하지만, '그리스도 그분 존재' 또는 '그리스도의 생명'이라는 의미이다.

그리스도를 위한 길 즉, 진리로 인하여 고난 받는 길은 현세와 내세에서 천국이 성취되는 길이다. 그럼에도 그 길은 좁고 험하기에 찾는 사람이 적다. 반대로 걷기 쉬운 넓은 길은 우선 육신적으로 힘이 덜 들고 또 비난과 핍박이 없기에 대부분 그 길을 가고 싶어 한다. 예수님이 말씀하신 것처럼 '좁은 길'은 그리스도의 일로 비난을 당하고 박해를 받을 뿐만 아니라, 올바르게 살려 함에도 갖가지 속임수와 대적을 당해야 하는 수난의 길인 것이다(딤후 3:12 참조). 그런데 역설적이게도 성경은 그 길을 가리켜서 복된 길로 말해 주고 있다. 또 그 길을 가는 자들은 하나님으로부터 받을 상이 크기에 크게 기뻐하라고 하신다. 그 복이란 현세와 내세에서 누릴 모든 복이지만 일차적으로

는 이 땅에서 누리게 될 천국의 복을 가리킨다. 왜냐하면 하늘을 복수로 말하고 있기 때문이다. 신약 성경에서는 하나님의 보좌가 있는 초월적 하늘(우라노)은 대부분 단수로 표기를 하고, 그리스도와 연합되어 살아가는 믿는 자들을 가리킬 때는 복수인 하늘들(우라노이스)로 기록하고 있다(마 6:9-13 참조). 따라서 '좁은 길을 가는 사람이 복이 있다'는 말씀은 그리스도를 위한 고난 후에는 '땅에서 누리는 천국을 얻게 된다.'는 그런 의미인 것이다.

> 나의 이유로 너희를 비난하고 박해하고 속임수로 너희를 대적하여 모든 악한 말을 할 때에 너희는 복이 있다. 너희는 즐거워하고 크게 기뻐하라. 하늘들 안에서 너희의 상이 크다. 너희 이전의 선지자들을 그처럼 박해했다(마 5:1-12 저자 원문 직역).

> 좁은 문으로 들어가라. 멸망으로 인도하는 문은 크고 그 길이 넓어 그리로 들어가는 자가 많고, 생명으로 인도하는 문은 좁고 길이 협착하여 찾는 자가 적음이라(마 7:13-14).

> 심지어 부모와 형제와 친척과 벗이 너희를 넘겨주어 너희 중에 몇을 죽이게 하겠고, 또 너희가 내 이름(그리스도의 생명)으로 말미암아 모든 사람에게 미움을 받을 것이나, 너희 머리털(하나님의 생명, 하나님의 자녀) 하나도 상하지 아니하리라. 너희의 인내로 너희 영혼을 얻으리라(눅 21:16-19).

> 그들이 그리스도의 일꾼이냐? 정신없는 말을 하거니와 나는 더욱 그러하도

> 다. 내가 수고를 넘치도록 하고 옥에 갇히기도 더 많이 하고 매도 수없이 맞고 여러 번 죽을 뻔 하였으니, 유대인들에게 사십에서 하나 감한 매를 다섯 번 맞았으며, 세 번 태장으로 맞고 한번 돌로 맞고 세 번 파선하고 일주야를 깊은 바다에서 지냈으며, 여러 번 여행하면서 강의 위험과 강도의 위험과 동족의 위험과 이방인의 위험과 시내의 위험과 광야의 위험과 바다의 위험과 거짓 형제 중의 위험을 당하고, 또 수고하며 애쓰고 여러 번 자지 못하고 주리며 목마르고 여러 번 굶고 춥고 헐벗었노라(고후 11:23-27).

바울 사도는 고린도후서 11장에서 자신이 하나님의 사역 중에 받은 고난에 대해 기록해 놓고 있다. 엄습해 오는 고난이 극심했기에 어쩌면 천국 복음 사역을 포기했거나 하나님을 원망했을 법도 하지만, 그는 자신에게 임한 갖가지의 고난을 묵묵히 받아들였고 오히려 그 고난 중에도 자신과 함께 하시는 하나님을 믿음으로 바라보면서 감사하고 찬양했다(고후 12:9, 행 16:25 참조). 그는 고난을 통해 믿는 자를 단련시키고 장성하도록 안내하시는 하나님을 발견하는 믿음의 안목을 보임으로써, 시대를 초월하여 모든 믿는 자의 모델로 세워지고 있다. 상당히 긴 시간 신앙생활을 한 사람들도 고난이 겹칠 때면 탄식을 하고 또 풀이 죽어 지내는 모습을 종종 보게 되는데, 하나님께서 바울을 모본으로 보이시며 격려하고 계심을 볼 수 있어야 한다. 바울 사도는 그리스도를 처음 만났던 다메섹에서부터 로마로 호송되는 마지막 시간까지 고난이 그치지 않았던 인물이다. 그는 그의 마지막 기록인 디모데후서에서 '장성한 자의 믿음'이란 어떤 것이며, '신자의 생명 수준'과 '그리스도 안에서의 누림'이란 과연 어떤 것인지에 대하여 고백 형식의 글로서 잘 나타내 보이고 있다.

> 나는 선한 싸움을 싸우고 나의 달려갈 길을 마치고 믿음을 지켰으니, 이제 후로는 나를 위하여 의의 면류관이 예비되었으므로 주 곧 의로우신 재판장이 그 날에 내게 주실 것이며 내게만 아니라 주의 나타나심을 사모하는 모든 자에게니라(딤후 4:7-8).

> 주께서 나를 모든 악한 일에서 건져내시고 또 그의 천국에 들어가도록 구원하시리니 그에게 영광이 세세 무궁토록 있을지어다. 아멘(딤후 4:18).

바울 사도가 그리스도를 위하여 한 평생 고난 받았음에도 그와 같은 고백을 할 수 있었던 것은 그의 속에 천국의 누림이 있었기 때문이다. 그가 땅에서 누린 천국은 그리스도를 위한 고난에 달관되고 그리스도의 생명이 장성함에 이른 자에게 임하는 누림이었다. 그렇기에 그는 하나님의 말씀을 듣는 자들에게 자신을 본받을 것을 권면하고 있다(고전 11:1, 빌 3:11 참조). 그러므로 고난 속에 임하시는 그리스도, 고난을 도구로 하여 믿는 자를 장성하게 하시는 하나님을 보는 눈을 가진 사람은 복이 있다. 신구약을 무론하고 고난을 겪지 않고 온전해진 하나님의 사람은 없다. 어떤 고난도 겪지 아니한 채 모든 것을 받았던 사람이 있었는데 솔로몬 왕이다. 그러나 그는 고난을 통해 온전한 사람으로 창조하시는 하나님의 일하심을 몰랐기에 유혹에 끌려 죄악에 깊이 잠기므로 이스라엘을 망쳐놓은 인물이 되었고, 나라가 위급에 처해진 후에야 크게 깨달으므로 겨우 구원을 받은 사람으로 남게 되었다. 참으로 솔로몬의 중년기의 큰 실수는 믿는 자들로 씁쓸함을 갖게 한다. 그럼에도 택정된 자들을 끝까지 지켜주시는 하나님의 사랑을 알도록 해주는 일이기에, 새 언약시대의 믿는 자들은 솔로몬의 일을 놓고도 하나님께 감사하는 것이 마땅하다.

하나님은 하나님의 씨들을 불러서 구원에 이르게 하시고, 구원에 이른 자들을 의로운 하늘의 백성(아들들)으로 선포하신다. 그것이 하나님의 놀라운 사랑이다(롬 8:30 참조). 또 하나님은 구원받은 자들로 계속 성장을 이루므로 하나님의 영광을 드러내는 자들이 되기를 소원하신다. 사람이 '하나님의 영광을 드러낸다'는 것은, 믿는 자에게서 하나님의 인격과 성품 등 그분의 속성이 나타나는 것을 가리킨다. 성경은 그런 신자를 가리켜서 "아비"로 칭하기도 하는데, 믿는 자들이 그 수준에 이르게 되면 예수님 속에 항상 천국의 누림이 있었듯이 그 사람도 역시 이 땅에서 천국의 누림이 있게 된다. 또 성경은 그처럼 장성해 가는 신자를 성도로 칭하는데, "성도"란 고난 속에서 시련되어 온전함에 이르러 가는 사람이며, 그의 속에 천국이 확장되고 있는 사람이다. 하나님의 천지창조의 목적은 그런 사람이 대거 출현하는 데 있다.

> 그가 아들이시면서도 받으신 고난으로 순종함을 배워서, 온전하게 되었은즉 자기에게 순종하는 모든 자에게 영원한 구원의 근원이 되시고, 하나님께 멜기세덱의 반차를 따른 대제사장이라 칭하심을 받으셨느니라(히 5:8-10).

> 또 미리 정하신 그들을 또한 부르시고 부르신 그들을 또한 의롭다 하시고 의

롭다 하신 그들을 또한 영화롭게 하셨느니라(롬 8:30).

그러나 의(그리스도)를 위하여 고난을 받으면 복 있는 자니 그들이 두려워하는 것을 두려워하지 말며 근심하지 말고(벧전 3:14).

진정 믿음의 눈을 가진 사람이라면 고난을 좋은 도구로 사용하시는 하나님의 마음을 읽을 줄 알게 된다. 고난이란 그 자체만으로는 무조건 피하고 싶을 만큼 비호감적인 것이 사실이나, 하나님의 뜻 가운데 임하는 고난이 있다는 것을 잘 파악하여 묵묵히 감당하는 사람, 또 그 고난이 자신을 온전케 만드는 도구임을 알고 오직 그리스도로 살고자 하는 사람에게는 진정 이 땅에서 누릴 천국이 가까이에 와 있다.

너희가 이제 여러 가지 시험(페이라스모스) 안에서 잠간 근심해야만 했으나 오히려 크게 기뻐하게 된다. 너희 믿음의 시련이 불에 의해 녹아질 금보다 더 귀하여 예수 그리스도의 나타나심 안에서 칭찬과 영광과 존귀를 얻게 하려 함이다(벧전 1:6-7 저자 원문 직역).

3. 자원함으로 고난 받는 사람 속에 임하는 누림이다

너희 안에서 착한 일을 시작하신 이가 그리스도 예수의 날(완성의 날)까지 이루실 줄을 우리는 확신하노라(빌 1:6).

내가 기도하노라 너희 사랑을 지식과 모든 총명으로 점점 더 풍성하게 하사, 너희로 지극히 선한 것을 분별하며 또 진실하여 허물없이 그리스도의 날까지 이르고, 예수 그리스도로 말미암아 의의 열매가 가득하여 하나님의 영광과 찬송이 되기를 원하노라(빌 1:9-11).

바울 사도가 항상 귀하게 여기며 자랑스러워하는 교회가 있었는데, 바로 빌립보 교회이다. 위의 말씀은 하나님의 뜻을 이루기 위하여 헌신하는 빌립보 교회가 더 성장하고, 온전케 되어서 하나님에게 영광이 되고 하늘나라를 풍족히 누리기를 기원하는 사도의 축복이다. 하나님이 바울 사도를 통하여 빌립보 교회를 자랑하시고 높이시는 이유는 그들이 하나님의 나라를 위하여 수고하되 자원함으로 고난을 받으며 헌신했기 때문이다. 빌립보 교회는 유럽에 처음 세워진 교회로서 자주 장수 루디아의 집에서 시작되었다(행 16:14-15 참조). 루디아는 유대교에 속해 있던 신자였으나 바울로부터 새 언약의 복음을 듣고 난후 너무 기뻐하며 그녀와 온 가족이 세례를 받고 그리스도의 제자가 되었다. 그리고 하나님의 나라를 위하여 자신의 집을 예배 처소로 내놓았다. 그때부터 그의 집은 천국 복음을 전파하는 거점 교회가 되었고, 천국 복음이 유럽 각지로 퍼지도록 하는데 큰 힘이 되었다. 새 언약시대의 신자들은 루디아의 믿음과 빌립보 교회를 본받아야 하고, 빌립보 교회에게 주어지는 하늘나라의 누림 안에 들어가는 것이 마땅하다.

내게 능력 주시는 자 안에서 내가 모든 것을 할 수 있느니라. 그러나 너희가 내 괴로움에 함께 참여하였으니 잘하였도다. 빌립보 사람들아 너희도 알거니와 복음의 시초에 내가 마게도냐를 떠날 때에 주고받는 내 일에 참여한 교회가 너희 외에 아무도 없었느니라(빌 4:13-15).

이 말씀은 빌립보 교회가 하나님의 나라를 위하여 고난을 받되 자원하여 받았다는 증언이 된다. 바울은 오직 하나님의 능력에 의지하여 사역하는 사람이었기에 힘들고 어려울 때에도 거의 도움을 요청하지 않았다. 그런데 그때마다 바울에게 필요한 것을 지원하고 그의 고난에 동참한 신자들이 빌립보 교회였던 것이다. 그들은 복음전파와 하나님의 나라의 확장을 위하여 고난을 받았을 뿐만 아니라, 자신들의 영적인 성숙을 위해서도 자원하여 고난을 받았다. 그렇기에 바울 사도는 그들을 가리켜서 자신의 기쁨이며, 자랑이며, 면류관이라고 고백하고 있다. 그들의 신앙이 참으로 아름다웠기에 바울은 그들 위에 자신을 관제로 부어도 아깝지 않다고 고백했다. 관제는 구약 시대의 제사에서 하나님께 술을 부어드리는 의식으로서 제사의 맨 끝에 드리는 제물이었다. 새 언약시대에는 믿는 자가 그리스도와 천국복음을 위하여 자신을 끝까지 드리는 삶을 산다면 그것이 관제이다. 바울이 빌립보 교회를 얼마나 사랑했으면 그와 같은 고백을 했을지 생각해 보아야 한다.

그러므로 나의 사랑하고 사모하는 형제들, 나의 기쁨이요 면류관인 사랑하는 자들아 이와 같이 주 안에 서라(빌 4:1).

> 만일 너희 믿음의 제물과 섬김 위에 내가 나를 전제로 드릴지라도 나는 기뻐하고 너희 무리와 함께 기뻐하리니, 이와 같이 너희도 기뻐하고 나와 함께 기뻐하라(빌 2:17-18).

빌립보 교회가 하나님의 나라를 위하여 고난을 받되 자원하여 받고, 또 헌신할 수 있었던 것은 하나님의 은혜를 크게 깨달았기 때문이다. 자신이 하나님의 사랑을 입은 사람임을 깊이 깨닫는 신자는 그처럼 고난을 받는 중에도 헌신을 할 수가 있다. 그러므로 그리스도를 위한 고난 가운데 헌신하는 삶을 살고 있다면 그는 하나님의 은혜와 사랑의 위대함을 깨달은 신자라는 증거가 된다. 실로 믿는 사람이 하나님의 사랑을 깨닫고 그 사랑을 깊이 느낄수록 하나님의 나라를 위한 고난의 참 가치를 알게 된다. 그리하여 그리스도와 천국 복음을 위한 사역과 함께 살아가기를 소원하게 된다. 그런 사람은 그 자신이 이미 하나님의 큰 복을 받았다는 것을 잘 안다. 그럼에도 더 크고 진가 높은 하늘의 복을 바라보며 기꺼이 고난과 함께 생명사역을 하고자 하는 소원을 불태우게 된다. 그런 신자의 속은 이미 천국의 누림이 진행되고 있다.

> 그리스도를 위하여 너희에게 은혜를 주신 것은, 다만 그리스도를 믿을 뿐만 아니라 또한 그를 위하여 고난도 받게 하려 하심이라(빌 1:29).

> 너희 안에서 행하시는 이는 하나님이시니 자기의 기쁘신 뜻을 위하여 너희에게 소원을 두고 행하게 하시나니, 모든 일을 원망과 시비가 없이 하라. 이는

너희가 흠이 없고 순전하여 어그러지고 거스리는 세대 가운데서 하나님의 흠 없는 자녀로 세상에서 그들 가운데 빛들로 나타내며(빌 2:13-15).

선(생명사역)을 행하므로 고난을 받는 것이 하나님의 뜻일진대 악을 행함으로(거역하므로) 고난 받는 것보다 나으니라(벧전 3:17).

성경은 그런 신자들을 '하늘의 거룩한 사람들' 즉 성도로 칭하고 있다. 그들은 내면으로는 하나님이 주시는 신령한 복을 누리고, 죄악에 잠긴 세상을 향하여는 그리스도의 형상을 내보이면서 살아가게 된다. 그런 성도를 향하신 하나님의 사랑과 복에 대하여 성경은 이렇게 선포하고 있다.

그들이 다시는 주리지도 아니하며 목마르지도 아니하고 해나 아무 뜨거운 기운에 상하지 아니하리니, 이는 보좌 가운데 계신 어린 양이 그들의 목자가 되사 생명수 샘으로 인도하시고 하나님께서 그들의 눈에서 모든 눈물을 씻어 주실 것임이라(계 7:16-17).

이는 내세에 가서 누릴 복이기에 앞서 이 땅에서 누릴 하나님의 사랑과 신령한 복을 가리킨다. 성경에서 믿는 자의 고난, 충성, 사역, 상급, 복에 대해서 언급할 때는 언제나 이 땅에서의 일을 말하는 것이며 내세에 있을 일을 말하는 것이 아니다. 역시 천국에 대해서도 먼저 이 땅에서 소유하게 되는 천국에 대해 말하고 있으며, 내세의 천국에 대해서는 거의 말하지 않는다는 그 점을 알아야 한다. 이 땅에서 그리스도의 고난에 참예하는 일이 너무도 복되기에 하나님은 사랑하시는 자들에게 그리스도를 위한 고난의 길을 가도록 인도하신다. 그 점을 깊이 깨닫는 신자는 참으로 복이 많은 사람이다.

빌립보 교회는 비단 1세기에 유럽의 한 길목에 위치해 있던 루디아의 집과 그 곳 신자들만을 가리키는 것이 아니다. 빌립보 교회의 믿음과 생명력을 가진 신자는 모두 빌립보 교회이다. 그들은 '땅에서 누리는 천국'을 반드시 소유하게 될 복된 사람들인 동시에, 이미 그 천국을 소유하여 누리고 있는 사람들이다.

소망의 하나님이 모든 기쁨과 평강을 믿음 안에서 너희에게 충만케 하사 성령의 능력으로 소망이 넘치게 하시기를 원하노라(롬 15:13).

예수께서 그가 지혜 있게 대답함을 보시고 이르시되 네가 하나님의 나라(천국)에 멀지 않도다 하시니 그 후에 감히 묻는 자가 없더라(막 12:34).

에필로그

지금 이 땅의 인생들은 전 지구상을 강타한 코로나 감염병으로 인하여 수년간 어려움과 고통 속에 생존해 왔다. 전 세계의 경제가 동반추락 했는가 하면, 코로나 직격탄을 맞은 기업과 소상공인들, 자영업자와 비 계약직 노동자들은 당장의 생계 문제를 호소하기도 했다. 가장 곤욕을 치룬 사람들은 역시 코로나에 감염되었던 사람들이며, 코로나로 목숨을 잃은 사람들이며, 한 순간에 목숨을 잃은 가족과 결별한 사람들이다. 감염의 위험 때문에 부모 형제의 장례식도 갖지 못한 채 결별해야 했으니 이런 초유의 사태 앞에 얼마나 망연자실 했을 것인가? 코로나에 감염되었다가 다행히 치유된 사람들의 고통도 역시 컸다. 그들은 주위 사람들의 편견에 고통스러웠고, 후유증에 고통스러웠고, 다시 감염되지 않을까 하는 불안감에 고통스러웠다. 그런 고통은 가족 그리고 가까운 지인과 한 날에 코로나19에 감염되므로 한 동안 고통을 받았던 필자로서는 생생히 실감이 나는 일이다.

역사는 기원 이후 14세기에 유행했던 흑사병 그리고 20세기 초에 번진 스페인 독감을 가장 위력적인 역병으로 기록하고 있지만, 코로나 판데믹 역시 그에 못지않은 고통과 두려움을 세계인에게 안겨주고 있기에, 전 지구적인 환난이라 할 만한 위력이다.

성경은 지구상의 모든 인생들을 고통과 죽음에 몰아넣은 대환난이 노아 시대에 있었다고 밝히 증거 해 준다. 그것은 기나긴 인류 역사를 놓고 볼 때 인류사의 초기에 발생한 대사건이 된다. 그런데 코로나 판데믹으로 인한 지금의 고통은 거의 인류사 마지막 때의 환난으로 보아야 할 것만 같다. 왜냐하면 지금의 코로나 판데믹은 인간의 능력과 의학이 최고조에 달한 현 시대에서 갑자기 발생하여 지구상 전체를 뒤흔들고 있기 때문이다. 이 시간에도 많은 사람이 코로나 감염병으로 인하여 목숨을 잃어가고 있고, 또 큰 고통을 겪고 있는 현실을 보면서 예수님이 마지막 때에 대하여 하신 말씀이 더욱 마음을 사로잡는 것을 느끼게 된다.

성경은 예수 그리스도 이후 시대에 전 지구적인 이변과 환난이 있게 될 것에 대하여 증거하고 있다. 특히 그것을 구체적으로 알 수 있도록 해주는 예언은 예수님이 유언처럼 하신 말씀이다. 예수님은 새언약시대의 마지막 날이 가까워질 때 전 세계적인 환난이 있을 것이며, 그렇기에 성경의 약속을 믿는 신자들은 그 때를 대비하여 살아가되 각자가 하나님의 언약 안에서 충성스런 그리스도의 제자로서의 삶을 가꾸어야 할 것을 당부를 하셨다. 결국 하나님이 성경을 통하여 오늘날의 신자들에게 주시는 교훈은 진리의 말씀에 충실한 삶을 가꾸되 그리스도와의 연합을 온전하게 하는 삶, 즉 하나님의 생명을 풍부히 누리는 성도가 되어야 한다는 가르침이다.

성경은 하나님의 구속사의 마지막 때는 대환난을 통하여 알곡 신자와 쭉정이 신자를 나누는 일이 나타나게 될 것에 대하여 말해 준다. 그것은 이 땅위에 하나님의 구속사의 마지막 추수 때가 확실히 임하게 될 것을 강조하는 말씀이라 할수 있다. 그 때를 잘 준비하며 살아가는 신자는 그리스도와 함께 하나님의 영광과 누림 안으로 들어갈 것이고, 그렇지 못한 자들은 수치와 고통 안에 들어가게 될 것이니 오늘의 시간들을 진리 안에서 잘 가꾸는 신자는 참으로 복이 많은 사람이라고 단언할 수 있다. 아무쪼록 본 서적의 중심 메시지를 잘 이해하고 삶에 적용함으로써 성경에 약속되어 있는 크고 진정한 복 안으로 들어갈 수 있기를 바라는 바이다.

그리스도의 작은 사역자

최 영 산

참고 문헌

<성경>

재단법인 대한성서공회, 한글개역개정판성경, (주)보진세, 2007.

원어성서원, 스테판 구약 원어성경, 도서출판 원어 성서원, 994.

원어성서원, 스테판 신약 원어성경, 도서출판 원어 성서원, 1993.

말씀보존학회, King James Version 한영성경, 말씀보존학회, 1994.

The Holy Bible, New International Version, International Bible Society, 1984.

The Churches of Chist in the United States of America, The Bible Revised Standard Version, The British and foreign Bible Society, 1967.

Vandenhoeck and Ruprecht, Die Gute Nachricht DIE BIBEL in heutigein Deutsch, Deutsche Bibelgesellschaft Stuttgart, 1982.

Sun Ho Lee, The Stephen English Bible Old Testament Ezr-Mal, SW Press Seoul Korea, 2017.

Sun Ho Lee, The Stephen English Bible New Testament Mat-Rev, SW Press Seoul Korea, 2017.

ISBN 3-438-05100-1 Kunststoff, Novun Testamentum Graece, Biblia Druct-Stuttgart Printed in Germany, 1898 und 1979.

H. Bardike, W. Baumgartner, P.A.H. de Boer..., BIBLE of HEBREW and GREEK,

<사전>

신학사전편찬위원회, 신학사전, 개혁주의신행협회, 1990.

김재권, 라이프성경사전(대), 생명의 말씀사, 2006.

김영국, 인물.지리 대사전, 소망사, 1990.

아가페성경편찬위원회, 아가페성경사전, 청아문화사, 1991.

O.N.O편찬위원회, 히브리어. 헬라어사전, 도서출판O.N.O, 2011.

임택순, 헬.히영한연결사전, 도서출판 아델포스성경 원어연구원, 2008.

Disciples' Publishing House, The Oxford Bible Interpreter, Disciples' Publisher and Bible, 1999.

Francis Brown, D, D., D. Litt, A Hebrew and English Lexicon of the Old Testament, I.ate professor in the union theological, seminary, North, 1909.

땅에서 누리는 천국

펴낸날	1판 1쇄 2023년 03월 31일
지은이	최영산
펴낸이	이환호
디자인	한미나
펴낸곳	도서출판 예찬사
등 록	1979. 1. 16 제 2018-000103호
주 소	경기도 고양시 덕양구 중앙로 557번길8-9, 엠앤지프라자 407-2호
전 화	02-798-0147-8
팩 스	031-979-0145
블로그	blog.naver.com/yechansa
이메일	octo0691@naver.com
ISBN	978-89-7439-507-0